KB236651

閭巷時調史研究

黃忠基 著

국학자료원

序 文

　지난 1988년에 이제까지의 내 저술 가운데 가장 力作(?)이란 자부심을 가지고 『韓國閭巷時調硏究』를 上梓한 바가 있다.

　국문학에서 처음으로 ’閭巷時調’라는 용어를 사용하여 閭巷論, 時調一般論, 비롯하여 時調化論, 時調史論과 歌集論이라 하여 閭巷人과 閭巷時調에 대한 槪念 設定과, 時調 名稱의 始源, 長時調의 發生과 再發興 문제, 漁父歌와 漁父詞의 문제 등을 비교적 폭넓게 다루었다.

　여기서 나는 閭巷時調의 通時的 고찰, 즉 時調史에 관해 더 관심을 가졌었다. 肅宗 이후에 등장하기 시작하는 여항인들의 시조가 英·正祖 시대를 거쳐 甲午更張에 이르기까지의 변천과정을 가집을 중심으로 고찰하여 어떤 과정을 거쳐 현대에 이르렀는가를 구명해 보고자 했기 때문이다.

　그러나 이제와 보니 잘못된 곳이 너무나 많아 실로 부끄럽기 짝이 없어 전량을 회수하고 싶은 심정이다. 한 번 엎질러진 물은 다시 담을 수 없겠지만 800쪽이 넘는 것을 다시 수정하기엔 어려움이 있다.

　내가 가장 관심을 가진 부분이 시조사 부분이기에 전체적인 수정은 다음 기회로 미루고 여항론과 시조사 부분만을 합하여 『閭巷時調史硏究』라 하여 서론 부분은 다시 쓰고 나머지 부분은 먼저의 것을 수정하는 범위에서 다시 출간한다. 많은 叱正을 바란다.

　내용의 이해에 도움을 주고자 하는 의미에서 관련 논저 목록과 여항인들의 작품을 뒤에 붙인다.

　어려운 여건 중에서도 출판을 흔쾌히 허락해준 國學資料院의 鄭贊溶 사장님의 호의에 감사드린다.

　이 책을 결혼 30년이 된 아내와 시나리오 작가를 지망하는 아들과 귀여운 손자 祐尙을 안겨준 딸에게 주는 선물이 되었으면 한다.

2003년 10월

著者 삼가 씀

目次

第一編

緒　論

　　국가의 구성요소로 들 수 있는 것이 國土와 國民이라면 국민은 분명 支配者와 被支配者로 양분될 것이고 대다수가 피지배자일 수밖에 없는 것이다. 여기에서 지배자는 그 수는 얼마 되지 않으나 국가를 이끌어 가는 계층으로 지식층에 속하는 사람들이고, 피지배자는 국민의 대다수를 점하고 있으나 지식층과는 먼 일반 黎民(여민)들일 것이다. 우리네의 역사가 국민의 대다수를 차지하는 이들과는 관계없이 소수에 지나지 않는 이들 지배층을 중심으로 기록되어 있기 때문에 문자의 기록 이전이나 이후에도 그들에 관한 사항으로 일관되어 있는 실정이다.

　　우리 文學史에서 여민들의 등장이라 할 수 있는 것은 원시시대에 제천의식 등이 끝난 다음에 행해졌다고 하는 뒤풀이에서 集團歌舞를 즐겼다고 했을 때 그 주역들은 분명 이들 백성들이었을 것이고 그들의 노래와 춤이 그들의 진솔한 감정이나 사상들을 표현한 것이었겠으나 그것이 어떤 것이었는지에 대한 기록은 없다. 그러나 작품으로 이들이 등장하는 것을 멀리 新羅時代에서부터라고 할 수 있으니, 신라의 鄕歌 가운데 「獻花歌」를 지은 牽牛老人은 無名의 노인이나, 혹 어떤 神人의 의탁일 가능성이 있다고 하겠다. 그러나 「禱千手觀音歌」를 지은 希明은 그 다시 상류 계층에 속하는 花郞이나 僧侶가 아닌 일반 서민이었을 것이며, 不傳의 가사로 알려진 「會蘇曲」이나 天官女의 「怨詞」는 분명 그 작자가 일반 서민이고, 妓女의 신분이다. 만약에 『三代目』이란 가집의 전해 온다면 상당히 많은 양의 서민 대중들의 작품이 전해오리라 짐작된다.

　　高麗時代에 들어와서는 초기의 향가는 그대로 계속되어 적어도 睿宗의 「悼二將歌」나 鄭敍의 「鄭瓜亭曲」이 지어졌을 때까지는 이어졌으리라 짐작케 한다. 이후 翰林의 여러 사람들이 지었다고 하는 「翰林別曲」을 비롯한 景幾體歌와는 별도로 抒情性이 뛰어난 高麗俗謠는 분명 사대부 계층이 아닌 일반 서민대중들의 문학임이 분명하다. 그러나 朝鮮時代에 들어와서는 儒敎를 정치의 지도이념으로 받들고 사대부들 중심의 사회가 되면서 일반 서민들에 관한 기록은 찾아볼 수가 없고 그들의 활동에 대해서도, 문학 작품도 알 수가 없다. 다만 壬辰倭亂과 丙子胡亂을 겪은 이후에야 서민들의 自覺이 비롯되면서부터 문학에서도 서서히 이들의 등장이 시작되었으니 우리는 그것을 時調에서 찾을 수 있다고 하겠다.

진작부터 이들 서민 계층의 문학을 '平民文學'이란 이름으로 부르고 있었으나, 근래에 와서는 평민문학이라 명칭 대신에 '閭巷文學'이나 '委巷文學'이라 부르고 있다. 그러나 이 경우에도 문학의 주체가 양반 사대부가 아닌 閭巷人을 가리키는 것이기는 하지만 양반 사대부들과 더불어 동등한 입장에서 문학 활동을 하였거나 아니면 그들의 분위기를 맞추어 주는 입장에서 詩文을 지은 경우와, 여항인들끼리 結社을 맺어 문학활동을 한 경우에 이들 작품의 표기 수단이 國字가 아닌 漢字로 표기되었을 경우에 우리가 생각하고 있는 여항문학과는 거리가 있음을 언급하지 않을 수 없다. 문학의 주체가 여항인이고 그 문학작품을 표기한 문자가 國字나 國漢文混用으로 된 것을 진정한 여항문학으로 본다면 아무래도 우리는 그것을 시조에서 찾을 수가 있다고 하겠다.

여항인으로서 한문으로 작품을 발표한 사람들은 이미 世宗朝 이후에 작품을 남긴 洪裕孫(1431~1529)에서 시작하여 朝鮮 末葉에 이르기까지 詩文으로 꾸준히 계속되어 왔는데 이는 世宗大王께서 訓民正音을 창제하신 이후에도 조선시대의 公式文字가 漢字이고 모든 공식문서가 한문이었기 때문에 당시 문학의 주체를 이루고 있는 사대부들의 문학이란 것이 한문학이었다. 또 이들 사대부들과는 신분이 다른 여항인이라 하더라도 이들 사대부와 더불어 시문을 지은 많은 여항인들은 이들의 知遇를 얻어 작품 활동도 하고 경우에 따라서는 文集의 간행도 가능했었다. 그러나 國文으로 된 詩歌의 경우에는 聾巖이나 退溪와 이보다 조금 늦은 松江의 경우처럼 아주 없는 것을 아니지만 국문으로 시가를 짓는 것을 하나의 '餘技'로 여겼으며, 이들의 문집을 간행하는 경우 한자로 표기된 것은 다 수록하면서도 국자로 표기된 것은 수록하지 않거나 松江처럼 별도의 편집으로 간행하였다.

時調의 경우, 그 형식이 卽興的으로 창작되기 쉬운 짧은 형식 때문에 문자에 의한 기록보다는 口傳에 의한 傳播가 기록에 의한 것보다 더 쉬웠기 때문에 하나의 작품에 작가가 여럿이거나 類似歌가 많은 경우가 非一非再하다. 대부분의 시조 작가를 보아도 내노라 하는 名聲을 남긴 사대부의 작품들이 많은데, 이것이 실제 기록대로 그들의 작품인지 아니면 시간이 지나면서 어떤 史實과 결부시켜 내용이나 그 情況과 비슷하면 작품에다 작가를 가져다 붙이는 牽强附會式의 경우도 충분히 생각해 볼 수 있다고 하겠다. 여하간에 여항인의 이름이 작가로 등장하는 것은 여항인의 손에 의해서 歌集이 편찬 된 이후이니 우리가 말할 수 있는 진정한 의미의 여항문학도 그 시발점을 여기에서부터 시작하여야 할 것이다. 물론 이들 여항인 이전에 조선시대 八賤에 속하는 妓女들의 작품이 없는 것은 아니나 이들은 비록 신분은 여항인보다 못한 賤人에 속한다고 하더라도 그녀들과 어울려 지내던 사람이 사대부들이기 때문에 이를 진정한 의미의 여항문학으로 다루기는 어렵다고 하겠다.

다 아는 사실이지만 壬辰倭亂과 丙子胡亂이란 커다란 전쟁을 두 차례나 겪으면서 엄격한 班常制度에 대한 급격한 변화가 온 것은 아니라 하더라도 평민들의 自覺으로 사회 변동의 계기가 되었고, 문학에서도 평민 세력이 등장하면서 그 주체가 서서히 양반 사대부로부터 여항인에게로 바뀌기 시작하였고, 시조에도 이런 현상 이외에도 새로운 時調唱의 발생으로 從前의 慢大葉이나 中大葉에서 數大葉(삭대엽)으로 빠르게 바뀌면서 새로운 시조창으로 자리잡기 시작했다. 좀더 후대에 와서는 시조창의 활발한 발달에 부응하여 거기에 합당한 시조의 창작과 수요가 맞아 떨어져 형식에 있어서도 종래의 평시조와 같은 短形時調에서 長時調 형식에로의 전환이 이루어진 것은 우리 文學史에서 近代化과정의 특징으로 볼 수 있는 韻文

文學에서 散文文學으로의 轉換과 시기적으로 맞아떨어진 결과라 하겠다. 이처럼 여항인들의 두드러진 활동이 시조문학 뿐만 아니라 한문학에도 활발하게 전개된 배경에는 조선 사회 후기에 들어와 商工業의 발달과 對外 貿易으로 경제적인 여유가 생긴 譯官들과 吏胥 階層의 두드러진 사회적 진출도 한 몫을 담당하였다고 하겠다.

일반적으로 학문에 있어서나 지식에 있어서 양반 사대부들보다 부족한 여항인들의 작품에 대한 素材의 부족을 극복하는 방법의 하나로 漢詩를 시조에 들여와 懸吐하는 형식을 취하거나, 三章 형태의 시조에 漢詩의 絶句를 도입하여 初章이나 中章으로 만들고 終章 만을 새롭게 만들어 넣는 편법을 쓰기도 했고, 律詩의 경우에는 자연 장시조의 형태로 변신하였다. 老歌齋의 경우는 孤山의 '漁父四時詞'에서 餘音을 떼어버리고 시조의 형태로 만들면서 字不足인 終章을 일반 시조처럼 만들기도 하였다.

여기에서는 여항인들이 우리 시조사에 등장하는 肅宗 이후 甲午更張까지 여항인들의 시조를 '閭巷時調'라는 명칭을 붙여 우리 시조사의 한 영역으로 설정하여 왕조를 중심으로 한 것이 아닌 가집을 중심으로 하여 우리의 시조가 어떻게 발전하고 그 나름대로의 특징이 있는가를 밝혀보고자 한다.

第二編

本 論

第一章
●●●●
閭巷論

I. 閭巷과 閭巷人

‘閭巷’이라 함은 周나라 制度에서 由來된 말로 25家口를 ‘里’라 하고 里에는 門을 세우는데 이를 ‘閭’라고 한다. ‘巷’은 ‘거리’란 뜻으로『增韻』에 “直曰街 曲曰巷” 라 하여 길 가운데 곧은 길은 ‘街’, 굽은 길은 ‘巷’이라 했는데 합하여 마을이란 뜻으로 쓰인다. 閭巷과 같은 의미로 쓰이는 말로 ‘委巷’이 있는데 이것은 “꼬불꼬불하고 지저분한 거리”란 뜻이다. 閭巷의 同義語로는 閭里·閭閻·閭伍·閭井이 있다. ‘閭巷人’ 이란 民間에 있는 사람이나 벼슬을 하지 않은 사람을 뜻하나 朝鮮朝 後期에 쓰인 뜻은 出生身分이 中人이나 庶孽과 書吏나 胥吏인 경우에 閭巷人 또는 委巷人으로 불리었다.

朝鮮 時代의 社會 階級은

第一 宗親
第二 國舅
第三 駙馬
第四 兩班(鄕班)
第五 中人
第六 庶孽

第七 胥吏
第八 常民
第九 賤民[1]

와 같이 구분되는데 이 가운데 中人·庶孼·胥吏가 閭巷人에 해당한다고 하겠다. 이들은 常民이나 賤民보다는 사회적 地位가 우월하지만 더 以上의 身分 上昇이 어렵고 兩班들의 手足처럼 행동해야 하고 직업이라야 最下級官吏에 만족하고 科擧에도 응시할 수 없는 평생을 禁錮狀態에 놓여 있었기 때문에 下層 身分인 常民이나 賤民을 합하여 平民이라 불러도 좋다고 하겠다.

閭巷人을 형성하고 있는 中人은 그들의 거주지가 서울의 중앙인 長橋나 水標橋 부근에 살았기 때문에 붙여진 이름이란 主張과, 兩班 階級과 平民들과의 中間的 階級이기 때문에 생긴 이름이란 主張이 있다. 달리 중간 정도의 品格이나 財産 정도를 가진 사람이란 뜻으로도 쓰였는데, 신분이 중간이란 뜻은 朝鮮 前期에 品格이나 財産이 중간 정도란 뜻은 朝鮮 後期에 대체로 쓰였다고 하겠다. 이들은 典醫監, 司譯院, 觀象監, 圖畵署, 校書館의 技術官으로 醫官, 譯官, 陰陽官, 畵員, 寫字官을 지냈으며 신분이 비록 胥吏보다는 사회적 신분이 높으나 사대부에게 驅使, 使役되는 점에 있어서는 크게 다를 것이 없었으며 이들이 비록 詩文과 재능이 뛰어난다고 하더라도 과거에 응시하기에는 어려운 운명에 놓여 있었다. 庶孼들과는 社會的 地位나 文化的 性向이 비슷했기 때문에 肅宗朝 이후부터는 中人과 庶流를 합하여 中庶란 말이 쓰였다. 직업이 대부분 專門 技術職이기 때문에 이러한 특수기능은 世襲的으로 이어졌고 혼인도 그들끼리만 하였고 中人階級을 형성하며 살았으나, 肅宗朝에 와서는 社會的 地位가 下落하여 胥吏들과 다를 바가 없어졌다.

---

1) 具滋均, 『韓國平民文學史』, 文潮社, p.6.

朝鮮時代에서 身分上 제일 억울한 階層은 아마도 庶孽 階層이었을 것이다. 折半은 兩班이면서 나머지 절반이 中人 以下 賤民이었기 때문에 庶孽이라는 稱號를 평생 달고 다니는 불운한 사람들이었다. 良妾의 所産을 '庶'로, 賤妾의 所産을 '孽'이라 부르면서 이들에게 庶孽의 굴레를 씌운 것은 高麗時代 비교적 制約이 적었던 多妻主義에서 발생한 여러 자식들 가운데 嫡庶의 차별과 재산상의 분규로 嫡子보다 많은 庶子들의 문제는 朝鮮 建國 以後 儒敎 사회에서의 一夫一妻 主義와도 마찰을 빚게 되었다. 太宗 15年(1415)에 副代言 徐選이 宗親 및 各品의 庶孽 子孫에게는 顯官의 職事를 맡기지 말 것을 建議한 것이 받아들여 施行되자 庶流들은 科擧에 應試할 기회를 잃었다. 成宗朝에 편찬한 『經國大典』의 諸典 諸科條에서 "庶孽勿許 赴文科生員進士試" 라 規定하여 成文化 하였고, 明宗朝에 와서 『經國大典』의 註解를 편찬할 때에 이 規定에 들어 있는 子孫을 子子孫孫으로 풀이하여 庶孽永世禁錮法이 되어버렸다. 이런 고통은 當事者인 庶孽들은 물론이겠지만 그들의 부모인 兩班들에게도 커다란 아픔을 주었지만 儒敎的 思想에 젖어 大義 名分만을 主張하는 그들에게 이를 해결할 수 있는 어떤 名分이 주어지지 않은 상태가 거의 韓末까지 계속되었다.

宣祖는 中宗의 第 七男 岹의 第 三子로 昌嬪 安氏의 所生이고, 英祖는 肅宗의 第 四男으로 淑嬪 崔氏의 所生으로 두 분 다 庶出이지만 王位에 登極하셨으니 朝鮮 社會는 庶出이 國王이 되는 일이 있으나, 一般的으로 庶出이 顯職에 오른다는 것은 不可能한 일이었다.

英祖朝에 이르러서는 庶孽의 數가 國中 半數가 되고 그들이 하나의 사회 계층을 이루자 자연 사회문제로 번져 許淸, 許通, 許要의 문제가 擡頭되어 때에 따라서는 多少間의 緩和가 되어 科擧에 응시할 기회가 주어져 文科에 합격하는 경우도 없지는 않았지만 겨우 檢書官, 吏文學官, 製述官이 되는 것이 유일한 영달의 길이었으나, 甲午更張에 이르기까지 별로 신통한 대책이 없었다고 하겠다. 우리는 이러한 사회현상을 풍자한 許筠의

『洪吉童傳』에서 呼父呼兄을 못하는 서얼의 고통이 어떤 것인지를 짐작할
수 있다고 하겠다.

閭巷人의 主軸을 이루는 階層의 하나인 胥吏는 書吏와 같이 쓰이면서
구분이 있던 것 같다. 胥吏는 달리 衙前이라고도 불리며 京衙前과 外衙前
이 있어 外衙前을 鄕吏라 부른데 대해, 書吏는 京衙前에 屬하는 下級 官吏
로 書冊의 保管이나 刀筆의 任務를 맡아보는 일을 하였다. 胥吏는 官衙의
文書, 器物, 文辭 等을 管掌하는 庶人으로 官에 隷屬되어 있다.

高麗時代에는 身分上의 별다른 制約이 없었지만 朝鮮時代에 들어와서
兩班階層의 排他的 特權이 강화되면서 胥吏는 文武官僚와 엄격히 구분되
었고, 철저한 劣等的인 身分 差別을 加하여 그들이 관료로 진출하는 것을
억제하였다. 따라서 이들이 할 수 있는 일은 下級 行政 實務와 末端의 警
察, 軍事 業務에 종사하는 것이다.

朝鮮朝 中期 以後에 양반계층들은 계속되는 당쟁과 朝令暮變하는 式의
人事 政策 때문에 行政 實務에 專念할 餘裕도 업무의 實情도 모르기 때문
에 업무 수행을 世襲職인 이들 胥吏들의 힘을 빌리지 않을 수가 없었다.
원칙적으로 이들에게 경제적인 報酬가 없었으므로 자연 不正과 腐敗의 素
地를 만들어 준 셈이다. 하급 행정 업무와 대민 업무, 鄕吏의 경우 지역사
정과 소관 업무에 정통한 이들은 양반관료 체제하에서 조직을 형성하면서
일반 백성을 收奪하고 統制함으로써 일정한 特權과 實利를 확보 할 수 있
었다. 鄕吏의 경우에는 收稅簿의 詐欺, 防納, 防結 等에 의한 백성들의 搾
取를, 京衙前의 경우에는 양반 고관들이 업무에 무관심한 동안 실무를 掌
握하여 官衙는 이들이 아니면 단 하루도 행정사무가 進陟될 수가 없는 地
境에 이르렀다. 이들의 病弊는 양반 계층보다는 일반 백성들에게 커다란
영향을 끼쳐 각종 不正과 收奪은 사회적 병폐가 되었다. 『肅宗實錄』에 보
면 ‘古今唱歌諸氏’에 들어 있는 卓柱漢에 대한 기록이 있으니2), 그가 狡猾
한 서리로 厚斂하여 民怨을 샀다고 했으니 書吏들의 일반 민중에 대한 行

弊가 어느 정도인지를 짐작할 수 있다고 하겠다. 胥吏 階層이 閭巷人들 가운데 제일 많은 욕을 먹은 것은 兩班 階層에게는 狡猾한 인간으로, 일반 백성들에게는 가장 賤待 받는 常民들을 착취하는 非情한 인간으로 비춰졌기 때문일 것이다.

그들은 官衙 근처에 살면서 時勢에 밝고 處身이 민첩하였으므로 일정한 경제력을 유지할 수 있었고, 傳統에 대한 執着이 적어 西洋 文物이 들어오는 開化期에는 가장 먼저 近代 文物을 受容, 경제적 基盤을 마련했고, 후기에 新敎育을 받아들여 새로운 上流 階層으로 발돋움하는 契機가 되었다.

閭巷人 시조 작가 가운데 거의 대부분이 書吏 출신이며, 이들보다 견문이 더 넓은 譯官 출신은 肅宗朝의 張炫이 있을 뿐이다. 南坡는 捕校였으나, 老歌齋를 비롯한 英祖朝의 대부분 작가가 書吏 출신이거나 歌客들이다.

Ⅱ. 閭巷文學과 閭巷時調

閭巷文學이란 用語는 朝鮮朝 後期(17~19세기)의 文學史에서 形成된 槪念으로 兩班 士大夫文學 또는 貴族文學에 상대되는 개념으로 從前에는 平民文學 또는 庶民文學의 一部로 다루고 있었다고 하겠다.

지금까지 平民文學이란 개념도 넓게는 高麗時代 일반 민중이 지었다고 생각되는 高麗歌謠까지를 포함시키는 경우도 있었지만 아무래도 朝鮮朝 後期에 와서 흔히 말하는 壬辰倭亂과 丙子胡亂 以後에 등장하는 平民들이 지은 문학으로 國文 또는 國漢文으로된 小說, 時調, 民謠, 戱曲 等을 가리키며, 委巷文學이라면 純 漢文으로 지은 詩나 文을 가리키는 경향이 있다고 하겠다. 그러나 閭巷文學이라 함은 表記가 國文으로 되었든 漢文으로

---

2) 『肅宗實錄』卷 40. 肅宗 30年 甲申 11月條에 "諫院啓曰 司僕寺 許多收稅 一任猾吏之 用奸 厚斂民怨 而其證卓柱漢爲名字 尤爲用事……."라 記錄되어 있음.

되었든 間에 그 주체가 兩班 士大夫가 지은 문학이 아닌 문학 작품을 가리 킨다.

　閭巷文學이 발달하게 된 原因을 보면 文學 外的인 것과 文學 內的인 것 이 있다고 하겠다.

　文學 外的인 것은 첫째로, 平民의 自覺을 들 수 있을 것이다. 朝鮮朝 前 期까지만 해도 兩班에 대한 권위는 절대적인 것이어서 일반 서민이 거기 에 대항한다거나 동일시한다는 것은 상상도 할 수 없었다. 그러나, 壬辰倭 亂과 丙子胡亂을 겪으면서 대부분의 양반이 서민에게 보여 준 것은 나라 가 위기에 처했을 때 이제껏 떠들어대던 것과 같이 목숨을 아까워하지 아 니하고 용감히 싸우는 것이 아니라 도망하거나 비겁한 행동을 보여주는 無氣力한 存在임을 확인하게 된다. 이런 행동은 戰後에도 계속되었으니 전쟁동안 무기력했던 양반들이 이제는 가난한 서민들을 상대로 虐政을 베 풀자 서민들은 이런 과정에서 자신들의 존재가 무엇인지를 自覺하게 되고 이런 自覺은 바로 우리의 近代化 過程으로 이어진다.

　둘째로, 經濟的 餘裕라 하겠으니, 大同法이 施行된 후에 商品 貨幣經濟 가 발달하고 商工業이 발달하게 되자 사람들의 行動과 意識이 활발하게 되고 생활의 여유를 누리며 취미를 발전시킬 기회가 많아졌다. 여기에 淸 나라와의 무역으로 經濟的 富를 축적한 閭巷人들이 마찬가지로 衣食住의 문제가 해결되자 차츰 사회에 영향력을 行使하게 되었다.

　셋째로, 政策的인 것에서 찾을 수 있다. 英祖나 正祖는 학문을 크게 振 作시켜 朝鮮時代의 文藝復興時代를 가져왔으니, 肅宗朝 以後 활발하게 진 행된 意識과 行動은 정신 문화의 발달로 이어졌고, 아울러 물질 문명도 발 달하여 印刷術 等의 발달을 가져와 문화 보급은 이제껏 士大夫 文化에서 閭巷人 文化로 빠르게 傳播시키는 계기를 가져 왔다.

　끝으로, 敎育熱을 들 수 있겠으니, 顯宗·肅宗年間에 閭巷人 자제를 맡 아 교육한 崔奇南(1586~?)과 같은 인물이 있었고[3], 이보다는 늦게 正

祖・純祖年間의 松石園詩社의 주인공 千壽慶도 교육자라 부를 만 하니,
『里鄕見聞錄』에

> 松石 千壽慶은 字가 君善이며 初號가 羲軒이다. 집안이 가난하나 讀書
> 를 좋아하여 博覽强記하며 詩에 더욱 뛰어났다. 里巷의 富豪들이 自己 子
> 孫들에게 다투어 불러다 가르쳤다. 그를 따라서 공부하는 사람이 항상 오,
> 육십 명이나 되어 班을 나누어 가르치는데 井然해서 法度가 있었다. 材質
> 을 이룬 사람이 매우 많아 글에 能하고 詩를 이해하는 者가 많으니 다 千
> 先生의 弟子이다.[4]

라고 하여 배우려는 學童들이 많아 班을 나눌 정도였으며,『秋齋集』卷
7 '秋齋紀異'에 보면 宋洞에 鄭先生이란 사람이 아이들을 가르치는 講堂
이 있어 아침 저녁으로 磬쇠소리를 듣고 학생들이 모이고 흩어졌는데 그
에게 배웠던 사람들 가운데 成就한 사람이 많았다고 하였으니[5], 학생들이
5, 60명이나 되고 얼마가 되는지는 알 수 없으나 磬쇠를 쳐서 학생들을
上下學을 시켰다면 어느 정도의 학생들이 모여들었는지 알 수 있겠다.
　文學 內的 要因으로는 우선 그들의 內部에서 찾을 수 있으니,
첫째로, 이제까지 身分上의 制約으로 과거에 應試할 수 없고, 庶孽禁錮法
에 얽매이고, 限品敍用에 사회 진출의 活路가 遮斷되었던 그들이 경제적
여유와 의식개혁에 힘입어 축적된 그들의 재능을 어디엔가로 突破口를 찾
아 發散해야 하였으니, 이것이 바로 藝能方面으로 나가게 된 動機가 아닌
가 한다.
　문학의 경우 우리의 國字가 엄연히 있었지만 士大夫들이 漢文으로만 詩

───────────────

3) 林熒澤,『韓國文學史의 視覺』, p.441.
4)『里鄕見聞錄』卷6 千松石園壽慶, "千松石壽慶 字君善 初號義軒 家貧好讀書 博覽强記
　尤工於詩 里巷富室 有子姓者 爭延致敎誨 從而受業 常五六十人 分曹講學 井井有規度
　人見有能文解詩者 皆知爲千先生弟子也"
5)『秋齋集』中 '秋齋紀異', "泮宮之東 卽宋洞 洞中花木甚多 講堂翼然 卽鄭先生敎授處也
　晨夕鳴磬聚散 學子多有成就者 泮中李稱曰鄭先生"

文을 짓자 우선은 閭巷人들도 이들을 따라 漢文으로 詩文을 지었지만 형식이야 그들을 따랐겠지만 내용에 있어서는 그들의 작품과 判異한 眞率한 감정을 나타냈다. 오늘날 우리가 아쉽게 생각하는 것은 이들 閭巷人들이 漢詩文이 아닌 國字로 또는 국한문으로 詩文을 지었다면 현재 전하는 많은 작품들을 좀더 가까이 할 수 있을 것이다. 李家煥(1742~1801)이 '風謠續選序'에서 "此所以古今稱詩 多出於窮而在下者也"라고 하여 古今에 詩라고 부를 수 있는 것은 생활이 困窮하고 아래에 있는 사람들로부터 나온다고 한 것은 詩란 그만큼 困窮한 處地를 經驗하고 다른 사람으로부터 下待를 받아 본 사람들에게서 眞率한 詩가 나온다고 한 것은 共感이 가는 말이라 하겠다.

繪畵에 있어서도 이제까지 山水畵에서 從來의 상상적인 경치만을 그려온 것에 우리나라의 實景을 技法이나 精神, 效果面에서 정말 韓國的이라 할 수 있는 眞景 山水를 그려 中國 山水畵에 눈 익어온 當時 사람들에게 衝擊的인 일이었다. 여기에 이제까지 보기 어렵던 當時 사람들의 생활 모습을 그린 風俗畵도 사람들의 관심을 끌기에 충분했다고 하겠다.

둘째로, 職業的인 것에서 찾을 수 있다고 하겠으니, 그들이 할 수 있는 職業은 譯官, 醫官, 陰陽官, 校書員, 畵員이나 下級 官吏였기에 직무를 수행하기 위해서는 기본적으로 갖추어야 할 漢文에 대한 실력이 있어야 했다. 譯官의 경우 단순한 譯官의 任務 外에 상대국 관리들이나 사람들과 詩를 주고받는다든지, 使臣들이 任務 隨行次 오고 가는 길에 詩作을 주고받는 等의 일은 茶飯事이기 때문에 詩文을 對하고 짓는 경우가 非一非再하였으니 文學的 素養을 쌓는데 부족함이 없었을 것이다.

셋째로, 士大夫들의 推輓과 誘掖을 들 수 있다. 閭巷人들 가운데 庶孼들은 어머니가 士大夫 家門의 閨秀가 아니라는 이유 때문에 평생을 禁錮의 생활을 해야만 하는 不運한 사람들이다. 이들은 閭巷人들 가운데 中人이나 胥吏 階層보다 쉽게 양반과 가까이 할 수 있어 그들과의 접촉이 빈번

했고, 근본이 양반이기 때문에 그들의 思考方式이나 生活 習慣에서 오는 차이는 크지 않았다. 그러므로 그들과 어울려 詩文을 짓고 對話를 나누며 學問을 論하는데 遜色이 없었지만, 다만 身分的 차이 때문에 不可能한 일이 많았을 것이다. 특히 자신들과 어울려 지은 詩文들을 문집으로 남기고자 하나 身分的인 좌절감엔 용기를 북돋아 주고, 재정적인 어려움에는 이를 뒷받침하여 주었다. 閭巷人들의 시집인 『昭代風謠』에나 『風謠續選』, 『風謠三選』에 序, 跋을 士大夫들이 쓴 것은 이를 말해 주는 것이라 하겠다.

閭巷文學이 발달하게 된 原因을 結論的으로 말한다면 壬辰倭亂과 丙子胡亂을 겪은 다음 平民들의 自覺에서 비롯하여 商工業의 발달에 힘임은 經濟力을 뒷받침으로 文學的 素養을 쌓아 眞率한 감정을 表出하는 것에서 비롯되었다고 하겠다.

閭巷文學이란 槪念이 아직도 閭巷人이 지은 漢字로 표기된 한문학 작품만을 意識하고 있는 상태에서 閭巷時調란 槪念은 생소하고 어색할 수밖에 없다고 하겠다. 왜냐하면, 아직 아무도 이런 文學的 用語를 사용한 일이 없기 때문이다. 平民文學이라하여 작자가 분명 平民 作家가 지은 작품은 물론이지만 오늘날 國文學에서 작자가 분명한 古小說을 除外하고는 古小說이나 古時調, 民謠, 戲曲, 雜歌 等을 모두 包括하는 槪念으로 쓰이고 있다. 平民文學을 달리 閭巷文學이라 부른다면 우리 國文學에서 閭巷文學의 範疇는 상당히 광범위하게 되어 어쩌면 朝鮮朝 後期의 문학을 閭巷文學이라 부르는 誤謬를 犯할 수도 있다고 하겠다. 이런 의미에서 閭巷時調란 用語보다 平民時調란 용어가 더 타당할지 모르겠으나, 平民이라면 常民이나 賤民을 합한 胥吏 以下의 階層 사람들을 가리키는 뜻으로 받아드릴 誤解의 素地가 있다고 생각되어 中人과 庶孼, 書吏를 總括할 수 있는 閭巷人이 지은 시조라는 뜻에서 閭巷人이 지은 시조를 가리켜 閭巷時調 라는 용어를 쓰고자 한다.

시조에 있어 閭巷人들이 本格的으로 활약하기 시작한 時期를 肅宗朝로 보고 以後 甲午更張에 이르기까지의 約 220年間에 걸쳐 出身 成分이 분명히 閭巷人으로 밝혀진 작가와 閭巷人이란 기록은 없지만 閭巷人으로 看做되는 작가 46名의 長短時調 658首를 대상으로 하여 이를 閭巷時調라 부르고자 한다. 시조가 肅宗朝 以後에 그 主導權이 閭巷人에게로 넘어갔다고 하는 것은 단순히 시조 작가가 閭巷人이 많아졌다는 의미만 가진 것이 아닐 것이다. 形式上으로 볼 때 長時調의 창작이 활발해졌다든지, 작품의 내용도 文學的 價値로 볼 때 士大夫 時調와는 월등하게 앞선다는 것도 擧論할 수 있지만 시조를 創作하고 整理하며 더 나아가 부르는 것(歌唱) 等 모두가 閭巷人들의 主管이 되었다는 의미일 것이다.

閭巷時調가 文藝思潮的으로 어떤 특성을 가졌느냐에 대해서 具滋均은

> 그러면 나아가 그들 胥吏作家들의 時調는 文藝思潮的으로 보아 士夫作家의 것에 比하여 어떠한 特異性을 갖고 있는가. 大體論이기는하나 一般的으로 後者가 漢詩流의 思想感情을 많이 詠出하고 있음에 反하여, 前者의 時調에 있어서, 吾人은 보다 朝鮮民族 固有한 思想感情이 배어 있음을 느낄수 있는 것이다.
>
> 즉 胥吏作家는 그 儒學的 敎養에 있어서, 士夫作家보다는 떠러지는 까닭으로 思想의 枯渴과 思想의 缺乏과는, 自然 그 內容의 貧困, 陳腐함을 免치 못하고 典雅와 洗練을 缺하는 嫌이 없지 않으나 士夫作家의 作品 內容이 功業, 慨世, 君臣, 頌祝, 懷古, 遊覽 等의 高踏的, 道德的인 思想을 詠出하고 있음에 反하여, 近代 胥吏作家의 作品에는 卽興的으로 그들의 眞情을 描出한 것이 많아 따라서 生活과 藝術과의 相關性이 顯著히 그 緊密度를 더하여, 그것이 一面에 있어서, 諧謔, 滑稽, 好色, 艶情, 別恨 等의 享樂主義的, 遊戱的 文學이거나 或은 野趣에 찬 卽興詩, 俚謠와같은 것이 많아지고 描寫가 露骨化 되고 平民化 되었다.6)

고 하면서 士大夫 時調는 漢詩流의 詩想을 노래한 것으로 功業, 慨世, 君臣, 頌祝, 回顧, 遊覽 等을 내용으로 하고, 閭巷人의 시조는 韓國人 고유의

---

6) 具滋均, 前揭書, pp.37~38.

思想 感情을 노래한 것으로 諧謔, 滑稽, 好色, 艶情, 別恨 等을 노래했다고 했는데, 이런 結論이 그대로 적용된다고 하기는 어려우니 가령 閭巷時調의 내용으로 諧謔이나 滑稽, 好色을 내용으로 하는 것이 없는 것은 아니나 閭巷時調의 내용을 代辯할 정도로 그렇게 많은 것은 아니다.

우리의 시조를 특정 작가를 기준으로 하여 사대부 시조라든가, 여항인의 시조로 또는 妓女의 시조로 분류할 수도 있을 것이다. 그러나 이런 기준대로라면 그들 시조 작품 나름대로의 작품상으로나 주제면에서 어떤 특징이 있어야 할 것이다. 흔히 여항인의 시조의 특색으로 형식에 있어서는 장시조를 말하고 내용에 있어서는 好色이나 滑稽, 艶情 등을 들고 있으나 이런 것들이 여항인 시조의 특색이라 하기에는 어렵다고 하겠다. 지금까지 형식상 작가가 알려진 장시조의 작가도 여항인들보다는 사대부들이 먼저이고, 사대부의 작품으로 알려진 것이 여항인의 것보다 더 노골적으로 묘사된 작품이 있음을 우리는 볼 수 있다.

그러나, 신분이 여항인인 작가가 등장한 것이 肅宗朝 이후이며 이들의 이름이 등장한 것이 그들이 편집한 가집에서 비롯되었기 때문에 우리 時調史에서 출신 성분이 여항인으로 밝혀진 작가와 비록 여항 인이란 기록은 없으나 여항인으로 看做되는 46명의 長短時調 658首를 대상으로 肅宗 以後 甲午更張에 이르는 약 220년간에 걸쳐 편집된 가집을 중심으로 하여 '閭巷時調'라는 범주에 넣어 어떻게 발전해 왔으며 어떤 특징을 지녔나를 고찰하여 보고자 한다.

參考文獻

1. 具滋均,『韓國平民文學史』, 1955, 文潮社

2. 林熒澤,『韓國文學史의　視角』, 1984, 創作과批評社

3. 千柄植,『朝鮮後期　委巷詩社　研究』, 1991, 國學資料院

第二章

時調史論

Ⅰ. 序 言

時調란 형식이 高麗 中葉에 발생하여 그 형식의 완성은 高麗 末葉에 되었다는 것이 일반적인 견해이다. 처음에 이 형식을 만들어 낸 사람들은 士大夫들이고 이를 계승 발전시켜온 사람들도 이들 사대부들이란 것도 일반적인 주장들이다. 高麗를 멸망시키고 朝鮮을 건국한 것이 不當하다 하여 은둔했던 高麗 遺臣들의 시조나, 朝鮮의 建國을 찬양한 新興 士大夫들의 시조들, 世祖가 어린 端宗을 쫓아내고 王位에 오르자 이에 항거한 死六臣과 生六臣의 시조들, 世宗과 같은 聖君을 만나 致仕後 江湖에서 閑居하며 자연을 벗삼아 즐거움을 노래한 孟思誠(1360~1438)의 「江湖四時詞」를 시작으로 하여 聾巖 李賢輔(1467~1555), 俛仰 宋純(1493~1583)으로 이어지는 江湖歌道의 脈을 이어간 것도 士大夫들이다.

그러나, 壬辰倭亂과 丙子胡亂을 겪고 나서 우리의 사회는 커다란 변화를 가져오기 시작하였으니 흔히 말하는 平民들의 등장이다. 7年에 걸친 壬辰倭亂과 그 전쟁의 상처가 아직도 가시기 전에 역사상 初有의 外勢에 의한 降服이란 치욕을 안겨준 丙子胡亂으로 兩班의 권위가 무너지고 새롭게 平民의 세력이 등장하기 시작하였다고 하는 것은 그런 성급한 結論을 내리기에는 時期 尙早가 아닌가 한다. 오늘날처럼 변화가 빠른 시대에는 가능한 일이겠지만 그 當時의 시대 상황으로 그렇게 빠른 변화가 가능하지는 않았을 것이다. 어떤 의미에서는 무너진 양반들의 권위를 세우기 위해 오히려 전쟁 이전보다 더 가혹하게 평민들을 괴롭힌 경향이 있기도 하여 생각보다 사회의 변화가 빨리 온 것은 아니라 하겠다. 하지만 사회 변동의 趨勢는 분명 일어나고 있었다.

文學에 있어서도 이런 변화의 조짐이 일어나기 시작하여 우리 문학의 主流를 이루고 있던 韻文 文學에서 散文 文學으로 발전하는 契機가 되어 許筠의 『洪吉童傳』이 나오고 時調에서도 長時調의 창작이 활발해지기 시작하면서 시조의 작가도 士大夫 출신의 작가와 더불어 閭巷人 작가가 등장한다. 그러나 이들 閭巷人 작가의 등장이 그렇게 빠르게 나타나는 것은 아니었으니 지금 전하는 작품의 작자들을 보면 肅宗朝에 와서 활동한 歌客이나 琴客들로부터 시작된다.

平民 文學이니 또는 閭巷 文學이니 하는 槪念에 걸맞는 문학의 部門이 있어 이런 것을 平民文學 또는 閭巷文學이라 부를 수 있는 것인지 모르겠다. 더구나 문학의 下位 部門의 하나인 시조에 있어서는 다시 閭巷時調라는 用語를 쓸 수 있을까 하는 의문이 없지 않지만 엄연히 閭巷人 출신의 작가가 있고 작품이 있으면 그를 대상으로 한 어떤 名稱은 있어야 마땅하다고 생각된다.

여기서 다루고자 하는 것은 이들 閭巷人들의 작품이 등장하는 肅宗朝 이후부터 甲午更張까지 閭巷人들의 작품을 가집을 중심으로 하여 시대를 구분하여 다루고자 한다. 그러기 위해 우선 가집을 검토하고, 시대를 구분하여 閭巷人들의 時調가 어떻게 變遷했나를 밝혀 보고자 한다.

Ⅱ. 歌集의 檢討

沈載完은 『靑丘永言』을 비롯하여 43種의 가집과 『敎坊歌謠』를 비롯한

7種의 가집을 附錄으로 보태고 여기에 55種의 文集과 餘他의 板本·寫本
에서 모두 3,335首의 시조를 蒐合하여『校本歷代時調全書』를 내었다. 가
집 가운데 시조가 가장 많이 수록된『樂學拾零』을 臺本으로 삼아서『靑丘
永言』系의 가집과『海東歌謠』및『歌曲源流』系의 가집을 對校本으로 삼
았다. 對校한 가집들은 대체로 가집에 편집된 時代順으로 되어 있는데 비
록 作品數가 1,109首나 된다고 해서『樂學拾零』을 대본으로 삼은 것은 가
집이 이루어진 순서와는 어긋나기 때문에 가집을 통한 시조의 발전을 이
해하는 데에는 다소간의 불편이 있다고 하겠다.

　이들 가집 가운데 編纂 年代를 분명하게 알 수 있는 것은『靑丘永言』과
『海東歌謠』를 비롯한 몇몇 뿐이며, 대부분은 그 編者와 編纂 年代를 모르
고 있는 실정이다. 그러나 崔東元은 이들 가집이 이룩된 시대를 다음과 같
이 구분하고 있다.

(가) 18세기 이전
杜谷集, 淸溪歌詞, 松潭遺事

(나) 18세기
(2) 靑丘永言(珍本) (3) 海東歌謠(一石本) (4) 海東歌謠(周氏本)
(5)靑邱歌謠 (6) 詩歌(朴氏本) (7) 樂府(서울大本) (8) 靑丘永言
(洪氏本) (9) 靑丘永言(가람本) (10) 靑丘詠言(가람本)

(다) 19세기 전반
(1) 甁窩歌曲集 (11) 東國歌辭 (12) 古今歌曲 (13) 槿花樂府 (14)
三竹詞流 (15) 靑丘永言(淵民本) (16) 靑丘永言(六堂本) (17) 歌
譜(金益煥本) (18) 永言類抄 (19) 興比賦 (20) 時調(池氏本) (21)
東歌選(陶南本) (22) 調 및 詞

(라) 19세기 후반
(23) 金玉叢部 (24) 歌曲源流(國樂院本) (25) 歌曲源流(奎章閣
本) (26) 歌曲源流(六堂本) (27) 歌曲源流(河合本) (28) 歌曲源流

(佛國本) (29) 歌曲源流(朴氏本) (30) 歌曲源流(舊皇室本) (31) 海
東樂章 (32) 歌曲源流(가람本) (33) 歌曲源流(一石本) (34) 歌曲源
流(東洋文庫本) (35) 協律大成 (36) 花源樂譜 (37) 女唱歌謠錄(東
洋文庫本) (38) 南薰太平歌 (39) 詩餘(李氏本) (40) 歌謠(東洋文
庫本) (41) 詩歌謠曲

(마) 20세기 초엽
(42) 大東風雅 (43) 시절가 (44) 樂府(高大本) (45) 歌曲寶鑑(서울
大本)(숫자는 沈載完의『歷代時調全書』歌集 번호임)[1]

여기서 다루고 있는 18세기는 肅宗末에서 正祖末까지를, 19세기 前半
을 純祖初에서 憲宗末까지를, 19세기 後半을 哲宗初에서 高宗末까지로 했
고, 그 以後를 20세기 初葉으로 다루었다.[2]

그러나 金壽長이 英祖 39年(1763)에『海東歌謠』第 2次本을 編하고, 계
속해서 이듬해 金友奎의 작품에 대한 跋文을 쓴 이후 金重說과 朴文郁의
작품에 대한 跋文을 쓴 英祖 45年(1769)에 이르기까지 몇 년 동안의 작품
을 따로 엮어『靑邱歌謠』를 엮을 때까지 달리 나온 뚜렷한 가집이 없다.
崔東元은 朴氏本『詩歌』를 비롯해서 서울大本『樂府』, 洪氏本・가람本『靑
丘永言』과 가람本『靑丘詠言』을 18세기 가집으로 다루고 있으나 어떤 뚜
렷한 근거는 없다고 하겠다.

다만 朴氏本『詩歌』에 '閭巷散人'이라 하여 李仁老(朴仁老의 잘못임)를
비롯하여 張炫, 周義植(朱義植의 잘못임) 金三賢, 金聖器, 金裕器를 들고
있으며, 洪氏本『靑丘永言』에서는 有名氏 작품 205首가 끝난 다음에 '閑散
人' 이라고 하여 林晉・李仲集・金應鼎・許橿・朴仁老・張炫・朱義植・
金三賢・金聖器・金裕器・金天澤・金壽長・金友奎 等의 13人을 들고 있
는데 이것은 珍本『靑丘永言』이나『海東歌謠』에서 작가의 생몰 연대를 모

---

1) 崔東元,『古時調論』, 1980, 三英社, p.86.
2) 崔東元, 前揭書, p.85.

르는 작가들의 작품을 가집의 뒤에 수록했고, 金天澤이 자신을 포함한 '閭巷六人'이라고 한 사람들이나 金壽長 등 편자를 합하여 이렇게 부른 것은 분명 金天澤의 『靑丘永言』과 金壽長의 『海東歌謠』를 가집 편집에 참작했음이 분명하다고 하겠다. 이렇게 볼 때 朴氏本 『詩歌』를 비롯한 餘他의 가집이 英祖朝에 이루어졌다고 분명히 말하기는 어렵다고 하겠다.

『三竹詞流』는 三竹 趙榥의 個人 歌集으로 安玟英의 『金玉叢部』와 더불어 일반 가집과는 달리 다루었어야 했다. 淵民本 『靑丘永言』은 京山 李漢鎭(1732~?)에 의해서 純祖 15(1815)年에 이루어진 가집으로 金弘道를 비롯한 8名의 작가가 보이나3), 이 가집의 解題를 쓴 沈載完은 松江을 비롯한 南冥, 栗谷, 半痴, 老稼齋, 白湖, 珍伊 等의 작가가 그 작품과 합치되지 않는 점으로 미루어 新出 作家의 信憑性이 문제가 되며, 이 가집의 표기에 있어 語句의 改作, 變異 경향이 다른 가집에 비해 뚜렷한 점을 들어 이 가집의 編纂 意識이 考證 方面에 用意가 적었음을 밝혔기 때문에4) 다루지 않는다. 또 『古今歌曲』은 松桂煙月翁이란 號를 가진 사람에 의해서 이루어진 가집으로 主題別로 엮어진 것이며, 작가의 표시가 없다. 다만 自作의 14首를 卷末에 붙였으나 작품의 내용으로 미루어 그의 신분이 平民이 아닐 가능성이 많다고 생각되어 다루지 않았다.

Ⅲ. 時調作品 內容의 分類

시조의 내용을 分類한다고 하는 것이 말과 같이 그렇게 쉬운 일은 아니다. 왜냐하면 그 分類가 얼마나 客觀性을 가지고 있느냐 하는 점이다. 아무리 分類者가 자기의 주관을 排除시켰다 하더라도 분류의 결과는 다분히

---

3) 新出作家는 金弘道, 嘐嘐齋, 閔成川, 宋龍世, 半痴, 昌成尉, 文景公, 松江妾임.
4) 沈載完, 『靑丘永言』(京山本) 解題, 1961, p.3.

主觀的인 것으로 여겨지는 경우가 허다하기 때문이다.

現傳하는 가집을 보면『靑丘永言』처럼 作家別로,『古今歌曲』처럼 內容別로,『歌曲源流』같이 曲調別로 되어 있는 3가지로 分類할 수 있으나, 반드시 그렇게만 되어 있는 것은 아니다. 가령, 작가별로 편집한 珍本『靑丘永言』도 初中大葉부터 蔓橫淸流까지는 곡조별로 되어 있고, 二數大葉은 완전히 작가별로 되어 있는가 하면 無名氏 작품은 내용별로 되어 있어 珍本『靑丘永言』의 경우 엄격히 말해서 曲調, 作家, 內容의 3가지 분류 방법을 다 갖춘 가집이라 하겠다.

時調의 內容을 分類한 것을 보면, 이는 아무래도 珍本『靑丘永言』이 이 방면의 嚆矢라 하겠다. 珍本『靑丘永言』에서 二數大葉 가운데 無名氏 작품 104首(歌番 294~397)를

戀君(4)	遣適(3)	報效(2)	江湖(7)	山林(3)	閑適(2)
野趣(5)	隱遯(2)	田家(4)	守分(3)	放浪(4)	悶世(2)
消愁(2)	遊樂(2)	嘲奔走(2)	修身(3)	周便(2)	惜春(2)
壅蔽(2)	歎老(4)	老壯(2)	戒日(2)	戕害(3)	知止(2)
懷古(2)	閨情(5)	兼致(1)	大醉(1)	客至(1)	醉隱(1)
中道而廢(1)	壯懷(1)	勇退(1)	羨古(1)	自售(1)	醉月(1)
盈虧(1)	命蹇(1)	不爭(1)	遠致(1)	二妃(1)	懷王(1)
屈平(1)	項羽(1)	松(1)	竹(1)	杜宇(1)	太平(1)
戒心(1)	勞役(1)	忠孝(1)	待客(1)		

의 52項目으로 분류했고, 여기에 2個의 項目이 漏落되었으니, 이 분류는 너무 細分化 하였기에 내용보다는 素材에 따라 구분한 느낌이 있다.

『古今歌曲』은 人倫·尋訪·勸戒·閑適·頌祝·譙飮·貞操·醉興·戀君·感物·慨世·艶情·寓風·閨怨·懷古·離別·歎老·別恨·節序·蔓橫淸流의 20項目으로 分類하였으니 완전히 내용에 의한 分類라 하겠다. 이것 以外에도『槿花樂府』와『東歌選』도 내용에 따라 편집한 가집이다.[5]

현대에 와서도 1928年에 간행된 六堂의 『時調類聚』는 그가 시조를 내
용별로 나누게 된 동기를 그 序文에서

> 그런데 在來의 時調書는 대개 曲調로써 類를 나누고 그 중이 혹 作家
> 로써 位를 定함이 通例이었으니, 曩者의 <歌曲選>도 또한 이 舊例를 따랐
> 었읍니다. 그러나 唱을 위하던 前日에는 이것이 무론 便宜한 방법이 있겠
> 지마는 鑑賞과 考驗을 주로하는 시방에는 도리여 新體例를 베픔이 可할
> 듯하여, 이제 此書를 내용에 의한 分類로써 全時調를 우선 時節·花木 이
> 하 二一部에 分配하기로 하고, 慣例의 用曲을 일일이 附載하여 讀者의 새
> 便益을 꾀한다 하였읍니다.6)

라고 한 것처럼, 예전에는 唱을 위주로 하였기 때문에 곡조별로 나누었으
나, 현대에 와서는 感賞과 考驗을 爲主로 하기 때문에 내용별로 분류하는
것이 옳다고 하여 1,400餘 首의 시조를 내용별로 나누었으니 그 項目은
다음과 같다

1. 時節類	2. 花木類	3. 禽蟲類	4. 老少類	5. 男女類
6. 離別類	7. 相思類	8. 遊覽類	9. 懷古類	10. 豪氣類
11. 君臣類	12. 頌祝類	13. 孝道流	14. 修養類	15. 哀傷類
16. 寄託類	17. 閒情類	18. 醉樂類	19. 寺觀類	20. 人物類
21. 雜類				

여기서 분류한 것을 보면 珍本『靑丘永言』에서처럼 내용뿐만 아니라 마
치 素材에 따라 분류한 느낌도 있다고 하겠다. 六堂 以後에도 이러한 연구
를 한 것이 있으니, 李泰極은 그의 『時調槪論』에서 시조의 내용을 20項目

---

5) 『槿花樂府』, 倫常, 勸戒, 頌祝, 貞操, 戀君, 慨世, 寓諷, 懷古, 膽略, 節序, 尋訪, 隱逸,
　閑情, 宴飮, 醉興, 感物, 艶情, 離恨의 19項目
　『東歌選』, 遣意, 嘆, 忠, 回顧, 隱逸思, 問答, 慨述, 老, 咏, 意, 孝, 弄, 豪, 壯, 帝, 景,
　昇, 興比, 春, 酒, 問, 別, 橫, 樂時調, 蔓橫의 27項目
6) 崔南善, 『六堂全集』第 13卷 『時調類聚』序文

으로 분류했고[7], 秦東赫도 그의 『古時調文學論』에서 17項目으로 분류한 바가 있다.[8] 그러나, 이러한 분류가 어느 정도의 客觀性을 가졌는지에 대해서는 分類者 以外에는 確言할 수 없을 것이다.

여기서는 필자의 의견과 일치하는 것은 아니지만, 徐元燮이 그 분류의 근거를 밝히고 있으며[9], 沈載完의 『校本歷代時調全書』에 수록된 3,335首의 시조 가운데 平時調 2,759首를

1. 離別哀傷(105)	2. 空閨怨慕(125)	3. 江湖閑情(175)
4. 田家閑居(227)	5. 致仕歸田(33)	6. 安貧樂道(30)
7. 守分知止(42)	8. 戀主忠君(84)	9. 感激君恩(31)
10 丹心忠節(21)	11. 憂國慨世(102)	12. 學問修德(58)
13. 追慕讚頌(104)	14. 綱常五倫(99)	15. 思親孝道(26)
16. 敎誨警戒(110)	17. 逍遙遊覽(29)	18. 飮酒醉樂(95)
19. 人生行樂(60)	20. 人生無常(22)	21. 白髮嗟歎(75)
22. 感物敍景(322)	23. 丈夫豪氣(36)	24. 聖世逸民(53)
25. 尋訪招待(33)	26. 戀慕相思(170)	27. 好色貪花(42)

---

7) 李泰極, 『時調槪論』忠孝至上 愛信扶翼 邪正介潔 憂國慨世 逃避諦念 無常蕩逸 醉樂頹廢 安貧樂道 自然沈潛 無爲自然 風俗愛農 自由協同 進取豪放 勉學修德 事大自侮 內房怨訴 別離哀傷 人間有情 哀情無恨 儒佛仙

8) 秦東赫, 『古時調文學論』愛情類 443首 醉樂類 223首 閑情流 216首 自然類 203首 道德類 185首 懷古類 160首 遊興類 151首 忠君類 124首 嘆老類 124首 漁父類 122首 脫俗類 117首 安貧類 90首 修養類 74首 勸農類 51首 神仙類 39首 頌祝類 33首 諷刺類 35首

9) 徐元燮, 『時調文學硏究』 p.53 "여기 33項目에 걸친 主題別 分類 名稱은 몇 個를 制外하고는 다음 文獻을 參考하여 筆者가 命題・解題한 것임을 밝혀둔다."
  1) 『辭源』(正續編 合訂本), 臺灣商務印書局, 1960.2
  2) 『故事成語辭典』, 學園社, 1961. 12. 25
  3) 張三植, 『大漢韓辭典』, 成音社, 1973. 3. 25
  4) 李家源・張三植, 『漢字大典』, 裕庚出版社, 1973. 7. 10
  5) 金澤庄三郎, 『廣辭林』, 三省堂, 1925. 10. 19
  6) 小柳司氣大, 『新修漢和大字典』, 博文館, 1936. 1
  7) 李熙昇, 『國語大辭典』, 民衆書館, 1961. 12. 28
  8) 國語國文學會, 『국어대사전』, 東亞出版社, 1958. 4. 5

28. 寄託諷喩(91)　　29. 福壽頌祝(50)　　30. 四季節侯(31)
31. 古事懷古(128)　　32. 思鄕歸心(20)　　33. 懷抱述義(130)[10]

와 같이 비교적 자세하게 분류한 것을 따르고자 한다. 그러나 앞에서도 지적한 것처럼 곡조에 의한 분류가 아닌 내용에 의한 분류이기 때문에 자연 분류자의 주관이 介在할 수밖에 없는 것이다.
가령 金裕器의 작품

> 景星出 慶雲興ᄒᆞ니 日月이 光華 ㅣ로다
> 三皇禮樂이오 五帝 ㅣ 文物이로다
> 四海로 太平酒 비져 萬姓同醉 ᄒᆞ리라.(珍靑 255)

는 六堂의 『時調類聚』에서 '頌祝歌'로 분류했으나 徐元燮은 '聖世逸民'으로 분류했다. 이처럼 하나의 시조를 내용별로 분류하는 것이 어려운 것임을 徐元燮은

> 時調를 曲調나 作者에 依해서 分類한다는 것은 容易한 作業이라 할 수 있고 또 客觀性 있는 分類임에 比해서 主題(內容)에 의한 分類란 時調集 編纂者의 個性에 의한 分類인 同時에 時調의 主題를 分類하는 데 主目的이 있는 것이 아니고 時調集 編纂意圖上 必要한 分類이기 때문에 客觀性 있는 分類라고는 하기가 어렵다. 더군다나 우리 時調와 같이 그 主題가 曖昧模糊한 作品이 大部分인 境遇에서 時調의 主題는 明確하게 斷定하여 類型別로 分類한다는 것은 至極히 어려운 作業임에 틀림이 없다.[11]

고 하였다.

---

10) 徐元燮, 前揭書, p.52.
11) 徐元燮, 前揭書, pp.52~53.

Ⅳ. 閭巷時調의 時代區分

　　時調에서 閭巷人 작가들이 활발하게 활동한 시기를 肅宗代 이후로 보고 甲午更張에 이르기까지 220餘年을 王朝와 그 시대에 前後해서 이룩된 가집을 중심으로 하여 고찰할 필요가 있다고 하겠다.

　　時調를 史的으로 관찰한다고 하면 時代區分이 필수적인 것이라 하겠다. 지금까지 閭巷時調만을 대상으로 한 것이 없고 時調 全般에 대하여 시대구분을 한 것을 보면, 우선 李能雨의 『李朝時調史』를 들 수 있으니, 그는

　　① 15世紀 時調(朝鮮 建國서 成宗朝까지 1392～1494)
　　② 16世紀 時調(燕山君에서 壬辰倭亂까지 1495～1592)
　　③ 17世紀 時調(壬辰倭亂에서 景宗末年까지 1593～1724)
　　④ 封建 王朝의 末期 時調(英祖부터 高宗朝까지 1725～1894)

와 같이 구분하였고, 朴晟義는 『韓國文化史大系』卷 5에 수록되어 있는 「韓國詩歌文學史」(中)에서 時調文學의 時代區分을

　　① 形成期(朝鮮 建國以前 高麗末)
　　② 成長期(朝鮮 建國부터 成宗末까지)
　　③ 勃興期(燕山朝부터 壬辰倭亂까지)
　　④ 爛熟期(壬辰倭亂부터 肅宗末까지)
　　⑤ 衰退期(景宗朝부터 韓末까지)

와 같이 구분하였다. 朴乙洙는 『韓國古時調史』에서

　　① 高麗末期의 時調文學(光宗 24～恭讓王 4 : 973～1392)
　　② 第 1期의 時調文學(太祖 1～成宗25 : 1392～1494)
　　③ 第 2期의 時調文學(燕山君 1～宣祖 41 : 1495～1608)
　　④ 第 3期의 時調文學(光海君 1～肅宗 46 : 1609～1720)
　　⑤ 第 4期의 時調文學(景宗 1～高宗 31 : 1721～1894)

⑥ 復興期의 時調文學(高宗 32년~純宗 4 : 1895~1910)

와 같이 구분하여 별다른 차이가 없다.

　먼저 李能雨의 경우를 보면 한 世紀를 기준으로 하고 있으며, 여기에서 成宗 25년(1494)에서 燕山君 元年(1495)을 기준으로 분기점을 삼았고, 다음을 다시 약 1세기 뒤인 壬辰倭亂(1592)을 잡고 있으며. 다음을 景宗 4년(1724)까지 1세기가 넘는 시기를 17세기의 시조로 다루고 있다. 朴晟義도 이와 비슷하나 爛熟期라 하여 肅宗 末까지를 잡아 몇 년의 차이가 나는 것이 다르다. 다만 朴乙洙는 甲午更張 이후 韓末까지를 세분한 것이 다르다고 하겠다.

　文學史에서 時代區分은 政治史를 기준으로 하는 방법을 따르는 경우를 흔히 볼 수 있으나, 이런 기준보다는 文化史的인 측면에서 구분하는 것이 더 타당한 것이 아닌가 한다. 가령 高麗가 망하고 朝鮮이 건국한 것이 1392년이나 조선 초기와 고려와는 정치적으로는 커다란 변화가 있었으나 고려의 문물제도를 크게 개혁하지도 못했고 문화적 측면에서 볼 때 달라진 것이 없었다. 다만 조선 건국 후 반세기 정도 뒤에 世宗께서 訓民正音을 創製하시어 우리의 고유 문자를 가지게 되자 문화에 미친 영향은 획기적인 것이라 하겠으니, 단순히 高麗와 朝鮮이 바뀐 것이라 하여 이를 분수령으로 하여 구분하는 것보다는 더 타당성이 있다고 하겠다. 마찬가지로 成宗과 燕山君을 구분하는 것은 燕山君 6년(1500)이 西紀로 1500년이 되기 때문에 이런 구분을 하고 있으나, 이는 燕山君의 재위기간(1495~1505)에서 中宗 卽位와 구분하는 것이 더 타당하리라 생각된다. 연산군의 失政으로 인해 많은 사대부들이 벼슬을 버리고 산림에 은거하면서 李賢輔나 宋純으로 이어지는 江湖歌道의 기틀을 이루는 계기가 되었기 때문이다.

　閭巷時調는 肅宗朝 이후부터 그 모습을 보이기 시작하였다고 보기 때문에 時代區分을 가집의 編纂年代를 중심으로 하여 나누는 것도 하나의 방법일 수도 있을 것이다.

우리는 흔히『靑丘永言』과『海東歌謠』및『歌曲源流』를 三大 歌集이라 일컫는다.『靑丘永言』은 英祖 4年(1728)에, 그리고『海東歌謠』는 同 39年(1763)에,『歌曲源流』는 高宗 13年(1876)에 이룩되었다고 한다.『海東歌謠』가 이루어진 다음에『歌曲源流』가 이루어지기까지는 100餘年이 걸렸다.『靑丘永言』에서『海東歌謠』가 이루어지기까지의 30餘年 차이에 비하여 너무 뒤지는 것이 아닌가 한다. 현재처럼 많은 가집이 발굴되었는데도 불구하고『靑丘永言』,『海東歌謠』,『歌曲源流』만을 고집하여 대표적인 가집이라 고집할 이유가 없는 것이 아닌가 한다. 國文學 硏究의 草創期에 가집의 編者가 확실하고 가집의 보존 상태가 비교적 양호한 가집을 마치 전체의 가집을 대표하는 것처럼 인식되어 온 것은 많은 가집이 발굴되기 以前의 것을 기준을 삼았던 과거의 주장을 조금도 재검토해 보려는 노력도 없이 慣行으로 되풀이 하고 있기 때문이라 하겠다.

『靑丘永言』은 1948年 朝鮮 珍書刊行會에서 吳章煥氏의 所藏本을 간행하기 이전에는 崔南善氏의 六堂本을 原本으로 생각하고 있었으나 珍本『靑丘永言』을 方鍾鉉이 原本으로 推定했음에도 불구하고 지금도 여전히 曲調別로 엮어진 998首가 수록된 가집이란 주장이 계속되고 있는 실정이다. 六堂本은 書名만이 같은『靑丘永言』일뿐 別個의 가집이다. 六堂本에 수록되어 있는 知名 作家로 翼宗이 있는데 純祖가 在位 34年(1834) 11月 13日에 昇遐하시고 18日에 憲宗이 即位하면서 곧바로 자기 아버지를 翼宗으로 追尊했으니 六堂本의 편집은 이 以後가 된다고 하겠다. 英祖 4년(1728)이 이루어진 珍本『靑丘永言』과 100년이 훨씬 뒤인 六堂本『靑丘永言』을 단순히 책이름이 같다고 해서 珍本과 六堂本을 같은 가집으로 다룬다거나 하는 과거의 잘못된 사실을 계속 되풀이 하는 일은 없어야 할 것이다.

『海東歌謠』도 기왕에 알려진 一石本이나 周氏本 以外에 새로 朴氏本이 발굴되어 이제까지 英祖 39年(1763)에 이루어졌다는 견해도 初撰本이 英

祖 31年(1755)에 만들어졌다는 사실을 추가해야 되리라 믿는다. 金壽長은 初撰本을 만든 後에 2次로 李鼎輔와 自身의 長時調 작품을 포함시켜 英祖 39年에 周氏本을 만들었고 계속하여『青邱歌謠』를 만들어『海東歌謠』와는 別個의 가집을 만들었다.

『歌曲源流』는 高宗 13年에 朴孝寬과 安玟英이 編했다는 것이 定說로 되어 있으나 筆者는 여기에 疑問을 提起하고 編者가 이제까지의 주장과는 다를 것이라는 可能性을 언급했다. 如何間에 새로운 가집의 발굴로 기왕의 學說을 새롭게 修正해야 하는 많은 研究 結果가 이룩되었음에도 불구하고 새로운 學說을 받아들이는 것을 꺼리는 경향이 있다고 하겠다.

이제 閭巷時調를 가집이 이루어진 것과 연관시켜 몇 단계로 時代區分을 하여 보면

> 第 1期 肅宗・景宗年間(1675∼1724) 50年間
> 第 2期 英祖年間(1725∼1776) 52年間
> 第 3期 正祖・純祖年間(1777∼1834) 58年間
> 第 4期 憲宗・哲宗・甲午更張까지(1835∼1894) 59年間

와 같이 구분하고 가집과 관련시켜 보면 第 1期에 珍本『青丘永言』이, 第 2期에『海東歌謠』와『青邱歌謠』가, 第 3期에『樂學拾零』과 六堂本『青丘永言』이, 第 4期에『歌曲源流』가 관련되어 있다고 하겠다.

第 1期인 肅宗朝에는 閭巷 時調作家가 등장하여 활발한 작품활동을 하였으니 珍本『青丘永言』의 ‘閭巷六人’이 이에 해당한다고 하겠다. 第 2期인 英祖朝에는 金壽長이란 歌客이 중심이 되여 老歌齋를 경영하면서 周氏本『海東歌謠』의 뒤에 붙어 있는 ‘古今唱歌諸氏’에 나오는 작가들과,『青邱歌謠』에 수록되어 있는 작가들과 交遊하며 활발한 활동을 하였다. 第 3期에는 第 1期의 金天澤이나 第 2期의 金壽長과 같은 時調界를 이끌어갈 指導者가 없기 때문에 뚜렷이 내세울 작가도 없고 작품활동도 부진했으나

이 시기에 『樂學拾零』과 六堂本『靑丘永言』과 같은 가집이 이루어져 비록 뚜렷한 작가가 없다고 하더라도 수록작품이 제일 많은 가집이 이루어진 것만으로도 대단히 중요한 일이라 하겠다. 第 4期에는 朴孝寬과 安玟英 같은 특출한 指導者도 있고, 『歌曲源流』처럼 朝鮮 時代 시조를 總決算하는 가집도 있다.

以上에서 閭巷의 槪念과 閭巷人을 이루는 中人, 庶孼, 胥吏에 대해서 言及했고, 閭巷文學과 閭巷時調에 대해서는 槪念의 設定하여 나름대로의 定義를 내려보았다. 閭巷時調의 通時的 고찰에 필요한 時代區分을 歌集을 중심으로 하여 肅宗 이후 甲午更張에 이르는 약 220년간의 역사를 照明해 보았다.

第一節 · 第1期의 時調

1. 時代 槪觀

壬辰倭亂과 丙子胡亂이 끝나고 나서 사회적으로 나타난 두드러진 현상은 누가 무어라 해도 平民의 自覺을 먼저 손꼽을 수 있다고 하겠다. 이는 이제까지의 支配階級이었던 兩班階層의 권위가 무너지는 것이 문제가 아니라 앞으로 오는 세상의 실질적인 主役들이 서서히 바뀌게 됨을 豫告하는 것이다. 그러나 사회의 變遷이란 것이 그렇게 쉽게 이루어지는 것이 아니기 때문에 平民들이 각 분야에 걸쳐 활발히 활동하기까지에는 상당한 기간이 필요했던 것이다.

14살의 어린 나이로 왕위에 오른 肅宗(1661~1720)은 英祖의 52年 다음으로 46年 동안 在位에 있던 분으로 在位期間 동안 黨爭으로 인하여 南人이 淸南과 濁南으로 分黨되고 西人도 老論과 少論으로 分黨되는 과정을 겪으면서 宋時烈을 賜死하는 지경에까지 이르렀다. 그러나 號牌法과 大同法을 施行하고 常平通寶라는 鐵錢을 鑄造하는 等 經濟政策이나 國防을 튼튼히 하고 端宗을 復位하는 等의 훌륭한 業績을 남겼으나 肅宗 23年에서 25年에 이르는 3年동안 大饑饉과 厲疫으로 數十萬이 죽는 어려움도 있었고, 王妃를 4名이나 맞이하여야 하는 개인적인 不幸도 겪어야만 했다. 이 가운데 仁顯王后를 廢妃 시키고 張禧嬪을 王妃로 冊封했다가 閔妃를 復位시키고 張禧嬪을 賜死시키는 소란도 겪는다. 또 肅宗 41年(1715)에는 淸나라에 갔던 許遠이 曆書와 測量器機, 自鳴鐘을 얻어 기지고 돌아옴으로 西洋의 文明이 輸入되는 契機가 되기도 한다.

景宗도 王位에 오르면서 王妃를 死別하는 아픔을 겪어야 했고, 病弱하여 政事도 제대로 遂行할 수도 없었으며, 黨爭으로 인하여 王世弟와 관계 때문에 王世弟를 支持하는 老論과 自身은 支持하는 少論의 갈등에서 일어난 辛壬士禍 等으로 인하여 在位 4年동안 黨爭의 絶頂期를 맞는다.

이렇게 볼 때 肅宗·景宗의 年間은 外侵이 없어 평화로와 보이지만 끊임없는 黨爭과 閔妃의 廢妃와 復位에 따른 張禧嬪과의 관계 等으로 미루어 內憂에 시달렸던 시기라 하겠다.

2. 閭巷六人

肅宗代를 대표하는 閭巷時調의 작가라 여겨지는 '閭巷六人'을 들어 그들의 生涯와 作品을 고찰하여, 적어도 그들의 身分은 閭巷人이지만 작품은 閭巷人과는 어떤 乖離가 있음을 究明하고, 本格的인 閭巷時調는 以後 英祖代에 가서야 本格的으로 이루어졌음을 밝혀 보고자 한다. 아울러 이

들과 交分關係가 있는 人物들을 들어 肅宗代 閭巷時調의 全般을 고찰하여
어떤 특색이 있었나를 밝히고자 한다.

鄭潤卿은 '靑丘永言序'에서 南坡가 編한『靑丘永言』의 作家 收錄 범위
를

> 또 우리 東方의 名公碩士의 작품과 閭井의 歌謠에서 音律에 맞는 數百
> 闋을 모아서……1)

이라고 하여, '閭井'이라 했고, 老歌齋는 자신의 '海東歌謠序'에서

> 高麗에서부터 우리나라의 列聖御製와 名公碩士 歌者漁者 吏胥閭巷豪遊
> 名妓와 無名氏 作品과 더불어 내가 지은 長短歌 一百四十九章을……2)

이라고 하여, '閭巷'이라고 하였으니 여기서 '閭井'이나 '閭巷'은 庶民
들인 民間이란 뜻이다. 따라서 '閭巷人'이란 一般 民間人을 가리키는 말이
라 하겠다.

珍本『靑丘永言』에서는 '閭巷六人'이라 하여, 張鉉(炫의 잘못임)을 비롯
하여 朱義植·金三賢·金聖器·金裕器와 編者인 金天澤을 들고 있으며,
朴氏本『詩歌』에서는 '閭巷散人'이라 하여 金天澤 대신에 李仁老를 넣어
서 6人을 들고 있다. 여기서 李仁老란 朴仁老의 잘못이니, 여기에 朴仁老
를 넣은 것은『海東歌謠』에서 肅宗朝人으로 다루고 노래를 잘했다고 하였
고, 작품의 수록도 珍本『靑丘永言』다룬 年代缺考의 林晉이나 李仲集과 같
이 가집 뒤에 있기 때문에 閭巷人으로 잘못 알고 있었던 것이라고 생각된
다.

달리, 洪氏本『靑丘永言』에서는 有名氏 작품 205首가 끝난 다음에 '閑散

---

1) 又蒐取東方 名公碩士之所作 及閭井歌謠之 自中音律者 數百餘闋……
2) 自麗季至 國朝以來 列聖御製 及名公碩士 歌者漁者 吏胥閭巷豪遊名妓與無名氏之作
   及自製長短歌一百四十九章……

人’이라고 하여, 林晉·李仲集·金應鼎·許橿·朴仁老·張炫·朱義植·金三賢·金聖器·金裕器·金天澤·金壽長·金友奎의 13人을 들었다. 여기서 林晉과 李仲集은 珍本『靑丘永言』에서 ‘年代缺考’란 項을 設定하여 작자의 生沒年代를 고증하기 어려운 사람들로 西湖主人과 더불어 自身이 포함된 ‘閭巷六人’이나 ‘閨秀三人’이라 하여 黃眞·小栢舟·梅花 다음의 有名氏 작품 끝에 수록된 것이다. 金應鼎은 珍本『靑丘永言』에서 松川 梁應鼎의 작품으로 되어 있으나『海東歌謠』에서 金應鼎으로 되어 있으니까 포함시킨 것이다. 또 許橿은 周氏本『海東歌謠』에서 金三賢과 金裕器 사이에 수록되어 있기 때문에 全部 閑散人으로 다룬 것이니, 朴氏本『詩歌』나 洪氏本『靑丘永言』은 아무래도 朴氏本『海東歌謠』以後에 이룩된 가집이라 하겠다.

그러면 ‘閭巷六人’이란 것이 英祖 以後에 결성된 것으로 보이는 平民들의 松石園詩社나, 金壽長을 중심으로 한 歌客들의 활동무대인 老歌齋의 모임과 같은 성격을 가진 모임이었느냐 하는 것이다.

陶南은 張福紹가『海東歌謠』跋文 가운데

> 金壽長은 南坡 金天澤과 더불어 아주 가까운 사이여서 두 사람은 當時에 노래에 밝은 사람들이었다. 微妙하고 豪爽한 樂節과 물에 잠기거나 뜨는 듯한 느낌이나 물소리가 흐르는 듯한 理致는 모두 이 두사람의 門下에서 나왔다……3)

와 같이 들어, 마치 ‘敬亭山歌壇’이 있어 金天澤과 金壽長을 비롯한 시조 가창인들이 가단을 형성한 것처럼 말하고 있으나, 金天澤과 金壽長의 관계가 그렇게 좋은 것이 아니라는 주장들이 있으니4), ‘敬亭山歌壇’이란

---

3) 金君壽長與南坡金天澤　相對敬亭山　兩翁則當世洞歌者也　微妙豪爽之節　浮沈汨汨之理 出於兩門…….

4) 朴魯春, “朴氏本 海東歌謠의 資料的 價値性”,『國會圖書館報』通卷　137,8號.
　　秦東赫, “南坡와 老歌齋와의 關係考察”,『국어국문학』第81號.

실제로 존재하지도 않았다는 것이다. 金壽長은 그가 69歲 때에 老歌齋를
構築하여 하나의 모임을 만들 수 있었으나, 金天澤을 비롯하여 ‘閭巷六人’
이라 불리는 사람들과는 아무런 連關性도 없는 사람들이며, 다만 金聖器
만이 金天澤과의 多少間에 관련이 있었다고 하겠다.

따라서 ‘閭巷六人’이란 어떤 모임을 대표하는 그런 것이 아니고 閭巷人
으로 유명한 歌客이나 琴客으로 歌唱도 할 수 있으며 얼마간의 時調의 작
품을 創作할 수 있던 사람들을 한데 묶어서 編者인 自身을 포함하여 6人
을 들고 자기보다 後輩인 경우에는 除外시켰던 것이다. 이들은 시대적으
로 보아서 肅宗 때부터 英祖 初期의 사람들이라 여겨지며, 벼슬에 나갔으
나 본래 出身 成分이 兩班이 아니었으며, 기록에는 堂上官에 오르는 벼슬
을 한 것으로 되어 있으나, 이들의 기록은 믿을 바가 못되는 것이 아닌가
한다.

여기에서는 그들의 人的事項을 각종 문헌에 있는 대로 정리하고 작품에
대해서 고찰해 보고자 한다.

3. 詩人 各論

1) 張 炫

珍本『靑丘永言』의 ‘閭巷六人’에서 張鉉이라고 하여 他歌集의 張炫과
차이가 있으나,『海東歌謠』의 ‘古今唱歌諸氏’를 보면 ‘張炫 知事’로 되어
있어 이는 張炫의 잘못이며, 또 그의 벼슬이 知事에까지 올랐음을 알겠다.
李秉岐 校註의『歷代時調選』에서 張炫을 다음과 같이 소개하고 있다.

張炫은 張希載의 叔父, 家世가 譯官인바, 炫이 首譯이 되어 昭顯·孝廟
가 瀋陽에 가 있을 때 모시고 있어 퍽 功勞가 있었고, 燕京 甲富 鄭琦에게

知己가 되어, 그 才物의 三分之一을 얻어와, 國中 甲富가 되었고, 張希載가 極盛할 때 서어히 지내어 그 禍를 면하였고, 俗技戲의 鬪牋이란 것도 그가 燕京에서 얻어다 처음으로 퍼치었다.5)

　여기서 張炫은 譯官出身이며, 張希載의 親戚이 되며, 鬪牋을 우리나라에 가져온 張本人임을 알겠다. 그러나, 張炫은 張希載의 叔父가 아닌 從叔父이며, 그의 아우 燦과 더불어 譯官으로 지냈으며, 그의 딸도 宮人 이었다.6) 그가 丙子胡亂 때에 昭顯世子와 鳳林大君이 瀋陽에 볼모로 잡혀갈 때 모시고 가서 功勞가 컸다고 했으니, 이때부터 그는 譯官으로 활발한 활동을 하였을 것이다. 昭顯世子와 鳳林大君이 瀋陽으로부터 돌아온 仁祖 23年(1645)부터 國內에서 본격적인 활동을 했을 것이다. 그러나, 顯宗 7年에는 大司憲 李慶徽의 啓에 의해서, 당시 역관들의 폐단을 거론하게 되니, 이로 因하여 징계를 받았으며, 그는 張禧嬪의 從叔父가 되기 때문에, 만약 그가 知事의 직위에 올랐다면 張氏가 淑媛이 되었던 肅宗 12年(1686)부터 仁顯王后가 다시 復位가 되고 張氏가 禧嬪으로 降等되던 同 20年(1694)까지 이었을 것이다. 張希載의 세도가 극성을 부릴 때, 서어히 지내서 禍를 면했다고 했으나, 『肅宗實錄』卷 26, 肅宗 20年 閏 5月 條에 보면

　　또 張炫과 張燦을 論하기를 希載와 가까운 親戚으로 天性이 極히 凶惡하고 狡猾하며 財貨가 一家에 第一이며 子姪들이 다 守宰의 자리에 있어 집과 服飾이 奢侈하여 法度를 넘었다. 卿相들과 관계를 맺어 同儕의 무리와 같이 크고 작은 朝論에 반드시 더불어 討議하고 希載를 指導하여 凶謀에 贊成하여 그대로 내버려두었다. 班行의 사이에서 朝紳을 꾸짖어 家僮의 웃음거리를 만들고, 衆人의 가운데서 是非를 엿들었다. 임금의 德化를 새롭게 함에 이르러 여러 奸臣을 물리치고자 하나 밤낮으로 바쁘게 돌아다녀 形迹을 헤아리기 어려우니 청컨대 絶海孤島로 귀양을 보내십시오.

---

5) 李秉岐,『歷代時調選』, 博文文庫, pp.98~99.
6)『孝宗實錄』卷11 4年 7月條에 “……命夏避辭中 所謂援 引者姓名者 卽譯官張炫 乃宮人之父也.”

王이 허락하다.[7]

와 같이 그가 비록 목숨은 부지했으나 禍를 입었음을 알겠다.

또, 그가 처음으로 國內에 鬪牋이란 놀음을 中國에서 들여와 퍼뜨렸다고 했는데, 成大中의 『靑城雜記』의 '醒言'에 보면

> 鬪牋의 놀이는 언제부터 시작되었는지 모르겠으나 崇禎 末에 張炫이 中國에서 얻어 가져오니 그 노는 方法은 4사람이 마주 向해서 8가지로 나누고 그것에는 우두머리가 있어 數가 80가지가 된다. 老少가 서로 이길 수 있어 많이 얻는 자가 이긴다. ……炫을 처음으로 局手라 일컫게 되었다. 오래지 않아 온 나라에 퍼지니 사람들이 이에 빠져 바둑이나 장기보다 심했다.……[8]

이라 했지만, 鬪牋이란 이보다 더 먼저 우리나라에 들어 왔을 것이라 생각된다. 趙芝薰은

> 崇禎은 明末 毅宗의 年號로서 그 末年인 崇禎 17年은 西紀로 1644年에 該當된다. 張炫은 當代의 名譯官으로서 자주 中國에 往來하였으므로 어느 때 이것을 얻어 왔는지 알 수가 없으나 前記 靑城雜記에는 荷潭 金時讓이 八月을 보고 우리나라 黨爭의 點驗으로 豫言한 것을 싣고 있다. 金時讓은 1581年(宣祖 14年)에 나서 1643年(仁祖 21年)에 죽은 이다. 그 죽은 다음 해가 崇禎 末年이다. 이로써 보면 金時讓의 豫言이 八月 流行 初期의 것으로 그가 죽기 몇 해 전에 한 것이라면 1630年代가 數鬪牋의 첫 流行의 時機로 推定될 것 같다.[9]

---

7) 又論 張炫張燦 以希載密親 賦性極其凶狡 貨財甲於一家 子姪並據守宰 第舍服飾 侈汰踰制 締結卿相 視同儕類 大小朝論 必與討議 指導希載 贊成凶謀 縱其諸了 豕吡朝紳於班行之間 睄其家僮 狙聽是非於衆人之中 及夫聖化維新 群奸並黜 而日夜奔走 形迹叵測 請並絶島定配 允之.

8) 鬪牋之戲 不知始於何代 以崇禎末 張炫得之於燕以來 其法四耦 分用八物 物各有將 其數八十 老少相克 多獲者勝……炫始稱局手 未幾偏於國中 人之耽之 甚於博奕……

9) 趙芝薰, "數鬪牋考" 『民族文化研究』 第2輯.

라고 하였다.

『海東歌謠』에서 그가 肅宗朝에 知事를 지냈다고 하였는데, 知事에 해당하는 職位는 知中樞院事로 불리는 從2品 벼슬과, 知閤門事, 知司諫院事 等의 從3品 및 知門下府事, 知敦寧府事, 知成均館事, 知春秋館事, 知中樞府事, 知訓練院事 等의 正2品 벼슬이 있어, 그 가운데 어느 것을 역임했는지 확실하지 않다. 다만 譯官으로 隨時로 中國을 다녀왔으며 財力이 있기 때문에 卿相들과 사귀며 奢侈가 極에 달하고 大小의 國事에도 關與하려 했을 것이다.

어쨌든 그는 本來가 譯官出身으로 權力과 財力을 바탕으로 사치를 부리고 風流를 즐겼을 것임에 틀림이 없으며, 知事란 벼슬을 실제로 했는지 아니면 一種의 名譽職이었는지는 확실하지 못하다고 하겠다.

그의 작품은 1首가 珍本『靑丘永言』을 비롯하여 비교적 많은 가집에 수록되어 있으며, 달리 가람本『靑丘永言』에 1首가 전하니 모두 2首가 된다고 하겠다.

2) 朱義植

朱義植에 대한 자료는 珍本『靑丘永言』과 英祖 13年(1737)에 刊行된 『昭代風謠』에 의거해서 짐작할 수 있을 뿐이다. 『昭代風謠』의 '作家目錄'에 보면 "朱義植 字道源 號南谷 羅州人 武科漆原縣監 善畵墨梅 尙氣節"이라고 하였으며, 卷 3에는 '項羽'라는 題目의 七絶이 1首가 있으니 다음과 같다.

英雄運去嘆天亡　　八載干戈夢一場
不獨江東羞文老　　泉臺何面拜懷王

그의 傳記에 대해서는 알 수가 없고, 歌集에 보면

字道源 肅廟朝 漆原縣監　　　　　(海東歌謠, 作家諸氏)
字道源 肅宗朝 縣監　　　　　　　(樂學拾零, 作家目錄)
號南谷 肅宗朝 漆原縣監 善歌　　(歌曲源流, 各 異本)
肅宗朝 縣監 名歌　　　　　　　　(大東風雅)

라고 되어 있고 肅宗代 武科를 하여 漆原縣監이 되었다고 했으나 정확한 年代는 不分明하다고 하겠다.

다음, 南坡의 跋文에 의해서 그의 人物됨을 알 수 있으니,

> 내가 일찍이 朱公 道源이 지은 新飜 한 두 首를 얻어 보았으나 오직 恨이 되는 것은 그의 것 全部를 보지 못한 것이었다. 하루는 卞君 和叔이 나에게 그 全部를 보여주어서 내가 처음부터 끝까지 서너 번 읽어보니 그 말이 正大하고 그 뜻이 자세하고 부드러워서 다 感情을 나타내서 실로 風雅의 遺韻이 있는 것 같았다. (中略) 대개 그 글을 보면 그 사람을 상상할 수 있는 것처럼 그는 반드시 속된 사람은 아니었다. 아, 公은 한갓 이에만 能한 것이 아니라 몸가짐이 恭遜하고 儉素하며 마음씀이 편안하고 조용해서 삼가는 몸가짐이 君子의 風度가 있었다.[10]

고 하였다. 이 글에서, 南坡는 朱義植을 '朱公 道源'이라 불렀다. 달리 金聖器와 金裕器에 대한 호칭을 보면 '漁隱'이니 '金君 大哉'니 한 것으로 미루어 보더라도 朱義植은 南坡보다 身分이나 年齡에 있어서 위라고 생각된다. 아니면 그들의 관계가 疎遠한데서 오는 까닭도 생각할 수 있으나 南坡 자신보다 身分이나 年齡이 年下라면 그렇게 부를 까닭이 없었을 것이다. 또 南坡는 朱義植의 작품의 전부를 얻어 보지 못한 것이 서운하다고

---

10) 余嘗得見朱公道源所製 新飜一二闋 惟恨未得全調也 一日 卞君和叔 爲我得全篇以示之 余三復遍閱 其辭正大 其旨微婉 皆發乎情而實有風雅之遺韻 (中略) 盖玩其詞而想其人 必非烟火中人也 噫 公 非徒能於此也 持身恭儉 處心恬靜 逡逡有君子之風焉.

했다가 卜和叔으로부터 朱義植의 작품을 전부 얻어 보게 되었다고 했으나, 珍本『靑丘永言』에는 10首밖에 수록되지 않았고 현재 전하는 그의 작품은 더 있어서 朱義植은 南坡의 跋文 以後에도 작품을 계속해서 지었다고 하겠다.

『昭代風謠』에 있는 기록대로 그가 墨梅를 잘 그렸다고 하니, 그는 노래만이 아니라 그림에도 뛰어난 사람이며, 南坡의 말대로 하잘 것 없는 그런 사람(烟火中人)이 아니며, 武人다운 氣槪가 있고, 몸가짐이 겸손하며 君子의 風貌를 지닌 사람이었다고 하겠다.

그의 작품은 모두 19首가 있는 것으로 전하고 있으나, 珍本『靑丘永言』에 수록되어 있는 10首와 一石本『海東歌謠』에 수록되어 있는 4首를 더하여 14首와 高大本『樂府』의 1首를 포함 15首로 잡고자 한다. 달리『樂學拾零』에 4首가 더 있으나 이것들 가운데 珍本『靑丘永言』에서도 無名氏 작품으로 다룬 것이 있기 때문에 우선은 그의 작품에서 제외시켰다.

3) 金三賢

‘閭巷六人’ 가운데 참고할 어떤 기록도 문헌도 없는 사람이 金三賢이다. 다만『歌曲源流』系 가집과『大東風雅』에

>   肅宗朝 折衝 朱義植婿   (歌曲源流 各 異本)
>   肅宗朝 名歌   (大東風雅)

라고 되어 있어 肅宗朝에 折衝將軍을 지내고 朱義植의 사위였다고 했으나 그가 折衝將軍을 지냈다고 하는 것은 信憑性이 적은 것이라 믿어진다. 왜냐하면 朱義植은 武科에 급제하여 縣監을 지냈다고 했으나, 『昭代風謠』에 수록될 정도의 閭巷人인데 비하여 折衝將軍은 正2品에 해당하는 堂上官이니, 從6品 직위에 불과한 朱義植과 翁婿의 緣을 매졌을까 하는 疑

問이 있으며, 더구나 正2品의 堂上官에 오른 사람을 南坡가 감히 閭巷人
의 범주에 넣을 수 있느냐 하는 점이다. 金三賢이 朱義植의 사위였을 可能
性은 있으나, 折衝에 올랐다는 것은 믿을 수 없다고 하겠다.

그의 작품은 6首가 珍本『靑丘永言』을 비롯한 가집에 수록되어 있는데
『樂學拾零』에는 모두가 肅宗時人 金昌翕(1653~1722)의 작품으로 되어
있으나, 이것은 金昌翕의 雅號가 三淵이기 때문에 三賢과 서로 音似로 인
해서 編者가 金三淵의 것으로 잘못 인식한 것이다.

4) 金聖器

一名 金聖基, 字 子湖, 號는 漁隱 또는 釣隱, 江湖客, 浪翁, 漁翁이라
했다. 南坡는 자신이 編한『靑丘永言』에서 '閭巷六人'의 순서를 아마도 年
齡의 順으로 한 것이 아닌가 한다. 제일 처음 나오는 張炫은 丙子胡亂 때
昭顯世子와 鳳林大君을 따라 瀋陽에 갔을 때에는 이미 상당한 年齡에 접
어들었을 것이며, 漁隱도 睦虎龍이 잔치에 불렀을 때 不應하면서 자기의
나이가 이미 70이 되었으니 무엇이 겁나겠느냐고 했다. 만약 南坡의 出生
年度가 肅宗 15年(1685)이라 한다면11), 漁隱과는 37年의 연령 차이가 있
다고 하겠다.

金聖器에 대해서는 南有容(1698~1773)의『雷淵集』卷 27, 雜著 가운데
'金聖基傳'과 張志淵의『逸士遺事』에『雷淵集』과 같은 내용이 있어서 이
를 토대로 漁隱의 生涯를 보면 다음과 같다.

그는 본래 尙房弓人이었으나 일찍이 활을 버리고 거문고를 배워서 이것
으로 大成했으며, 洞簫와 琵琶에도 뛰어나 스스로 新聲을 지어서 이것을
敎坊子弟에게 가르쳤고, 後代 이 系統의 이름을 떨치는 사람들의 대부분
이 다 漁隱의 門下에서 나왔다. 그는 집안이 가난했지만 오히려 妻子를 먹

---

11) 朴魯春, 前揭文, p.164.

여 살리는 것을 부끄럽게 생각하고 가난한 가운데에서도 작은 배를 사 가지고 悠悠自適하는 생활을 즐겼으며, 西湖를 오르내리며 낚시를 즐겼기 때문에 달리 釣隱이라 號했다. 그의 재주가 뛰어났음을

> 강물이 잔잔하고 달이 밝은 때를 만나면 배를 江 中流로 끌고 올라가 洞簫로 三,四曲을 戲弄하니 그 소리가 매우 悲壯하여 강 위의 기러기와 오리들이 갈대 사이에서 날개짓을 하며 울며 나라 올라 이웃에 있는 배에서 이를 듣는 사람들이 다 일어나 방황하며 能히 가지 못하더라.12)

라고 했으니, 그의 재주가 어떠했는지를 짐작할 수 있겠다.

또 그의 성격이 강직했으며, 어떤 不義에도 굽히지 않았으니 辛壬士禍의 下手人인 睦虎龍(1684~1724)이 그의 친구와 더불어 술을 마시며 漁隱을 불러 醉興을 돋우려고 사람을 시켜 불렀으나, 漁隱은 病을 핑계로 應하지 않자 虎龍이 갖가지로 위협을 加하자, 漁隱은

> 聖基方與客으로 鼓瑟琶타가 起奮髥擲琵琶ᄒ고 語使者曰爲我於東城ᄒ라 吾ㅣ年七十에 何足懼汝爲리오 汝善告變ᄒ니 其往告我ᄒ라 我ᄂ 一死 何加리오 虎龍이 聞之ᄒ고 色沮ᄒ야 爲之罷燕ᄒ니 自是로 聖基不入城ᄒ니라 好事者ㅣ 或載酒之江上이면 輒用洞簫爲樂ᄒ되 亦數弄而止지러라 其後二年에 虎龍이 敗ᄒ니 人이 稱其氣節이러라.13)

이처럼 虎龍으로 하여금 無顔을 당하게 만들 정도였다. 이때의 睦虎龍은 辛壬士禍의 密告者로 胥人에서 一躍 扶社功臣 3等으로 東城君에 封해져 同知中樞府事에 오른 者이니, 公卿들도 함부로 그의 뜻을 거스르지 못할 정도였다. 南坡는 漁隱의 작품에 대한 跋文에서

---

12) 南有容,『雷淵集』, ‘金聖基傳’; “遇江靜月明 搖櫓中流 引洞簫三四弄 聲甚悲壯 江上 雁鶩 飛鳴磔磔蘆葦間 隣舟聞者 皆起立彷徨不能去”
13) 張志淵,『逸士遺事』, p.58.

> 대개 漁隱은 天地間을 逍遙하는 閑人의 하나다. 音律에 있어 通達하지
> 않은 것이 없고 天性이 江山을 좋아해서 西江의 언덕에 亭子를 짓고서 號
> 를 漁隱이라 했다. 맑게 갠 아침과 달밝은 저녁이면 혹 柳磯에 앉아 가야
> 금을 뜯기도 하며, 혹 통소를 불어 烟波를 희롱하며 갈매기와 가까이하며
> 世俗의 일을 잊고 고기를 보며 즐거움은 알았다. 物外의 것으로부터 거리
> 낌이 없으니 이는 自適하는 것으로써 즐기는 것이다.14)

이라고 말한 것처럼, 그는 남에게 얽매임을 싫어하고 자연을 벗삼아 스
스로 즐기고 있음을 알겠다.

漁隱과 南坡와의 관계는 六堂本 『青丘永言』의 序文에서

> 履叔은 이미 노래를 잘해 능히 新聲을 스스로 지었다. 또 가야금을 잘
> 타는 金聖器와 더불어 峨洋의 契를 맺고 金聖器는 가야금을 잡고 履叔은
> 노래로 和答하니 그 노래 소리가 맑아 가히 鬼神을 움직이고 和暢한 氣運
> 을 發散하는 듯했다. 두 사람의 재주는 가히 一世에 가장 絶妙하다 이를
> 만하다.15)

라고 하여, 서로가 상당히 가깝게 지낸 것처럼 말하고 있으나, 鄭來僑
(1681~1757)가 다분히 南坡를 두둔하기 위해서 쓴 것이라 생각되니 자
기보다 약 30年 年上인 漁隱을 '君'이라 부를 수가 있는지 疑問이라 하겠
다. 만약 漁隱과 南坡가 峨洋之契를 맺을 정도로 가까운 사이였다면 南坡
가 漁隱의 작품에 대한 跋文에서

> 이전에 西湖 金重呂를 만났다. 그는 漁隱의 친구이다. 내가 그대는 일
> 찍부터 漁隱을 좇았으니 永言이라 부르는 것을 많이 기록해 두었을 것이

---

14) “盖漁隱 逍遙天地間一閑人也 凡於音律 莫不妙悟 性好江山 構屋于西湖之上 號漁隱
　　晴朝月夕 或抨琴坐柳磯 惑吹簫弄烟波 狎鷗而忘機 觀魚而知樂 以自放於形骸之外 此
　　其所以自適其適
15) 『青丘永言』序文, “履叔既善歌 能自爲新聲 又與善琴者金聖器 托爲峨洋之契 金師操
　　琴 履叔和而歌 其歌瀏瀏淵 有可以動鬼神發陽和 二君之技 可謂妙絶一世矣.

니 나에게 보여 주었으면 한다고 말하자 그가 漁隱과는 十數年間을 江湖
에서 같이 놀면서 그가 平日에 감회를 말하고 흥취를 적은 것을 다 기록
해 두었는데 그 가운데는 사람들을 油然하게 감동시킬 만한 것이 많이 있
지만 속된 사람들은 알지 못하는 까닭에 巾笥에 갈무리해 두어 好事者를
기다린 지 오래다. 그대의 말이 이와 같으니 이 노래가 장차 세상에 流行
할 것이다.16)

라고 한 것처럼, 金重呂를 통해서 漁隱의 작품을 求하였을 까닭도 없으
며, 마치 漁隱의 작품을 처음 대하는 것처럼 감격할 이유가 없기 때문이
다.

그의 작품은 8首가 『靑丘永言』을 비롯한 餘他의 가집에 수록되어 있는
데 이는 사람들에게 많이 불리어졌음을 알겠다.

5) 金裕器

金裕器에 대한 기록은 珍本『靑丘永言』의 南坡 跋文이 있을 뿐이었는데,
近來에 발굴된 朴氏本『海東歌謠』에 의해서 그에 대한 많은 사실들이 알려
졌다.17) 이와는 달리『昭代風謠』別集 補遺에 보면, ‘作家目錄’에 ‘金裕器
字大哉 南原人’이라 되어 있고, ‘登樓’란 五律 1首가 실려 있는 것으로18)
보아서 그는 閭巷人임이 틀림이 없다고 하겠다.

朴氏本『海東歌謠』에 있는 韓維信의 ‘永言選序’를 보면 金裕器에 대한
사항을 다소나마 알게되니 ‘永言選序’는 다음과 같다.

---

16) “乃者遇西湖金君重呂於文郁哉許 君卽漁隱知己也 余謂之曰 子嘗從漁隱 其所爲永言
想多記藏者 爲我示諸 曰吾與漁隱 十數年同遊江湖 其平日叙懷寓興者 盡記而遺之 其
中多有油然感人者 譽俗不知故 藏諸巾笥 以待好事者久矣 子言如是 玆曲將行于世也.
17) 朴魯春, 前揭文, pp.156～159.
　　拙　稿, “朴氏本 海東歌謠에 대하여”, 『語文硏究』第23號, pp.359～362.
18) 秋颯思鄕鬂 詩淸近水樓 月明鷗夢穩 風靜櫓聲柔 縱有江湖興 那無進退憂 山光綿繡裏
舒卷白雲稠.

내가 젊어서부터 노래를 좋아하여 寢食을 잊을 정도였다. 혹은 泉石間
을 따라 自然의 소리를 듣기도 하며 혹은 비파와 거문고 있는 사람에게
나아가 大小絃을 고르기도 하여 스스로 일컫기를 얻은 바가 있다고 하였
다. 그러나 大方君子에게 한번 질문하여 未及한 것을 進陟시키고자 했으
나 세상에 이것에 대해 말할 만한 사람이 없으므로 매양 곡조를 대하면
한갓 水遠山高한 생각만 했었다. 乙未年 봄에 金公 裕器가 마침 서울에서
왔으니 公은 當代의 獨步的인 사람이다. 내가 가서 인사를 하고 시험삼아
時譜로써 물으니 公이 웃을 뿐 응하지 않더니, 밤이 깊어서야 두어 首를
읊조리니 소리가 金石에서 나오는 듯 影響을 받지 않는 듯 했다. 나는 멍
청해져 넋을 잃고 혼자서 正聲이 여기에 있구나 하고 중얼거렸다. 이튿날
아침에 公을 別館으로 맞아드리고 二三 同志들과 함께 前日에 배운 것을
다 버리고 가르침을 청했다. 公이 말하기를 잘한 일이 아닌가? 노래에는
古今의 두 곡조가 있으니 슬프고도 促急한 것은 衰世의 音으로 지금 사람
들이 취하는 것이고, 溫和하고도 느린 것은 太平의 소리로 내가 취하는 소
리다. 우리나라 노래는 方言이 섞였으니 비록 古樂府와 더불어 차이가 있
지만 이 또한 風化의 一端이므로 살피지 않을 수 없다. 그러고는 바랑에
서 所藏하고 있던 永言選과 公이 지은 新聲 十餘首를 꺼내 보이면서 이는
白雪歌의 路脈이다라고 하였다. 그러고는 平調 等 여러 曲을 日課로 가르
쳤다. 우리들은 專心으로 학습하여 여러 해가 지난 뒤에야 흉내를 낼 수가
있었다. 公이 말하기를 곡조를 이루었다. 아직 미진한 것은 다만 尋方曲과
中中大葉의 두 곡조이니 이는 聖門의 終條理라 일컫는 것이니 이를 마치
면 卒業했다 할 것이다. 이날 저녁에 尋方曲 한 수를 唱하니 처음에는 天
女散花와 洞庭無波와 같더니 노래를 마침에 황홀해져 마치 천천히 노를
저어 달빛을 거슬러 蓬海에 逍遙하면서 水仙子와 말을 하며 將軍의 銅鐵
罩板이 그 雄을 잃음을 깨닫지 못하는 듯하였다. 대체로 公의 가르침은 明
日에 배울 것을 먼저 불러서 感發하고 興起하는 뜻을 가지게 하였고 階級
이 매우 엄하여 감히 躐等해서 배우지 못하게 하였다. 하루는 密城에 사는
사인 沈生이란 사람이 말을 가지고 와서 모셔가니 沈生은 湖海間의 奇士
이고 嶺南樓는 오랫동안 公의 魂夢 가운데 있었기에 드디어 말을 가지런
히 하고 飄然히 떠나니 우리들은 挽留할 수도 없었고 다만 빨리 돌아오기
를 비는 뜻에서 길가에서 祝을 올리고 祝을 마치고는 子城에 올라 바라볼
뿐이었다. 얼마 후에 公이 染病에 걸려 客館에서 죽었으니 아! 廣陵散調가
여기서 끊어졌구나. 우리들은 舊舍에 나가 서로 弔問하고 悵然하여 갈 곳

이 없는 듯 했다. 그 후 五十年동안 隣笛 속에 過客을 지어서 비록 絲竹의 소리가 집안에 가득하고 모두가 기뻐하더라도 취한 뒤에 옛날을 이야기함에 이르러서는 목이 문득 막히고 했다. 아! 나도 늙어 70이 넘어서 숨이 차고 소리가 짧아 다시는 소리를 내지 못하지만 오직 그 土炭과 같은 性癖을 있어 오히려 다 없애지 못하였다. 매양 남이 歌譜가 있는 것을 보면 구하는 것을 게을리 하지 않았는데, 어떤 사람이 海東歌曲의 一部를 주었는데 이는 金天澤이 엮은 것으로 여러 군자들이 지은 것이었다. 끝에 우리나라 名唱과 그가 지은 것을 붙였고, 公이 지은 新飜 七八首도 그 가운데 들어 있었다. 두세 번 諷詠하니 心目이 다 밝아지고 凄然히 그분을 그리는 마음이 나서 그분이 완연히 살아 있는 듯하여 눈물이 흘러내림을 금할 수가 없었다. 이에 一本을 베껴서 永言選과 같이 篋笥에 갈마 두고 나도 野人의 말로 短詞 十餘 首를 지어 卷末에 붙이니, 내가 감히 古人의 序列에 들려는 것이 아니라 다만 파리가 驥馬의 꼬리에 붙어 千里를 달려가는 뜻에서 나온 것이고 또 우리 金公의 傳授하신 勤念을 저버리고자 아니 함이다.19)

---

19) 余少而好歌 殆忘寢食 或從泉石間 惑就琴二歌 和大小絃 自謂若有得 思欲一質於大方君子 以進其所不及 而顧世無能言者 每按曲徘徊 徒有水遠山高之思 乙未春 金公裕器適自京師來 公卽今代之爲獨步也 余往者之 試以時譜叩之 公輒笑而不應 夜久 始吟數闋 聲出金石 若不影響焉 余乃窅然自喪 私語心曰 正聲在是矣 厥明 延公置別館 遂與二三同志 盡棄舊學而請敎焉 公曰不亦善呼 歌有古今二調 哀而促者 衰世之音 而時人之所取也 和而緩者 太平之聲 而吾之所取也 我國歌謠雜以方言 雖與古樂府有異 而亦風化之一端 歌不可不審 仍出橐中所藏永言選 及公之所自製新飜十餘闋 以示曰 此白雪歌路脈也 遂以平調等諸曲 日課而投之 不佞等 專心學習 閱累年而始能效嚬 公曰調成矣所未意者 獨有尋方谷 中中大葉兩調 此聖門所謂終條理也 了此 加卒業矣 是夕 因唱尋方曲一闋 始如天女散花 洞庭無波 其終也 怡悅若緩棹沂月 而逍遙乎蓬海 與水仙子語而將軍銅鐵罩板 不覺喪其雄矣 盖公之敎人也 先唱明日所授者 俾有感發 興起之意而階級甚嚴 不敢爲躐等計也 一日 密城士人 沈生者 以騎來邀 沈生 湖海間奇士 而密之嶺南樓 久在公魂夢中矣 遂並轡 飄然而逝 不佞等 旣留之不可 惟以式過其歸 爲祖道之祝祝訖 等子城以望之 居無何 公遘毒癘卒死客館 嗚呼 廣陵散 終此絶矣 不佞等 相弔于舊舍 倀倀然無所與歸 而邇來五十年 便作隣笛中過客 雖絲竹盈堂 四座盡歡而 及其酒後話舊 則喉吻輒咯咯焉 噫矣 余老 年逾七十 氣促聲短 不復作依永之音 獨其土炭一癖 猶不能盡消 每見人有歌譜 必求之不倦 客有遺以海東歌曲一部 乃金君天澤所裒集 諸君子所製者也 末附國朝名唱 及其所自製而 公之新飜七八闋 亦在其中矣 三復諷詠 心目俱明 凄然有秋水兼葭 其人宛在之懷 局益不禁涕潛之下也 遂謄一本 與永言選 並藏之篋笥 又以野人語 作短詞十餘闋 錄之卷末 不佞 非敢自列於古人之次也 盖出於附驥之意

위의 글에서 보면

1) 金裕器는 大邱에 내려가 韓維信을 비롯한 몇 사람을 가르쳤다.

2) 노래에는 古今의 2調가 있어 哀而促者는 衰世之音으로 時人들이 좋아하고, 和而緩者는 太平之聲으로 自己가 취하는 것이라고 했는데 생각컨대 哀而促者는 界面調의 數大葉이며 和而緩者는 平調로 中大葉으로, 이때부터 中大葉보다 數大葉이 한창 流行하기 시작했으며, 그는 中大葉의 脈을 그대로 이어 가려 노력했던 것이 아닌가 한다.

3) 그의 教授 方法이 엄격해서 내일 배울 것을 미리 예습을 시켰으며 절대로 躐等을 허락하지 않았다.

4) 南坡의 가집 뒤에 國朝名唱들의 작품을 실었는데, 이는 '閭巷六人'을 가리키는 것이라 생각된다.

5) 그에게는 『永言選』이란 不傳의 가집이 있었다.

등을 알 수 있으니, 그의 성격이 保守的이며 엄격하고 세심함을 알겠다.

南坡는 金裕器의 작품에 대한 跋文에서

> 丙申年間에 일찍 내가 그의 집에 가서 상자를 열고 책 한 권을 얻어 펼쳐 열람하니 곧 그가 지은 新飜이었다.[20]

라 하였으니, 그가 가집을 엮은 것이 있었음을 알겠다. 여기서 말한 丙申은 肅宗 42年(1716)이며 이보다 1年 먼저 達城에 가서 韓維信에게 『永言選』을 보여 주었으니 적어도 이보다 먼저 編한 가집임을 알겠다. 이는 南坡의 『青丘永言』보다는 14年 정도가 앞서는 가집이라 하겠다.

앞에서 말한 것처럼 歌曲의 曲調에는 '古調'와 '今調'가 있어서, 肅宗代에 이르러 크게 성행한 今調로 인하여 古調는 쇠퇴하기 시작했고 배우는

而亦不負我公 傳授之勤之爾 崇禎三壬午 後學 上黨 韓維信 謹書.

20) "曾於丙申間 余嘗造其門 叩其篋 得一編 開卷而閱之 乃自家所爲新飜也"

사람들조차 없었으니, 앞에 인용한 韓維信의 글 가운데서도 尋方曲과 中大葉만 마치면 卒業이라 이를 만하다고 하였다. 이처럼 古調를 멀리하고 今調를 取하게 된 것은 各 歌集에 실려 있는 작품을 보아서도 알 수 있다. 珍本『靑丘永言』의 경우 初中大葉을 비롯한 二中大葉, 三中大葉이 가집 첫머리에 1首씩 수록되어 있으며, 周氏本『海東歌謠』도 마찬가지다. 다만 『樂學拾零』만이 初中大葉 7首, 二中大葉 5首, 三中大葉 5首 등 17首가 있으나, 이것들이 그대로 노래로 불리었는지 모르겠으며, 以後『歌曲源流』系의 가집들은 中大葉에 몇 수씩 나열하고 있으니, 이는 아마도 『樂學拾零』의 영향이 아닌가 한다.

花史子도 南坡가 2次로 編한 不傳의 가집인『海東歌謠錄』의 跋文에서 "……其歌也 促者悽然 緩者舒然……"이라 하여, 歌曲에 促・緩의 2調가 있었으니 促者는 數大葉이요, 緩者는 中大葉이라 생각된다. 南坡 작품에 대한 黑窩의 跋文을 보면

多引江湖山林放浪隱遯之語 反覆嗟歎而不區 其亦衰世之意歟

라고 했는데, 여기서 '衰世之意'는 '衰世之音'의 잘못으로 南坡도 이미 古調를 버리고 今調 卽 時調를 擇했음을 알겠다.

朴氏本『詩歌』에 보면 '閭巷散人'이라 하여 南坡 대신에 朴仁老를 李仁老라 하여 6人을 들고 金聖器나 金裕器를 僉知라 했는데 이는 벼슬을 해서가 아니라 서로가 상대방을 기분을 좋게 하기 위하여 높여 부른 것이라 생각된다. 여하간 金裕器는 '閭巷六人' 가운데 하찮은 벼슬이라 하더라도 유일하게 나가지 않은 사람으로 별로 가까이 한 사람도 없이 오직 古調의 傳承만을 힘써 韓維信 같은 제자를 얻었고, 晚年 慶尙道에 가서 客死한 진정한 歌人이라 하겠다.

그의 작품은 15首가 전한다고 했으나 가람本『靑丘永言』을 비롯한 몇몇

가집에 수록되어 있는 것은 작자의 信憑性이 없다고 생각되어 5首를 버리면 10首가 전한다고 하겠다.

6) 金天澤

金天澤은 字를 伯涵 또는 履叔이라 했으며, 號를 南坡라 했다. 그의 신분을 나타내는 기록은 周氏本『海東歌謠』의 '作家諸氏'에서 "字伯涵 號南坡 肅宗朝捕校"라 한 것이 유일한 것이고『樂學拾零』의 목록에서 金天澤을 鮮于浹(1588~1653)과 동일하게 "字 號遯齋 張旅門人"이라 했으나, 잘못되었음을 인정하고 표시를 했으니, 이는 松臺春과 康江月의 字가 天心이라 하여, 松臺春의 字가 잘못된 것임을 표시한 것과 같다.

南坡에 대한 기록들은 그가 編한『青丘永言』과 老歌齋의『海東歌謠』에 의해서 어느 정도 짐작할 수 있느니, 이들을 종합하여 그의 生涯를 더듬어 보면 다음과 같다.

그의 生沒 年代에 대해서는 정확히 알 수는 없으나, 朴氏本『海東歌謠』에 수록되어 있는 花史子의『海東歌謠錄』의 序文에 의해서 어느 정도 짐작할 수 있으리라 믿어진다.

英祖 21년(1745)에 쓴 花史子의 跋文에

> 天澤이 醒然해서 歎息을 마지않았다. 天澤은 노래로써 當世에 有名했으며 그는 俗되지 않으며 얼굴이 희고 수염이 빳빳하였다. 어려서부터 능히 詩 三百을 외우며 나이가 60이 되어서도 조금도 잊지를 않았으니 총명함이 다른 사람보다 뛰어나니 어찌 능히 이와 같지 않겠는가?21)

를 보면, 그 當時에 南坡의 나이가 정확히 60이 아니라 하더라도, 60에

---

21) "天澤醒然 歎息不已 天澤以歌 有名當世 爲其不俗 其貌白晳 其鬢若戟 自幼能誦詩三百 年六十 無少忘 非有聰明絶人 安能若是哉"

서 얼마간의 차이가 없을 것이라 믿는다면 南坡의 出生 年度가 肅宗 11年 (1685)이 아니었나 짐작되며, 肅宗 16年(1690)에 태어난 老歌齋보다는 5 年 정도가 年上이 아니었나 생각된다.

그가 언제 棄世했는지에 대한 정확한 기록도 없으나, 그가『靑丘永言』 을 英祖 4年(1728)에 編하고, 再次로『海東歌謠錄』을 撰한 것이 同 21年 (1745)이며, 老歌齋가『靑丘永言』의 體裁를 그대로 이어서『海東歌謠』初 撰本(朴氏本)을 編한 同 30年(1754)에는 이미 南坡는 作故한 것 같으니 南 坡는 대략 70歲 이상을 산 것이 아닌가 생각된다.

그가『海東歌謠』의 기록대로 捕校를 지냈는지 확인할 수는 없으나, 洪 氏本『靑丘永言』에서 말한 것처럼 '閑散人'임에 틀림이 없으며『韓國姓氏 大觀』이란 책에서

> 역사상 유명한 歌人인 南坡 金天澤은 맏이 益烈의 曾孫子다. 그가 편한 詩歌集『靑丘永言』은 國文學史上 귀중한 자료이며 그의 時調 57首가 전한 다.[22]

고 했으나, 이는 잘못 판단한 것으로 그와는 同名 異人이다.『光山金氏 族譜』에 수록되어 있는 金天澤은 字가 和仲이요 號가 夢賢齋로 肅宗 13年 (1687) 6月 5日에 나서 英祖 34年(1758) 1月 29日에 棄世하였고, 벼슬이 通政大夫 敦寧府都正에 이르고 遺稿가 있다고 했으니 歌人 金天澤과는 완 전히 다른 사람임에 틀림이 없다.

『靑丘永言』에 수록되어 있는 鄭潤卿의 序나 南坡 작품의 跋에서 모두 그를 뛰어난 歌唱者임과 동시에 時調作家임을 강조했다. 특히 南坡의 작 품에 대한 跋文에서

> 내가 그의 歌詞를 보니 다 아리땁고 고우며 理致가 있고 曲調와 가락

---

22)『韓國姓氏大觀』, 創造社, 1971.8.15, p.76.

과 淸濁과 高下가 音律에 맞으니 松江公의 新飜과 더불어 가히 匹敵할만
하다.23)

라고 하여, 松江의 시조보다 더 뛰어나다고 하였는데, 이는 文學的인 面
에서 보다는 音樂的인 面에서 그렇게 내세운 것이 아닌가 한다.
또, 朴氏本『海東歌謠』에 수록되어 있는 花史子의 跋文을 보면

> 지금 天澤은 시를 외우는 데는 능숙하지만 시를 짓는 데에는 능숙하지
> 못하다. 시를 짓는 데에는 능숙하지 못하면서 노래에는 뛰어나 그 이름이
> 當代에 알려져 그의 面目을 알지만 자세히 알지 못하면서 한갓 노래를 잘
> 하는 것으로만 일컬으니 天澤을 위해서는 매우 哀惜한 일이 아니겠는
> 가?24)

와 같이 그가 단순히 歌客으로만 알려진 것은 그를 위해서 애석한 일이
라 하였다.
南坡와 老歌齋와의 관계는 앞에서도 언급한 바가 있지만, 이는 朴氏本
『海東歌謠』에 실려 있는 張福紹의 跋文이 周氏本『海東歌謠』에 轉載될 때
에 상당한 부분이 敷衍되었기 때문에 생긴 誤解라 하겠다. 朴氏本『海東歌
謠』와 周氏本『海東歌謠』에 수록되어 있는 跋文을 비교해 보면 다음과 같다.

我國歌謠(歌譜) 卽 國之(昔周之)風雅 漢之樂付(府)流也 名臣巨儒
騷人墨客 往往吟詠焉 歷三百餘載 其譜有平而緩者 淸而哀者 如暴風驟雨
震蕩天地者 如綿草易(葛)藟 蔓延林谷(×)者 悅人耳 和人心 其亦風敎之 一
大關也 好事者裒集 非不夥 然 傳之旣久 背音律 違高低者 間多有之 金君壽
長與金春澤(南坡金天澤) 〔相對敬亭山 兩翁卽當世洞歌者也〕 微妙豪爽之
節〔浮沈汩汩之理〕 出於此(兩)門 慨然有矯失正訛之志 廣取諸君子所作 及
里巷傳誦者 反覆乎 較其句語之誤(較語之誤) 沈潛乎 反其淸濁之分 尾付(附)

---

23) “余觀其詞 皆艶麗柳理致 音調節腔 淸濁高下 自叶於律 可與松江公新飜 後先方駕矣”
24) “今天澤 旣能誦詩 而不能詩 不能爲詩 而能聖於歌 一世之聞其名 而識其面目 皆不能
　　深知 李徒以善歌稱之 爲天澤可不深惜乎”

自家之所製〔長短歌百餘章〕 合一部所製(合爲一部) 本志(述之本志) 別無
他意 而但孝親忠君守分 安拙淸靜愛菊(樂歌戲歌) 眞所謂風塵豪傑君子也(塵
世間豪傑君子也) 金君盖亦得歌謠之統 而志氣甚不俗也 後之君子 其將採而
被之管絃 如周風雅 漢之樂府耶否耶 余未可知也 歲乙亥孟夏之初 張福紹書
于十洲觀德亭(歲乙亥孟夏芳草之節 社谷居士 張福紹書于花谷老歌齋
　　(〔　〕는 朴氏本에 없는 부분, (　)는 다른 부분임)

　여기서 보면, 金天澤을 朴氏本에서 金春澤으로 잘못 쓰고 있으며, 처음
에 썼던 張福紹의 글은 "尾附自家所製合爲一部所製"가 "尾附自家所製 長
短歌百餘章 合爲一部"로 된 것은 周氏本을 合理化시키기 위해서 變改시킨
것이다. 무엇보다 커다란 失手는 年記이니, 乙亥年은 英祖 31年(1755)으
로 朴氏本『海東歌謠』가 이루어진 해이며, 이 당시에는 아직 老歌齋가 構
築되기 以前이기 때문에 朴氏本대로 "十洲之觀德齋"이었으나, 周氏本에서
는 "花谷老歌齋"로 되어 있다. 老歌齋는 英祖 36年(1760)에 이루어진 것
이니, 年記는 乙亥로 하면서 觀德齋와 老歌齋를 그대로 바꾸어 썼다는 것
이다.

　南坡의 작품은 珍本『靑丘永言』에 30首를 비롯하여 周氏本『海東歌謠』에
57首가 수록되어 있는데, 이 가운데 珍本『靑丘永言』과 重複이 되는 것을
빼면 43首가 된다. 또 朴氏本『海東歌謠』에는 모두 21首가 수록되어 있는
데, 이 가운데 6首가 새로운 작품이니 南坡의 작품은 모두 79首가 되는데,
周氏本『海東歌謠』에 수록되어 있는 南坡 작품에 대한 老歌齋의 跋文을 보면

　　伯涵이 지은 歌曲은 그 數가 가장 많아 혹은 貴하게 된 것이 있고 혹은
　賤하게 된 것이 있다. 내가 고쳐 樂譜를 만들어 後代에 전하고자 한다면
　찌꺼기 제거를 극진히 하여 반드시 識者로 하여금 開眼하여 理致의 바른
　데에 이르도록 한 然後에 가히 그 이름을 세울 수 있는 것이다. 말이 眞實
　되고 淳厚하며 淸廉하고 孝誠스럽고 忠誠된 것은 採錄하고 가볍고 疎忽하
　며 무게가 없으며 脈絡의 사이가 끊어지는 것은 버렸다. 後代에 全篇을 窮
　究하는 사람은 首末의 大略을 찾아 다행이 괴이하고 의심쩍음이 없기를

바란다.25)

처럼 南坡의 작품은 老歌齋에 의해서 取捨選擇된 것이다. 그의 말대로 '語之眞實淳厚淸廉孝忠者'는 채록하고, '輕忽不重脈絡絶間者'는 버렸다고 했지만, 30首 가운데 14首만을 수록하여 나머지는 시원치 못한 것으로 돌리고 있으나, 이해하기 힘들다. 더구나 朴氏本에 있는 몇 작품은 南坡의 작품으로 했다가 周氏本이나 一石本에서는 無名氏의 작품으로 처리한 것은 무슨 이유인지, 그러면서도 跋文에서 "後之全篇考之者 獵略首末 幸勿訝惑焉"이라고 구태여 밝힐 필요가 있었는지 모르겠다.

4. 對象 作品의 檢討

'閭巷六人'이란 명칭 자체가 어떤 특정한 집단을 대표하는 것이 아니고, 『靑丘永言』의 편자인 南坡가 任意(?)로 사용한 것이라 생각된다. 따라서 그들의 작품은 珍本『靑丘永言』에 수록되어 있는 것이 우선 1次의 對象이 되겠지만, 編者가 跋文에서 밝힌 바와 같이 『靑丘永言』을 編할 當時에 미처 수록하지 못했던 작품이 後代에 와서 발견될 수도 있다. 또 南坡의 경우에는 『靑丘永言』을 編한 이후에도 작품 활동을 계속했으므로, 『靑丘永言』에 수록되어 있는 것보다 오히려 『海東歌謠』에 더 많은 작품이 수록되어 있는 실정이다.

여기에서는 각 가집에 수록되어 있는 '閭巷六人'들의 작품 현황을 고찰하여 그 信憑性 與否를 作家別로 언급하여 그들의 작품 與否를 確定하여

---

25) "伯涵所製歌曲 其數最多 而或有所貴者 或有所賤者 吾旣修正作譜 以傳於後則 祛滓極眞 必使識者開眼 終至道直 然後乃可以立其名 語之眞實淳厚淸廉孝忠者採之 輕忽不重脈絡絶間者去之 使之全篇考之者 獵略首末 幸勿訝惑焉

보고자 한다.

1) 張 炫

張炫의 작품은 2首가 전해 온다. 珍本『靑丘永言』을 비롯한 여러 가집에 수록되어 있는 1首는 가람本『靑丘永言』을 비롯하여 河合本『歌曲源流』와『花源樂譜』에서는 漢文學 四大家의 하나인 張維(1587~1638)의 작품으로 되어 있으나 이것이 張維의 작품일 가능성은 적다고 하겠다. 왜내 하면 張維에게는 國文으로 지은 작품이 없고 가집 편자가 분명한 가집에서는 모두 張炫으로 되어있기 때문이다. 다만 張維와 張炫의 音이 類似해서이거나 字形의 類似에서 이런 잘못이 생긴 것이 아닌가 한다.
다른 1首인

> 나니 져 ᄋ힌을 멀이 ᄯᅡ하 길넛더니
> 歲月이 덧업셔 어이 글이 잘아건고
> 그 ᄋ힌 玉燈에 불혀 들고 님을 좃차 단니거다.(靑가 239)

는 가람本『靑丘永言』에만 수록된 작품으로 시조 작품 714首가 수록되어 있는 가람本『靑丘永言』은 다음과 같은 가집이다.

> '靑가'는 卷頭에 序跋 等이 없고 作品이 바로 始作된다. 모든 歌集의 型
> 式과 같이 初中大葉, 二中大葉, 三中大葉, 北殿, 二北殿, 初數大葉의 曲目
> 과 作品列擧가 있고 다음에 三數大葉과 麗末三人(牧隱, 圃隱, 東浦)의 作
> 品이 있고 本朝가 始作된다. 作家表示는 號로 하고 姓名, 經歷을 小註에
> 넣은 점이『靑珍』과 類似하다.26)

沈載完은 작품이 끝나고 나오는 '己丑十月初八日 水門洞畢書'란 年記와

---

26) 沈載完,『時調의 文獻的研究』, p.24.

跋文을 들어27) 本文 가운데 李鼎輔의 작품이 있으므로 이것을 英祖 45年 (1769)에 이룩된 것으로 보았다.

이 가집의 특색은 다른 가집에 수록되어 있지 않은 19首가 있으며, 특히 新出 作家가 많으니 들어보면 다음과 같다. 金兌瑞・桂丹・鄭汝稷・趙載浩・孫雄杰・李興叔・趙觀彬・李宜顯 等이다. 특히 趙顯命(1690~1752)에 대해서는 "豊原君 肅宗朝登第 官至左相"이라고 한 것을 보면 英祖 4年에 李麟佐亂의 공로로 豊原君에 封했고, 同 27年(1571)에 左議政을 지낸 것을 勘案한다면 南坡가 2次로 編한 가집인『海東歌謠錄』을 편한 것보다 뒤진다. 또 目次의 曲目을 보면 編樂時調나 騷聳이 없는 것으로 미루어 周氏本『海東歌謠』보다 앞선 것이라 하겠다.

2) 朱義植

朱義植에 대한 南坡의 跋文을 보면 "余嘗得見朱公道源所製 新飜一二闋 惟恨未得其全調也"라고 말한 것처럼 朱義植의 작품을 전부 求하지 못한 것을 한탄한 것으로 미루어 그의 작품은 珍本『靑丘永言』에 수록되어 있는 것 以外에 더 발굴될 가능성이 있음을 示唆해 주고 있다. 그의 작품은 珍本『靑丘永言』에 10首가 수록되어 있고,『樂學拾零』에 14首가 수록되어 있어 珍本『靑丘永言』과 重複되는 것을 除外하면 4首가 더 있는 셈이나, 다른 가집에는 朱義植이 아닌 다른 사람의 작품으로 되어 있거나, 無名氏 작품으로 되어 있어서 작자에 대한 의문점이 있다고 하겠다. 이 가운데

> 니히 됴타ᄒ고 남 슬흔 일 ᄒ지 말며
> 남이 혼다ᄒ고 義 아녀든 좃지 말니
> 우리는 天性을 직회여 삼긴디로 ᄒ리라.(珍靑 341)

---

27) "此靑丘永言 盖自麗末 爲始至于本朝 肅宗以後 或有入格之音 或有違格之聲 皆出於自然之情 其中淫也樂也哀也怨也訴也忠也閑也 各有不齊之音 吟者察也哉"

는 珍本『靑丘永言』을 비롯한 많은 가집에서 無名氏의 작품으로 되어 있
고 일부 가집에서는 成守琛이나, 卞季良의 작품으로 표기되어 있는 實情
인바28), 적어도 珍本『靑丘永言』에서 분명 無名氏 작으로 다룬 것으로 미
루어 이는 朱義植의 작품으로 보기가 어렵다고 하겠다. 其他의 3首(時調
全書 歌番 1586, 2421, 1212)도 대부분의 가집에서 無名氏 작으로 되어
있는 점으로 보아서 우선은 朱義植의 작품으로 보기가 어려운 것이 아닌
가 한다. 달리『海東歌謠』에 4首가 더 있는데 일부 가집에서 朴誾이나 薛
聰의 작품으로 되어 있으나, 그들의 작품일 가능성이 없다. 또 高大本『樂
府』에 1首가 있어 노래 내용으로 보아 朱義植의 작품일 가능성이 크기에,
이를 그의 작품으로 인정하면 그의 작품은 모두 15首가 된다고 하겠다.

3) 金三賢

金三賢의 작품은 珍本『靑丘永言』에 모두 6首가 수록되어 있으며 이들
6首는『樂學拾零』에서 모두 金昌翕(1653~1722)의 작품으로 되어 있으나
金昌翕의 號가 三淵이기 때문에 音似에서 오는 錯誤였으리라 하는 점을
앞에서도 言及했다. 다만

> 松壇에 선줌쎄야 醉眼을 들어 보니
> 夕陽 浦口에 나드느니 白鷗ㅣ로다
> 어즈버 江山風景이야 어늬 그지 이시리.(珍靑234)

는『海東歌謠』를 비롯한 많은 가집에 終章이 "아마도 이 江山 님즈는
나쑌인가 ᄒ노라"로 되어 있으며, 어떤 가집에는 작자가 金昌業으로 된

---

28) 無名氏 作으로 된 歌集; 2, 3, 6, 7, 9, 10, 13, 15, 17
　　成守琛 作으로 된 歌集; 11, 21, 42
　　卞季良 作으로 된 歌集; 16, 歌曲源流系 歌集

것도 있어 金昌翕과 혼동을 가져오나 이는 그들 형제가 다 文名을 떨친
까닭에서 착각을 한 것이라고 하겠다.

4) 金聖器

漁隱의 작품은 8首가 珍本『靑丘永言』을 비롯한 餘他의 가집에 전하고
있다. 다른 사람들의 작품은 더 발굴될 가능성이 있으나 漁隱의 작품은 더
있으리라 생각되지 않는다. 왜냐하면 南坡의 跋文 가운데

> 漁隱 金聖器의 樂譜는 往往 세상에 傳誦되는 것이 있으나 그 全部를
> 아는 사람들이 드믄 까닭에 널리 구했으나 얻지 못한 것이 마음속에 항상
> 恨이 되었다.[29]

이라 하여 나중에 金重呂를 통하여 얻은 것이 珍本『靑丘永言』에 수록되
어 있는 것이기 때문이다.

달리, 그는 歌客이 아닌 琴客이기 때문에 周氏本『海東歌謠』뒤에 수록되
어 있는 '古今唱歌諸氏'에도 나오지 않는다.『樂學拾零』書頭에 나오는 글
가운데 보면

> 本朝 梁德壽作琴譜 稱梁琴新譜 謂之古調
> 本朝 金聖器作琴譜 稱漁隱遺譜 謂之時調

라고 하였으니, 그는 아마도 詩歌의 創作이나 歌唱보다도 琴曲의 창작
에 노력한 作曲家라 생각된다. 그의 작품 가운데

> 塵埃에 무친 分니 이내 말 드러 보소
> 富貴 功名이 됴타도 ᄒ려니와
> 갑업슨 江山風景이 그 죠흔가 ᄒ노라.(珍靑242)

---

29) "獨漁隱金聖器之譜 往往傳誦(於世) 而知其全譜者鮮故 廣求而莫之得 心常恨焉"

는『海東歌謠』를 비롯한 일부 가집에 終章이 "蘆花에 쎄만흔 갈멱이는 제벗인가 ᄒ드라"로 되어 있다.

5) 金裕器

金裕器의 작품은 珍本『靑丘永言』에 10首가 전하며, 달리 가람本『靑丘詠言』에 3首,『東國歌辭』에 1首와『東歌選』에 1首 등 5首가 더 있으나, 그의 작품일 信憑性이 적다고 하겠다. 『東國歌辭』나『東歌選』에 수록되어 있는 것들은 珍本『靑丘永言』이나『海東歌謠』같은 가집에서 분명히 無名氏 作으로 다루었고, 가람本『靑丘詠言』에 있는 3首는 餘他의 가집에서 他人의 작품으로 되어 있다.30) 여기서 가람本『靑丘詠言』에 있는 3首를 구태여 타인의 작품으로 보고자 하는 것은

> 滄海에 낙시 너코 釣臺로 나려가니
> 落照 淸江에 비 쇼리 더욱 됴히
> 柳絲에 玉鱗을 쎄여 들고 杏花村으로 가리라.(靑詠 174)

가 一石本『海東歌謠』에 無名氏 作으로 되어 있기 때문이다.

6) 金天澤

南坡의 작품은 自編인 珍本『靑丘永言』에 30首를 비롯하여 周氏本『海東歌謠』에 57首가 있는데, 珍本『靑丘永言』과 重複되는 것을 제외하면 새로운 것이 53首가 된다. 달리 朴氏本『海東歌謠』에 6首가 더 있어서 모두 79首의 작품이 전하는 셈이다.

---

30) "말 업슨 靑山이오…" 1, 11, 16→成渾
　　"滄浪에 낙시 넛코…" 1, 16→趙憲, 11→金應河 歌曲源流→宋獜壽
　　"天地大 日月明ᄒ신…" 歌曲源流→成守琛

그러나, 이 가운데 他人의 작품으로 되어 있는 것이 7首가 있으니, 5首가 가람本『靑丘詠言』에서 隱臥堂이란 작가의 것으로 되어 있다. 隱臥堂이란 누구인지 알 수가 없지만, 그의 작품이 모두 19首로 되어 있는데, 이를 보면 다른 가집에 나타나지 않는 6首와 타인의 작품으로 되어 있는 것 14首 가운데, 南坡의 작품이 5首나 들어 있고, 타 가집에서 無名氏 作으로 되어되어 있는 것이 4首로 되어 있다. 隱臥堂을 가람本『靑丘詠言』에서 '官至兵判'이라 하였고, 沈載完은 그의 『校本歷代時調全書』의 '作家索引'에서 河緯地인 듯 推定된다고 하였지만[31] 어떤 인물인지 확실하지 못하다.

달리 가집에 따라 작가가 混同되는 것이 있으니,

> 田園에 나믄 興을 전나귀에 모도 싯고
> 溪山 니근 길로 興치며 도라와셔
> 아히야 琴書를 다스려라 나믄 히를 보내리라.(珍靑 261)

는 가집에 따라 趙觀彬(1691~1757), 隱臥堂, 河緯地(1387~1456)로,

> 蘆花 기픈 곳에 落霞를 빗기 씌고
> 三三 五五히 섯거 떤는 져 白鷗들아
> 울이도 江湖舊盟을 츳ㅈ 볼여 하노라.(注海 298)

는 李宜顯(1669~1765), 金獜厚(1510~1560), 鄭澈의 작으로 되어 있다. 또 李次尙의 것으로 된 것과 終章이 달라져서 吳道一(1645~1703)의 작으로 된 것이 있으나, 모두 믿을 것이 못 된다고 하겠다. 왜냐하면, 南坡가 남의 작품을 자기의 것이라 하지 않았을 것이기 때문이다.

그러나, 珍本『靑丘永言』에서 南坡의 작품으로 되어 있는 것이 『海東歌謠』에서 無名氏 作으로 다루었거나, 終章을 바꾸어서 無名氏 作으로 다룬

---

31) 沈載完, 『校本歷代時調全書』, p.1281.

점은 문제가 된다고 하겠다.

　"田園에 남은 興을……"과

> 叩馬諫 不聽커놀 首陽山에 드러가셔
> 周粟을 아니 먹고 ᄆᆞᄎᆞᆷ내 餓死키는
> 千秋에 賊子의 ᄆᆞ음을 젓거 보려 홈이라.(珍靑 285)

의 2首는 一石本『海東歌謠』에서는 無名氏 作으로 다루었고,

> 生前에 富貴키는 一杯酒만 혼 것 업고
> 死後 風流는 陌上花 ᄲᅮᆫ이여니
> 므스일 이 죠흔 聖世에 아니 醉코 어이리.(珍靑 266)

는 終章이 "암아도 먹쬬 노는 것시 긔 올흔가 ᄒᆞ노라"로 바꾸어 無名氏 作으로 다루었다.

　朴氏本『海東歌謠』에 보면, 南坡의 작으로 되어 있는

> 淸風 北窓下에 葛巾을 젓게 쓰고
> 羲皇 벼개 우히 풋줌을 씨야보니
> 夕陽에 牛背笛聲이 兩兩歸來 혼다.(朴海 282)

는 一石本『海東歌謠』에서는 無名氏 作으로 다루었고,

> 春秋에 日暗ᄒᆞ고 戰國에 雲擾ᄒᆞ니
> 萬古 長夜는 어니 ᄦᅢ에 붉아질고
> 어즈바 唐虞ㅣ世遠ᄒᆞ니 갈 곳 업셔 ᄒᆞ노라.(朴海 285)

는 終章을 "어즙어 대명중천을 다시 볼까 ᄒᆞ노라"로 고치고서 無名氏 作으로 다루었다. 이외에도 朴氏本에는 4首의 南坡 작품이 있지만, 一石本이나 周氏本에는 수록조차 하지 않았다. 다만

　　綠驥霜蹄 櫪上에셔 늙고 龍泉雪鍔은 匣裏에 운다
　　丈夫의 혜온 뜻을 속절 업시 못이로고
　　귀밋테 흰털이 눌니니 글을 셜워 ᄒ노라.(珍靑264)

를, 中章과 終章을 바꾼

　　綠驥霜蹄 櫪上에셔 늙고 龍泉雪鍔 匣裏에 운다
　　平生에 먹은 뜻은 俗節 업시 못일우고
　　갓득에 못슬퓐 白髮은 좃ᄎ 어이 비안다.(海周 420)

로 하여 南坡의 작품으로 다루었을 뿐이다.

　이것으로 보면『海東歌謠』3本(朴氏本·一石本·周氏本)의 先後 關係를 多少나마 알 수 있으니, 朴氏本에서는 分明 南坡의 작품으로 다루었던 것을 一石本에서는 無名氏 作으로, 그리고 周氏本에서는 누락시킨 과정을 그대로 볼 수 있다. 이로 미루어 본다면, 老歌齋가 南坡의 작품에 대하여 얼마나 批判的이었나를 짐작할 수 있다고 하겠다.

5. 作家別 作品內容과 評價

　여기서는 '閭巷六人'의 작품을 대상으로 그들 작품의 내용과 그들 작품의 評價가 어떠했나를 고찰하여, 그들 작품 내용이 과연 閭巷文學的인 요소가 있어서 시조에 있어서 閭巷文學의 始源을 이들로부터 보아야 하겠는지의 여부를 밝혀 보고자 한다. 그리고 그들의 작품에 대한 評價가 어떤 것이 있나를 살피고자 한다.

　'閭巷六人' 가운데는 2首의 작품을 남긴 張炫에서 79首가 전하는 南坡처럼 現傳하는 작품의 수가 상당한 차이가 있는가 하면, 張炫이나 金三賢

처럼 그들의 작품에 대한 아무런 언급이 없는 작가도 있다. 여기서는 그들 작품의 내용과 이들 작품에 대한 평가가 어떠했는지를 밝히고, 끝으로 그들 작품의 특색을 抽出해 보고자 한다.

1) 張炫

　張炫의 작품은 2首가 전하는 것으로 미루어 그는 歌唱人이지 詩人이 아니었다고 하겠다. 따라서 '古今唱歌諸氏'에 許珽(1621~?) 다음으로 두 번째로 기록된 것이라 하겠다. 그의 작품은 戀主忠君을 노래한 것과, 人生無常을 노래한 것이 있으니,

> 鴨綠江 희진 後에 에엿분 우리 님이
> 燕雲萬里롤 어듸라고 가시는고
> 봄풀이 프르고프르거든 卽時 도라 오쇼셔.(珍靑 221)

　는 丙子胡亂 때 淸나라에 볼모로 잡혀가는 昭顯世子와 鳳林大君을 따라가서 지은 작품이라 생각되며, 다른 작품은 그가 末年에 귀양을 가는 等의 不運한 시절에 지은 것이라 생각된다.

2) 朱義植

　朱義植의 작품을 評한 것을 보면, 南坡는 珍本『靑丘永言』에 수록된 朱義植 작품에 대한 金天澤의 跋文에서

> 其辭正大 其旨微婉 皆發乎性情 而實有風雅之遺韻 使古之觀民風者采之
> 其亦得徹於陳詩之列矣

　라 하여 그의 詩는 陳詩의 班列에 들만하다고 極讚하고 있다.

陶南은 그의 『韓國詩歌史綱』에서 朱義植의 작품을 評하기를 世上에 대하여 無常을 깨닫고 悲觀을 하고 있는 듯하며 厭世와 隱遁的 氣分이 濃厚했다. 아마도 官界에서 몸을 빼어 不平詩人으로서 江湖에 숨어 일을 만나고 때를 따라 詩를 지었으니, 그의 작품은 厭世的이요 어딘지 모르는 沈鬱한 面이 있다고 하였다.[32]

그의 작품 15首의 내용을 보면 다음과 같다.

① 古事懷古	3首	② 寄托諷諭	2首
③ 綱常五倫	2首	④ 感物敍景	1首
⑤ 憂國慨世	1首	⑥ 飮酒醉樂	1首
⑦ 田家閑居	1首	⑧ 人生行樂	1首
⑨ 聖世逸民	1首	⑩ 學問修德	1首
⑪ 戀慕相思	1首		

위에서 보는 것처럼 그 내용이 다양한 편이다. 回顧的이며 敎訓的인 작품과 享樂的이 작품이 두드러지나 積極的인 姿勢가 아닌 消極的인 生活態度를 가졌고 兩班 士大夫의 성격을 띤 主題가 全部이면서 閭巷人다운 내용의 작품이 없다고 하겠다.

3) 金三賢

金三賢에 대해서는 작가나 작품에 대하여 참고할 만한 자료가 거의 없다. 작품은 겨우 6首가 전하는 것은 그도 張炫과 마찬가지로 歌唱人이지 作家가 아니었기 때문이라 하겠으며, 또 『大東風雅』에서 '名歌'라고 소개한 것은 아무래도 그가 閑散人이기 때문에 의례히 붙는 그런 것이 아니라 歌客이었기 때문이라 하겠다.

---

32) 趙潤濟, 前揭書, pp.359~363.

陶南은

> 綠楊 春三月을 자바미야 둘 거시면
> 센머리 쏘바내여 츤츤 동혀 두련마는
> 올히도 그리 못호고 그저 노화 보내거다.(珍靑 233)

를 들어 極度로 現實을 즐기는데서 드디어는 가는 歲月을 悲觀하고 人生의 無常까지를 깨닫게 되었으니, 그의 작품은 享樂的이요 明朗한 점이 있다고 하였다.33) 또 그에게는

> 功名을 즐겨마라 榮辱이 半이로다
> 富貴를 貪치마라 危機를 넓느니라
> 우리는 一身이 閑暇커니 두려온 일 업세라.(珍靑 235)

와 같이 主題가 兩班 士大夫들이 즐겨 부르는 것이며, 만약에 閭巷人다운 것이 있다면

> 내 精靈 술에 섯겨 님의 속에 흘러드러
> 九回 肝腸을 다 츠자 돈닐만졍
> 날 닛고 늠 向흔 무음을 다스로려 흐노라.(珍靑 237)

가 있다고 하겠다. 그의 작품 6首의 내용을 보면

① 白髮嗟歎　2首　　② 田家閑居　1首
③ 守分知止　1首　　④古事懷古　1首
⑤ 空閨怨慕　1首

로 비교적 다양한 내용을 가졌으나 그를 閭巷人의 심회를 노래한 작가로 보기는 어렵다고 하겠다.

---

33) 趙潤濟, 前揭書, p.363.

4) 金聖器

漁隱의 작품은 8首가 전하고 있다. 珍本『靑丘永言』에 수록되어 있는
‘靑丘永言序’에 보면

> 伯涵旣善歌 能自爲新聲 又與善琴者全樂師 托爲峨洋之契 全師操琴 伯涵
> 和而歌 其聲瀏瀏然 有可以動鬼神而發和陽 二君之技 可謂妙絶一世矣

이라 하여 六堂本「靑丘永言」에 수록되어 있는 것과 ‘全樂師’와 ‘金聖器’
의 차이가 있으나, 이는 直接的인 그의 작품에 대한 評價는 아니지만 漁隱
의 작품에 대한 評으로 보아도 좋을 것이다. 南坡도 漁隱의 작품에 대한
跋文 가운데서 西湖 金重呂의 말이라 해서 引用한 것을 보면

> 日吾與漁隱 十數年 同遊江湖 其平日叙懷寓興者 盡記而有之 其中多有油
> 然感人者 聾俗不知故 藏諸巾笥 以待好事者久矣

라 하여 그의 노래가 油然해서 사람들을 感激하게 하는 것이 많으나 그
의 노래를 理解하지 못하는 사람들 때문에 巾笥에 간직해 두고 好事者를
기다렸다고 했다. 南坡는 그의 작품을 評하여

> 드디어 돌아와 그 全篇을 서너 번 읊조려 보니 그의 노래는 山水의 멋
> 의 跌宕함을 얻어 自然히 辭語의 表面에 나타나 飄飄然하게 物外의 뜻에
> 멀리함이 있었다.34)

라 하였으니 江湖에서 自然을 玩賞하며 物外에 뜻이 없었음을 알겠다.
그의 작품의 내용을 보면

---

34) “遂歸其全篇 三復諷詠 其得於跌宕山水之趣者 自見於辭語之表 飄飄然有遐擧物外之
　　意矣”

① 江湖閑情　3首　　② 四季節侯　1首
③ 懷抱述義　1首　　④ 逍遙遊覽　1首
⑤ 感物敍景　1首　　⑥ 寄托諷諭　1首

로 몇 首 안 되는 작품이지만, 마치 宋俛仰이나 尹孤山의 전통을 이어 받은 것 같은 느낌을 준다고 하겠다.

그는『海東歌謠』에 있는 '古今唱歌諸氏'에 는 들어 있지 않은데 이것은 그가 歌客이라기 보다는 琴客이기 때문이며 時調의 창작보다는 作曲에 관심을 두었기 때문이라 하겠다. 金重呂가 말한 것처럼 그의 작품을 오랜 동안 巾笥에 넣어두고 好事者를 기다렸다는 것은 그의 노래가 古調가 아닌 今調(時調)이기 때문에 새로운 曲調가 流行하지도 않았으며, 이해하는 사람들이 적었고 이는 南坡처럼 時調(今調)를 이해하는 好事者를 만나 크게 빛을 본 것이 아닌가 한다.

5) 金裕器

金裕器 작품에 대한 評은 南坡가 그의 작품에 대한 跋文 가운데 "余日 觀其詞 說盡情境 諧合音律 信樂府之絶調也 以余不才 奚容贅焉"이라 한 것이 있으니, 이는 그의 面前에서 한 말이기 때문에 多少의 誇張이 있었다고는 하겠지만 달리 다른 사람들의 評이 없는 것으로 이것을 그대로 그의 작품에 대한 評價로 보아서 좋을 것이다. 南坡의 評은 그의 작품에 대한 文學的인 評이라기 보다는 音樂的인 面을 더 강조해서 樂譜의 絶調라고 칭찬한 것을 보면 그는 音樂에 뛰어난 재주를 가진 사람임을 알겠다. 이러한 사실은 韓維信의 '永言選序'에서도 밝혔다. 계속해서 金裕器의 작품을 "서너 번 읊조리니 마음과 눈이 함께 밝아지는 듯하며 凄然해 聖人을 그리는 듯하다"(三復諷詠 心目俱明 凄然有秋水蒹葭)라 하여 南坡와 마찬가지로 音樂的인 面을 강조했다. 그의 작품내용을 보면

① 江湖閑情　2首　　② 守分知止　1首
③ 福數頌祝　1首　　④ 感物敍景　1首
⑤ 憂國慨世　1首　　⑥ 丈夫豪氣　1首
⑦ 白髮嗟嘆　1首　　⑧ 逍遙遊覽　1首
⑨ 聖世逸民　1首

로 그도 다른 작가들과 마찬가지로 江湖의 閑情을 노래했고 閭巷人的인 主題와는 거리가 멀다고 하겠다.

6) 金天澤

南坡의 작품에 대한 評은 珍本『靑丘永言』에 수록되어 있는 鄭潤卿의 跋文에서 "余觀其詞 皆艶麗有理致 音調節腔 淸濁高下 自叶於律 可與松江 新飜 後先方駕矣" 라 하여 그의 작품을 내용보다는 오히려 音樂的인 面을 더 강조한 느낌이며, 이런 의미에서 松江보다 더 낫다고 하였다. 그러나 우리가 南坡의 작품에 대해서 注目해야 할 점은『海東歌謠』에 전하는 작품들은 南坡의 原作과는 多少間의 거리가 있을 것이라는 점이다. 왜냐하면 老歌齋는『海東歌謠』에 수록되어 있는 자신의 跋文에서 南坡의 작품 가운데 眞實되고 淳厚하며 淸廉하고 忠孝의 작품은 採集하고, 가볍고 무게가 없으며 脈絡을 끊는 작품은 수록하지 않는다고 했으나 이는 어디까지나 老歌齋 자신의 평가 기준이 얼마나 客觀性이 있느냐 하는 點이다. 만약에 老歌齋의 평가 기준이 客觀性이 있는 것이라면 구태여 "後之全篇考 之者 獵略首末 幸勿訝惑焉"이란 구차스런 辨明을 할 필요가 없을 것이며, 朴氏本『海東歌謠』에서 南坡의 작품으로 수록하고 있던 작품이 周氏本『海東歌謠』에 와서는 脫落시켰으며, 珍本『靑丘永言』에 수록되어 있으나 周氏本『海東歌謠』에서 漏落시킨 작품이 老歌齋가 말한 것처럼 모두 '輕忽不重 脈絡絶間者'이냐 하는 점이다. 朴氏本『海東歌謠』에서는

이제야 다 늙거다 므스거슬 내 아더냐
花階에 곳이 픠고 酒樽에 술이 이셰
이 中에 靑丘永言이야 틈업슨가 ᄒ노라.(朴海 298)

가 周氏本『海東歌謠』에서는

이제는 다 늙거다 므스거슬 니 아든야
蘿下에 黃菊이요 案上의 玄琴이로다
이 中에 一卷歌譜는 틈업슨가 ᄒ노라.(周海 510)

와 같이 되어 있어 朴氏本『海東歌謠』에서 中章이 달라진 것이 문제가
아니라 終章에서 말한 '靑丘永言'이 周氏本『海東歌謠』에서 '一卷歌譜'로
바뀌었다. 이것은 南坡와 老歌齋와의 관계가 어떠했나를 端的으로 말해
주는 것이라 보아 좋을 것이다. 이보다 더한 경우는 珍本『靑丘永言』에서
南坡의 작품으로 되어 있는

沃野千里 긴 담 안헤 阿房宮을 노피 짓고
當年에 어린 뜻은 萬歲計를 ᄒ려튼니
어너덧 陳迹이 되도다 긔 뉘 타슬 사므리.(珍靑 282)

가 周氏本『海東歌謠』에서는

長城을 굿이 쓰고 阿房宮을 놉히 지여
當年에 어린 뜻은 萬歲計를 ᄒ렷튼니
어늬덧 陳迹이 되야 남 우일만 ᄒ도다.(周海 524)

처럼 變形되어 老歌齋의 작품으로 되어 있는 사실이다.
다음으로 작품 내용에 대해서 고찰해 보고자 한다. 南坡의 작품은 數的
으로 많기 때문에 지금까지 여러 학자들에 의해서 연구되어 왔으니, 그 대

표적인 것이 李泰極과 秦東赫의 것이다.

　李泰極은 南坡 時調의 내용을

① 悠悠自適하는 生活의 作品　　6首
② 勝地遊覽하는 生活의 作品　　7首
③ 歸去來하는 生活의 作品　　5首
④ 無常醉樂하는 生活의 作品　　11首
⑤ 琴書하는 生活의 作品　　3首
⑥ 山家淸味하는 生活의 作品　　1首
⑦ 逃避山林하는 生活의 作品　　1首
⑧ 遊樂하는 生活의 作品　　2首
⑨ 營農安貧하는 生活의 作品　　4首
⑩ 營農歡樂하는 作品　　1首
⑪ 不老長生의 作品　　1首
⑫ 君子戒心하는 生活의 作品　　6首
⑬ 忠孝하는 生活의 作品　　5首
⑭ 聖人推仰의 作品　　3首
⑮ 武夫 嘆老하는 生活의 作品　　1首
⑯ 武夫 諦念하는 生活의 作品　　1首
⑰ 孤節抗拒하는 生活의 作品　　1首
⑱ 世路嘆하는 生活의 作品　　8首
⑲ 世事虛無의 作品　　1首
⑳ 世事諦念의 作品　　1首
㉑ 順運諦念하는 生活의 作品　　2首
㉒ 事大의 作品　　1首

　와 같이 分類하고 다시 이것을 7項目으로 크게 정리하여 다음과 같이 요약했다.

① 江湖山水를 읊은 작품들
② 無常醉樂을 읊은 작품들
③ 修德心을 읊은 작품들

④ 琴書生活을 읊은 작품들
⑤ 安貧生活을 읊은 작품들
⑥ 諦念嘆世를 읊은 작품들
⑦ 武俠心을 읊은 작품들

로 나누었다.35)

秦東赫도 그의 『古時調文學論』에서 南坡의 시조를 主題別로 다음과 같이 나누었다.

① 醉樂類	13首	② 脫榮辱類	9首
③ 懷古類	5首	④ 忠君類	4首
⑤ 遊興類	7首	⑥ 漁父類	4首
⑦ 自然類	3首	⑧ 禁戒類	3首
⑨ 安貧類	2首	⑩ 慕孔子類	3首
⑪ 修養類	3首	⑫ 嘆老類	3首
⑬ 音律類	2首	⑭ 農事類	3首
⑮ 哀傷類	2首	⑯ 虛無類	2首
⑰ 太平類	2首	⑱ 孝類	1首
⑲ 豪氣類	1首	⑳ 愛情類	1首
㉑ 節介類	1首 36)		

南坡의 시조를 徐元燮의 分類 方法에 따라 분류해 보면 다음과 같다. (朴氏本 『海東歌謠』에 수록되어 있는 6首는 필자가 분류한 것과 類似歌인 경우 徐元燮의 분류를 따랐음)

① 田家閑居	11首	② 致仕歸田	6首
③ 飮酒醉樂	6首	④ 追慕讚頌	6首
⑤ 敎誨警戒	5首	⑥ 懷抱述懷	5首

---

35) 李泰極, 『古典文學論攷』, pp.312~313.
36) 秦東赫, 『古時調文學論』, pp.278~279.

⑦ 人生行樂　5首　　⑧ 古事懷古　5首
⑨ 守分知止　4首　　⑩ 安貧樂道　3首
⑪ 江湖閑情　3首　　⑫ 感物敍景　3首
⑬ 寄托諷諭　3首　　⑭ 學問修德　3首
⑮ 人生無常　2首　　⑯ 憂國慨世　2首
⑰ 白髮嗟嘆　1首　　⑱ 丹心忠節　1首
⑲ 尋訪招待　1首　　⑳ 綱常五倫　1首
㉑ 離別哀傷　1首　　㉒ 事親孝道　1首
㉓ 聖世逸民　1首

以上에서 보면 南坡의 작품은 閭巷文學的인 要素가 없고, 兩班 士大夫의 작품을 그대로 모아놓은 것 같은 느낌을 준다고 하겠다.

南坡 작품에 대한 評價는 '靑丘永言序'를 쓴 鄭潤卿이나 '靑丘永言後跋'을 쓴 磨嶽老樵가 다같이 文學的인 것보다는 音樂的인 面에서 뛰어나다고 評했고, 현대에 와서는 좋은 評價를 받지 못했다고 하겠다. 가람 李秉岐 博士는

그는 英祖 4年(단기 4061)에 『靑丘永言』數百餘闋을 蒐集編纂하였으며, 그 中에는 自作 短歌 數十闋이 있으나 별로 新奇한 것은 없다.[37]

고 했으며, 金思燁 博士도 그의 『國文學史』가운데 작가의 해설에서

원체 歌客이었던만큼 대개는 江湖 閑情을 노래하였고, 前期 作家들 作品의 亞流에 不過하다.[38]

고 하여 별로 좋은 評價를 받지 못했으나, 그의 작품에 대한 本格的인 研究를 한 李泰極은

---

37) 李秉岐·白鐵, 『國文學全史』, p.474.
38) 金思燁, 『國文學史』, p.474.

　　南坡 作品에서의 特徵은 生活的인 內容의 表露라는 點이다. 이 點은 英
正間 學界는 勿論이고 一般의 風潮이었던 實學的인 思想에서의 緣由라고
볼 수 있겠는데 南坡의 作品에서도 그러한 實學的인 面이 나타나 있다. 즉
自己의 實生活의 描寫表現이었다는 것이다.[39]

고 하였고, 秦東赫도

　　南坡의 時調를 깊이 鑑賞하면 그에 담겨진 깊은 맛과 멋을 찾을 수 있
을 뿐 아니라 남의 時調를 追從하여 지은 것도 별로 없다고 보며 南坡의
作品은 어디까지나 事實性을 지녔다고 본다.[40]

고 하여 생활 속에서 素材를 擇했고 표현이 事實的이라고 하나 그는 소
재를 中國의 經書나 詩人 文章家들에게서 가져 왔다. 이는 그가 詩 三百을
능히 해득하고 외울 정도의 폭 넓은 지식을 나타내는 것이라고도 하겠으
나, 지나치게 많이 引用하거나 또는 使用했기 때문에 自己 誇示는 되었겠
지만 마치 漢文學의 亞流나 士大夫들을 模倣한 것에 지나지 못하기 때문
에 表現의 實을 거두지 못했다고 하겠다.

6. 閭巷六人 作品의 性格

　　그러면 閭巷六人의 작품에 어떤 形式上이나 內容上의 특색이 있느냐 하
는 점에 대하여 고찰해 보고자 한다.
　　우선 形式上 特徵을 든다면 이들에게는 平時調 以外의 형식은 하나도
없다는 점이다. 이는 閭巷人들의 특성을 잘 들어내 주는 것이라 볼 수 있
는 旕時調나 辭說時調가 없다는 것이다. 적어도 시조에 있어서는 閭巷人

---

39) 李泰極, 前揭書, p.314.
40) 秦東赫, 前揭書, p.278.

들의 특색을 보일만한 그런 작품들은 아직 出現하지 않았다고 하겠다.

다음 內容上의 특색을 고찰해 보고자 한다.

徐元燮은 앞서 言及한 平時調의 내용을 類似한 것끼리 묶어서

① 江湖系 時調　　　　522首
② 愛情系 時調　　　　442首
③ 人倫敎誨系 時調　　384首
④ 感物系 時調　　　　353首
⑤ 讚頌系 時調　　　　282首
⑥ 戀主系 時調　　　　238首
⑦ 醉樂系 時調　　　　155首

로 나누고[41] 江湖系 時調와 愛情系 時調가 가장 많은 이유를

그런데 平時調에서 江湖系時調가 가장 많다는 것은 바로 朝鮮朝 社會가 安定되지 못하고 混亂이 極했기 때문이다. 黨爭이 熾烈하면 할수록 그 渦中에 휩싸이기를 싫어한 이가 致仕歸田해서 田家閑居하며 自然을 벗해서 悠悠自適하는 江湖閑情을 누리기도하고, 또 제 分數를 알고서는 富貴榮華를 浮雲과 같이 여겨 애초부터 出仕치 않고 安貧樂道하며 山川景槪를 遊覽하는 생활을 누린 이도 있어 自然 江湖系時調가 많을 뿐 아니라 (中略) 그런데 한가지 特記할 만한 事實은 朝鮮朝 儒敎社會에 있어 感情의 表出, 特히 愛情을 내세우는 것을 極忌한 社會制度下에서 好色貪花를 비롯한 愛情系 時調가 두 번째로 많이 使用된 事實은 注目할 만하다. 이는 實學思想이 擡頭하자 過去의 觀念論을 排擊하고 虛僞의 生活에서 脫皮하여 참된 人生을 누리고자 하는 데서 自然 愛情에도 눈뜨게 되었고, 또 한편 社會가 昏亂하면 社會秩序가 무너지고 社會秩序가 破壞되면 性道德이 紊亂해지니까 自然 朝鮮朝 儒敎社會 아래서도 愛情系時調가 많이 創作된 것이라 믿어진다.[42]

---

41) 徐元燮, 前揭書, p.278.
42) 徐元燮, 前揭書, pp.190~191.

고 하여 愛情系 時調가 많은 이유를 설명하고 있다. 徐元燮의 分類基準
에 의해서 閭巷六人의 작품의 내용을 분류한다면

① 江湖系 時調　　　　39首
② 人倫敎誨系 時調　　18首
③ 讚頌系 時調　　　　17首
④ 醉樂系 時調　　　　15首
⑤ 感物系 時調　　　　7首
⑥ 戀主系 時調　　　　5首
⑦ 愛情系 時調　　　　2首
⑧ 其他　　　　　　　14首

로 全體 119首 가운데 江湖系 作品이 39首로 가장 많고 다음이 人倫
敎誨系, 讚頌, 醉樂의 順이다. 이를 다시 江湖系와 醉樂系를 합친다면 54
首로 약 절반에 가까운 數字이며, 人倫 敎誨系와 讚頌系를 합친다면 35首
나 되니, 이로 미루어 본다면 그들이 옛날 中國의 先賢들이나 讚頌하면서
점잖게 입으로는 人倫이나 떠들고 道學者처럼 敎誨하는 작품이나 짓고 했
던 것을 능히 짐작할 수 있다. 따라서 이들에게는 閭巷人 特有의 積極的이
고 露骨的인 내용을 나타낸 愛情系 作品이 거의 없다고 하는 것은 아직도
이들이 본격적인 閭巷人들의 문학적인 특색을 표현하여 진정한 의미의 여
항문학을 이룩하기에는 거리가 멀다고 하겠다.

7. 閭巷六人과 關聯 人物

　여기서 關聯 人物이란 이들과 交分關係가 있거나 이들의 活動에 도움을
주었으리라 생각되는 사람들이다. 이는 또 金天澤을 중심으로 하는 肅宗
朝와 英祖朝의 金壽長과를 구분하기 위함이다. 비록 이들과 관계가 있지

만 肅宗朝보다는 英祖朝에 두드러지게 활약한 金重說의 경우는 英祖朝의 작가를 다루는 기회로 미루고자 한다. 이들과 관련 있는 인물들은 다음과 같다.

1) 卞文星

南坡의 朱義植 작품에 대한 跋文에 보면 朱義植의 작품을 南坡에게 보여준 사람은 卞文星이니, 跋文 가운데

余嘗得見 朱公道源所製 新飜一二関 惟恨未得其全調也 一日 卞君和叔
爲我得全篇以泝之

라고 했는데 여기서 말한 '卞君和淑'은 周氏本『海東歌謠』의 '古今唱歌諸氏' 의 '卞文星 和叔'과 차이가 있으나 이는 同一人이라 하겠다. 어떤 緣由에서 朱義植의 작품을 南坡에게 보여 주었는지 모르지만 위의 跋文의 내용으로 미루어 보아서는 南坡보다는 朱義植과의 사이가 더 親密했으며 南坡가 '卞君'이라 呼稱한 것으로 보면 南坡와 同年輩이며, 朱義植에게는 或 門下生이 아니었나 생각된다. '古今唱歌諸氏'에는 들어가 있으면서 시조 작품이 없는 것으로 미루어 그는 歌唱者라 하겠다.

2) 金重呂

漁隱의 작품에 대한 南坡의 跋文에서 南坡는 金重呂를 만나 漁隱과는 平生 故人이니 그의 작품을 보여 달라고 하자 자기는 漁隱과 수십년동안 江湖에서 같이 지냈다고 했으니 漁隱과 金重呂의 관계가 상당히 밀접했으며, 간직하고 있던 漁隱의 작품을 선 뜻 내어준 것으로 미루어 金重呂와 南坡와의 관계는 전연 모르는 사이는 아니었을 것으로 생각된다. 그의 시

조 작품이 전하는 것은 없다.

3) 韓維信

近來에 發掘된 朴氏本『海東歌謠』에 의해서 浪翁 韓維信이란 사람이 있음을 알게 되었다. 그가 쓴 '永言選序'에 의해서 金裕器와의 관계를 알 수 있으니, 그는 大邱 출신의 가객으로 金裕器가 肅宗 41年(1715)에 大邱에 내려갔을 때 처음으로 對面하고 그에게서 그 당시에 크게 유행하기 시작한 것으로 믿어지는 時調(數大葉)을 버리고 古調(中大葉)을 배워 金裕器의 代를 이어간 歌客이었다. 그가 中央의 唱曲界와 관련이 있었는지는 확실치 않으며 그의 작품 11首가 朴氏本『海東歌謠』에 수록되어 있는데 모두 短形時調이다.

4) 鄭來僑(1691~1757)

그의 字는 潤卿이요, 號는 浣巖 또는 玄窩라 했고 黑窩라고도 썼다. 그는 처지가 寒微했으나 士大夫들과 交狎하고 士大夫들도 그를 詩社 酒筵에 불러 酬吟하기를 좋아했다. 그는 특히 南坡와는 남다른 交分이 있었던 것 같으니 『靑丘永言』의 序文은 물론, 南坡 작품에 대한 跋文도 그가 썼다. 張志淵의 『逸士遺事』에 보면

> ……穎悟好讀書ᄒ야 博覽强記ᄒ고 尤工於詩ᄒ야 學洪滄浪風格ᄒ고 爲
> 人이 淸脩如癯鶴ᄒ야 望其眉宇ᄒ면 可知爲詩人墨客이로디 而貧甚ᄒ야 家
> 徒四壁이라 當世學士大夫ㅣ與之交狎ᄒ며 或致之家ᄒ야 訓其子弟ᄒ고 詩
> 社酒筵에 必邀之ᄒ면 輒痛飮盡其量ᄒ야 淋漓酣暢然後에 詩拈韻ᄒ면 高踞
> 先唱호디 其詩ㅣ踈宕演瀁ᄒ야 放風人之態ᄒ며 而又往往聲調慷慨ᄒ야 有
> 如燕趙擊筑之士의 悲歌咤涕者ᄒ니 盖其淵源이 出於滄浪이나 而其自得於
> 天機者ㅣ多ᄒ고 又其文이 善俯仰折旋ᄒ야 頗有作者風致ᄒ니 論者ㅣ或曰

> 文勝於詩로딕 其詩與文이 皆出之自然이오 妙解琴操ᄒ며 且喜爲長歌ᄒ야
> 酒半에 輒自彈而自和之ᄒ면 浩浩然殆忘其孰爲琴孰爲歌也러라 以地微且貧
> 으로 爲吏文學官及槐院製述官이러니……

라고 하였으니 비록 才操가 있다고 하더라도 그는 寒微한 집안의 出身이므로 自然 不平客으로 지날 수밖에 없었던 것이다. 그러므로 이런 답답한 심경을 벗어나고자 술로, 거문고로 또는 노래로 울분을 풀어 버렸으니, 詩文 이외에도 거문고와 唱曲에 뛰어났다. 술에 취하여 스스로 거문고를 타며 노래부르면 누가 노래부르고 누가 거문고를 타는지 모를 지경이란 말이 헛되다고 할 수 없을 것이다. 그에게는 『浣巖集』이란 문집이 있어 그 가운데 '金聖基傳'이나 南坡의 시조에 대한 발문이 수록되어 있어 國文學 硏究에 중요한 資料가 되며, 高大本『樂府』에 2首의 시조가 전하나 작자에 대한 信憑性이 문제가 된다고 하겠다. 2首는 다음과 같다.

> 梧桐에 月上ᄒ고 楊柳에 風來로다
> 瑤琴을 빗기 안고 玉溪로 지나오니
> 이곳에 一般淸意味을 알리 져거 ᄒ노라.(樂高 231)

> 朱欄을 지혀 안자 玉簫를 놉피 부니
> 明月 淸風이 갑업시 절로 온다
> 아희야 盞 ᄀ득 부어라 長夜飮 ᄒ리라.(樂高 232)

5) 磨嶽老樵

이는 『靑丘永言』의 '靑丘永言後跋'을 쓴 사람으로 그 本名이나 人的 事項을 알 수 없었으나 磨嶽老樵가 肅宗朝의 李廷爕(1658~1744)임이 밝혀졌다. 그는 宣祖의 第 一子 臨海君의 후손으로 林原君 杓의 三男 二女 가운데 三男으로 태어났다. 南坡가 『靑丘永言』을 편찬하고 跋文을 부탁하자

　　나는 평생에 노래 듣기를 좋아했다. 더욱 그대의 노래를 듣기를 좋아
　　하였는데 그대가 노래로써 請하니 내 어찌 할 말이 없겠는가 드디어 그
　　問答을 글로 써주고 돌아왔다. 天澤은 사람이 正明하고 아는 것이 많으며
　　能히 詩 三百을 외우거나 이해하니 대개 그는 한갓 歌唱者가 아니다.43)

라고 하였다. 樗村이란 號를 가진 그는 南坡를 '汝'라고 부른 것이 年齡
的 차이에서가 아니라 身分的 차이 때문이며, 平生에 노래 듣기를 좋아하
며 더욱 南坡의 노래를 좋아한다고 했다. 하지만 그는 단순히 노래를 듣기
만 좋아한 것이 아니라 노래를 부르는 것도 좋아했으니 그의 文集에 보면

　　百事不能能短歌
　　歌終酌酒兀然酡 (秋懷三疊)

처럼 노래에도 能하니 당연히 周氏本『海東歌謠』에 있는 '古今唱歌諸氏'
의 名單에도 오를 만했을 것이고, 그의 文集에 수록되어 있는 '送內兄崔汝
綱道章防秋關西序'에서

　　내가 요즘 病이 많아 항상 거문고 소리 듣기를 좋아했으니 비록 내가
　　能히 타지는 못하지만 거문고를 연주하는 사람이 있으면 내 마음이 浩然
　　해져서 이를 즐기고, 기뻐서 이를 즐기어 빠르게 病이 낫는 것 같아 몸이
　　가벼워졌다. 이로써 全國에 거문고 연주로 이름이 난 사람의 연주를 내가
　　듣지 않은 것이 아마 거의 없을 것이다. 나의 內兄 崔汝綱氏는 젊어서부터
　　거문고를 잘 타고 또 우리집에 묵어서 나와 같이 오랜 동안 노닐었다. 매
　　번 술을 마신 뒤에 문득 그에게 거문고 연주를 독촉하고 나는 노래로써
　　화답하며 서로 즐겼다.44)

---

43) "余平生好聽歌 尤好聽汝之歌 而汝以歌爲請 吾安得無言 遂書其問答歸之 澤爲人精明
　　有識 解能誦詩三百 盖非徒歌者也"
44) "余間多病 常好聽琴 雖余不能自操 而人有鼓之 余之胸中 爲之浩然而適 怡然而樂 霍
　　然若疾脫 以體輕矣 以是通國而以琴鳴者 其余不聽 蓋無幾焉 余內兄崔君汝綱氏 自少
　　善操琴 且嘗客吾家 與余遊最久 每酒後 輒屬君琴 而余歌而和 相樂也"

를 보면 노래를 듣고 부르는 것이 아주 자연스러웠던 것이라 하겠다. 그에게는 一石本과 周氏本『海東歌謠』에 시조 2首가 수록되어 있는데 다음과 같다.

알앗노라 알앗노라 나는 볼써 알앗노라
人情은 兎角이요 世事는 牛毛ㅣ로다
엇의셔 妄伶엣 쩌슨 올아 말라 ㅎ는이.(一海 256)

세츳고 큰아큰 물쩨 이내 실음 둥재게 실어
酒泉 바다헤 풍들윗쳐 둥둥 두골아지
眞實로 글어곳 홀 양이면 自然 삭아 지리라.(一海 257)

6) 花史子

그의 本名이나 人的事項에 대해서는 아무런 자료가 없어 구체적인 言及이 어려우나 朴氏本『海東歌謠』에 수록되어 있는 不傳의 歌集『海東歌謠錄』의 序文을 그가 썼다. 南坡는 英祖 4年에 1次로『靑丘永言』을 편찬하고 2次로 同 21年(1745)에『海東歌謠錄』이란 書名으로 가집을 간행했다. 이 가집이 전하지 않기 때문에 자세한 것은 알 수 없으나 序文은『靑丘永言』의 鄭潤卿의 글을 그대로 썼고, 跋文은 1次 때의 磨嶽老樵의 跋文 대신에 花史子의 跋文으로 바뀐 것은 다른 어떤 意圖가 있었는지 모르지만 이는 아마도 그 前年에 磨嶽老樵라고 한 李廷燮이 죽었기 때문이라 하겠다. 南坡는 鄭潤卿의 序文과 花史子의 跋文으로 가집의 序跋을 삼고 먼저의 가집보다 더 많은 작품을 蒐集하여 가집은 만들었을 것으로 짐작된다.

8. 小　結

　壬辰倭亂과 丙子胡亂을 겪고서 우리 문학의 主體가 兩班 士大夫에게서 閭巷人에게로, 그 主流도 韻文文學에서 散文文學으로 바뀌었다고 흔히 말하고 있다. 이러한 결과로 얻어진 것이 時調에 있어서 이제까지의 短形時調와는 달리 長時調가 발생한 점을 들고 있다. 그러나 本格的인 長時調의 創作은 이보다 늦게서야 이루어졌으니 南坡가 활동한 시기인 肅宗朝나 英祖朝 初期에도 本格的으로 閭巷人들에 의한 長時調의 創作이 없었다고 하겠다.

　여기서는 閭巷人들의 시조에 있어서 南坡를 중심으로 한 肅宗朝의 閭巷人의 時調와 老歌齋를 중심으로 한 英祖朝의 閭巷人들의 時調와 正祖·純祖朝의『樂學拾零』과 六堂本『靑丘永言』에 수록되어 있는 閭巷人들의 時調를 거쳐 高宗朝의 朴孝寬과 安玟英의『歌曲源流』에 이르기까지 閭巷人들의 時調의 史的인 位置와 그들 작품의 價值를 評價하고자 하는 의미에서 우선 1次的으로 '閭巷六人'으로 대표되는 肅宗朝 작가들의 작가와 작품을 고찰하여 特徵을 導出하고자 하였다.

　여기서 얻어진 結論은 우선 形式에 있어서 이들에게는 閭巷人의 모습을 들어내는 長時調가 단 1首도 없으며, 內容에 있어서도 閭巷人의 情緖나 風貌를 느낄 만한 것이 없다는 사실이다. 南坡의 경우 79首의 작품을 남기고도 長時調는 단 1首도 없는 것은 이 當時 歌曲界의 動向은 아마도 形式에 있어서 短形時調가 長形으로 바뀌는 그런 것이 아니라 다만 曲調에 있어 古調에서 時調로 바뀌는 그런 것에 있었던 것이 아닌가 한다. 花史子의 跋文 가운데 '其歌也 促者悽然 緩者舒然'이라 한 것이 있고, 韓維信도 <永言選序>에서 '歌有古今二調 哀而促者 衰世之音 而時人所取也 和而緩者 太平之聲 而吾之所取也'라고 말한 것처럼 古調와 今調가 있어서 漁隱과 南坡는 今調를 즐겨 불렀고, 金裕器는 古調의 傳統을 繼承시키려고 노력한 것이라 하겠다. 따라서 肅宗朝의 작가들에게는 時調의 형식이 문제가 아니라 唱으로 노래를 부르는데 今調를 따를 것이냐 아니면 古調의 傳統을 이어 갈 것인가가 더 중요했을 것이다. 따라서 時調의 形式이나 內容에 있어 閭巷人의 性格을 나타내는 작품은 아무래도 英祖朝에 내려와서 老歌齋를 중심으로 한 작가들에 의해서 이루어졌다고 하겠다. 그만큼 우리 時調 文學史에서 閭巷文學의 本格的인 活動은 肅宗調가 아닌 英祖朝라 하겠다.

結論的으로 말해서 肅宗朝에 비록 閭巷人 時調 作家가 등장하나 時調의 形式과 內容에 있어 閭巷人들의 성격을 나타낸 時調 作品은 英祖朝에 가서야 本格的으로 발달했으므로 閭巷文學에 마치 肅宗朝에도 상당히 발달했던 것처럼 말하는 것은 마땅히 是正되어야 할 것이다.

第二節 · 第2期의 時調

1. 時代 槪觀

張禧嬪의 질투로 인해 出生부터 기구한 운명으로 태어난 英祖(1694~1776)는 病弱했던 景宗의 王世弟로 册封되어 代理聽政을 하게되나 이를 둘러싸고 葛藤을 빚어 마침내는 金一鏡 一派의 使嗾를 받은 朴尙儉, 文有道의 음모로 생명의 위협을 당하는 지경에 이르게 된다. 景宗 4年(1724) 8月에 朝鮮 第 21代 임금으로 即位한 英祖는 누구보다도 黨爭의 피해를 많이 받았고 그 심각성을 痛感한 나머지 그는 即位한 다음에 제일 먼저 朋黨의 폐해를 痛言하는 下敎를 내렸다. 英祖는 以後 蕩平策을 씀으로 해서 王權의 伸張을 꾀했고, 정치적 안정을 가져올 수 있었다. 大同法과 均

役法을 施行하여 農民의 經濟的 負擔을 덜어 주고 商業 資本의 形成과, 手工業의 발달을 가져왔다. 또 農民은 農業技術의 向上으로 인한 生產高의 增大, 農業經營 方式의 發展, 商業的 農業生產의 發達에 따른 富의 蓄積으로 因하여 富農이 되어 平民地主가 등장하게 되었다. 이처럼 富를 蓄積하게 된 農民과 商人, 工人 등 平民들은 자기네들을 괴롭혀 온 身分制度에서 벗어나자 一種의 官職授與證인 空名帖을 사서 兩班 身分으로의 身分 上昇을 꾀하기도 하였다. 淸나라에 使臣으로 가는 官吏들의 隨行貝으로 따라갔던 譯官들은 淸나라 商人들과의 交易을 통하여 장사를 하였고 이것이 규모가 커져 一種의 國際貿易으로 발전하여 자본을 축적한 譯官들이 많았다. 한편 양반들 가운데 政權에서 疎外된 失勢兩班들은 小作農으로 轉落하거나, 生計를 維持하기조차 어려운 처지로 전락하게 되어 비록 甲午更張에 이르러서야 班常의 制度가 허물어지기는 했지만 현실적으로는 財富를 土臺로 身分關係가 크게 變質되어 가고 있었다.

이처럼 失勢한 兩班들과 平民 地主의 등장으로 離農하게 된 零細農들과 零細商人들은 物價의 仰騰으로 인하여 자연 不平이 생기고 淸나라를 통하여 들어오기 시작한 天主敎는 양반들 가운데 권력을 잡지 못한 南人들을 중심으로 海西地方을 비롯해서 크게 번져 갔고, 이것이 계기가 되어 實學이 盛行하게 되었다.

52年이란 기간을 在位한 英祖는 朝鮮朝 歷代 임금들 가운데 가장 오래 王權을 행사하면서 苛酷한 刑罰을 禁하게 하여 人權을 존중했고, 白衣를 禁하고 靑色을 쓰게 하였고 禁酒令을 내리고 士族 婦女들의 加髢를 禁하고 簇頭里를 쓰게 하여 사치와 낭비의 弊習을 없앴다. 특히 1757年에는 婚期가 지나 혼인을 하지 못한 사람들에게 給錢을 주어 成婚을 시켜 주었다. 北關軍兵에게 鳥銃을 연습시키고 鳥嘴銃을 試放하고 火車를 製作하여 國防을 튼튼히 하고, 印刷術을 改良하여 많은 書册을 刊行하는 等의 業績을 남겼다.

그러나, 在任 期間中인 1742年부터 1750年에 이르는 10年 가까운 동안에는 癘疫이 大熾하여 幾十萬의 백성이 죽고, 思悼世子가 父王 몰래 微行으로 關西地方을 다녀온 것을 빌미로 하여 일어난 父子間의 葛藤은 마침내 자식을 뒤주에 넣어 蒸殺하는 悲劇으로 발전하는 等의 黨爭은 뿌리 뽑지 못하고 다음의 임금인 正祖에게 넘겨주고 1776년 3월에 昇遐하였다.

2. 金壽長을 中心으로 한 作家들

肅宗朝의 南坡는 自身을 비롯한 '閭巷六人'이 어떤 중심인물이 있어 활동한 것이 아니라 다만 자기보다 以前이나 同時代에 활동한 사람들의 노래를 모으고 跋을 써서 가집에 넣었을 따름이니 이들의 紐帶를 이룩할 어떤 조직적인 활동은 없었다. 그러나 老歌齋는 자신이 구축한 정자인 老歌齋 以前에도 朴氏本『海東歌謠』에 수록되어 있는 張福紹의 跋文에 보면 "歲乙亥孟夏之初 張福紹書于十洲之觀德齋" 라고 하여 老歌齋 以前에 觀德齋란 처소가 있어 歌客들의 집합장소로 쓰여 많은 歌客들의 출입이 있었을 것이니, 南坡의 경우처럼 歌客들이 모일 일정한 장소가 없던 것과는 달랐으니 歌壇이란 말을 쓸 수가 있었을 것이다. 따라서 英祖朝의 閭巷人들의 時調는 단연 老歌齋가 중심 인물이며 老歌齋를 중심으로 많은 歌客들이 모여 활동하였다고 하겠다.

여기서는『海東歌謠』를 編纂하고 아울러『靑邱歌謠』까지도 編纂한 것으로 믿어지는 老歌齋를 비롯하여『靑邱歌謠』에 작품이 수록된 작가들과 周氏本『海東歌謠』뒤에 있는 '古今唱歌諸氏' 가운데『海東歌謠』以後의 가집에 작품이 수록되어 있는 작가들과 그들과 관련 있는 작가들을 英祖朝의 작가로 보고 이들을 중심으로 하여 英祖朝의 閭巷 時調를 고찰하고자 한다.

1) 金壽長

　老歌齋 金壽長의 生涯에 대해서 밝힐 수 있는 자료는『海東歌謠』와『靑
邱歌謠』에 수록되어 있는 自身의 序·跋과 張福紹의 跋文, 그리고 金斗奎
의 '老歌齋記' 等이 있으나 어느 것도 그의 生涯를 뚜렷하게 밝혀 주는 것
은 없다고 하겠다.

　周氏本『海東歌謠』에서는 自身을 "字子平 號老歌齋 肅宗朝 騎省書吏"라
하였고,『樂學拾零』에서는 "英宗朝 老職通政"이라 되어 있다. 이로 미루
어 보면 老歌齋는 肅宗朝에서 한때 騎省書吏를 지냈으나『海東歌謠』를 편
찬할 當時에는 아무런 職位도 가가지 않았으며『樂學拾零』에서 말한 '老
職通政'이란 通政은 通政大夫를 가리키는 것이며 老職이란 나이든 사람에
게 주는 一種의 名譽職인 듯하니 실제로 그런 官職을 받았는지의 여부는
알 수 없으나 周氏本『海東歌謠』에 수록되어 있는

> 折衝將軍 龍驤衛 副護軍 날을 아는다 모로는다
> 닉 비록 늙엇시나 노릭 춤을 추고 南北漢 놀이 갈쎄 쩌러진적
> 　업고 長安花柳 風流處에 안이 간 곳이 업는 날을
> 閣氏네 그다지 숙보와도 ᄒ롯밤 격거보면 數多호 愛夫들에 將帥
> 　1 될줄 알이라.(周海 559)

　를 보면 中章의 내용으로 미루어 老歌齋 자신의 사실과 부합되니 그가
늦게 어떤 경로로 折衝將軍과 龍驤衛의 副護軍이 되었는지 모르겠지만 妓
女들에게도 밉보일 정도로 푸대접을 받았으며,『樂學拾零』에서 말한 것처
럼 老職通政이라 한 것은 一種의 名譽職이 틀림이 없다고 하겠다.

　그의 行蹟에 대해서 알 수 있는 것은 그가 65歲인 英祖 30年(1754)에
朴氏本『海東歌謠』의 序文을 쓴 以後이니 그 以前의 사실에 대해서는 알려
진 바가 없다. 이후 80歲에 金重說과 朴文郁의 작품에 대한 발문을 쓰기까

지의 행적을 보면 다음과 같다.

65세(영조 30,1754)	朴氏本『海東歌謠』序文 씀
66세	第 1次『海東歌謠』編輯(朴氏本)
69세	金天澤 作品 跋文 씀
71세	花溪洞에 老歌齋 構築
74세	第 2次『海東歌謠』編輯(周氏本), 尹善道, 金默壽 作品 跋文 씀
75세	金友奎 作品 跋文 씀
77세	金振泰 作品 跋文 씀
78세 正月	各歌體容異別不同之格을 지음.
三月	王의 親耕, 王侯의 親蠶을 평시조 2수로 지음
80세	金重說, 朴文郁 作品 跋文 씀

朴氏本『海東歌謠』에 跋文을 쓴 以後 기록이 남아 있는 80歲에 이르기까지의 15年間은 그야말로 대단한 활동을 하였다고 하겠다.

老歌齋는 南坡와 그렇게 사이가 좋은 것은 아니었으며, 南坡의 그늘에 가려 제대로 빛을 보지 못하다가 南坡가 죽기 얼마 전에 南坡가 編한『青丘永言』과 第 2次『青丘永言』에 해당하는 不傳의『海東歌謠錄』을 臺本 삼아서 第 1次『海東歌謠』를 編했다. 그 사이 南坡가 죽고 71歲 가을에는 老歌齋를 構築하면서 이제까지 계획하고 있던 歌集의 增補를 꾀하여 74歲가 되던 英祖 39年(1763)에는 第 2次本『海東歌謠』를 編하고 여기서 많은 歌唱人들과 交遊하면서 後進들을 指導, 養成했던 것이다.

老歌齋를 經營하면서 얻어진 작품들이 老歌齋의 十景을 노래한 작품들이며, 音樂에 대한 理論도 더 연구하여, 南坡의『青丘永言』에는 없는 여러 가지가 수록되어 있다.[1] 여기에 처음으로 '歌之風度形容十四條目'이 있어

---

[1] 珍本『青丘永言』에는 黑窩의 <青丘永言序> 以外에는 아무 것도 없으나 朴氏本『海東歌謠』에는 自身의 <海東歌謠序> 以外에『旬五志』에 있는 내용의 글과 花史子의 跋文과, 詩歌가 發生하게 되었다는 "昔陰康氏時……"와 노래를 불러서 일어난 사실

以後에 이루어진 가집에는 그 條目이 多少間에 增減이 있으나 대부분 이를 수록하고 있으니 이것이 老歌齋 以前부터 있었던 것인지 확실한 것는 알 수 없으나, 朴氏本『海東歌謠』에는 없다가 一石本이나 周氏本『海東歌謠』에 나타나는 것으로 미루어 老歌齋가 지은 것이 아닌가도 생각된다.

　老歌齋의 人間됨을 알려 주는 것으로는 金時模가 지은 '老歌齋記'와 張福紹가 쓴 '海東歌謠跋文'이 있으니 金時模의 '老歌齋記'에 보면

　　況此友坐是而家素貧　儋石累空　妻子阻飢而淡如也　其志亦可尙也

　라고 말한 것처럼 집안의 구차한 살림이나 妻子들의 굶주림에도 아랑곳하지 않고 淡淡할 정도였다고 하니 그가 노래에 바치는 情熱이 어떠했나를 짐작할 수 있다고 하겠다. 그러나, 그의 이러한 생각도 차츰 變貌한 듯하니 朴氏本『海東歌謠』에 수록된 張福紹의 跋文을 보면

　　孝親忠君　守分安拙　淸淨愛菊　眞所謂風塵豪傑君子也　金君盖亦得歌謠之
　　統　而志氣不俗也

　라고 하여 그는 歌謠의 傳統을 얻었으며 그의 志氣가 俗되지 않다고 하였으나, 周氏本에 수록되어 있는 跋文에서는

　　孝親忠君　守分安拙　淸淨愛菊　樂歌戲歌……

　라 하여 먼저의 글에다 '樂歌戲歌'를 追加시키고 있다. 이것이 비록 長時調를 合理化시키기 위한 하나의 方便이라 하더라도 처음에 말한 것처럼

"古秦靑韓娥……"와, "魯人虞興聲……"과 平調・羽調・界面調를 설명한 것 以外에는 없었으나, 第2次『海東歌謠』의 하나인 周氏本에는 朴氏本에 수록되어 있는 것 以外에 <各調體格>에서 '五音' '八音'이 追加되었고, 여기에 <歌之風度形容十四條目>과 <各歌體容異別不同之格>이 더 追加되어 있음.

그의 志氣가 俗되지 않았다고 했던 먼저의 주장과는 거리가 있음을 알겠다.

老歌齋는 交遊의 폭이 先輩, 同僚보다는 後輩와 더 활발했다고 하겠다. 老歌齋가 남긴 他人의 작품에 대한 評을 보면 尹善道와 趙明履와 같은 先輩 作家와 『靑邱歌謠』에 隨錄되어 있는 同年輩나 後輩에 대한 것이 있다. 先輩의 작품에 대한 評은 작가의 人品에 대한 것보다 작품의 技巧나 內容에 대해 언급했고, 同年輩나 後輩의 作品에 대한 評은 작품보다는 人品에 대해서 더 重點을 두었다고 하겠다. 先輩의 작품에 대해서 극찬한 것으로 尹善道의 작품에 대한 평을 보면2), 同年輩나 後輩의 作品評과는 대조적이라고 하겠다.

『靑邱歌謠』에 수록되어 있는 同·後輩의 作品評은 金友奎·金默壽·金重說·朴文郁처럼 "韻氣豪放"이니, "志氣豪邁", "志氣豪雄"이니, "實爲塵世間豪傑君子", "此誠塵世間豪傑君子"니, "此人之局量 南溟之無涯"니 하면서 張福紹가 老歌齋를 評한 것과 똑같은 評語를 쓰고 있다. 그러면서 작품을 "辭志竊實"이니, "意旨寒陋 響韻淸絶 不染俗態 巫峽之蕭森 琦語瓊辭 蓬瀛之仙語", "音調節腔 極其豪爽", "俗態沒隱 仙跡明眼", "意之浩闊 言之純實"이라 하면서 先輩 작품의 評語와 마찬가지로 極口 칭찬하지만 前者를 評한 것처럼 首肯이 가기보다는 자기네들의 立場을 擁護하는 것이 지나지 않는다고 하겠다. 다시 말해서 老歌齋의 評대로 믿기에는 眞實性이 不足하다고 하겠다.

老歌齋는 金友奎의 作品 跋文에서 肅宗 16年(1690)에 출생했다고 밝혔고, 『海東歌謠』의 序文이나 다른 사람 작품의 跋文에서 꼭 自身의 年齡을 밝히고 있는데 80歲 以上을 살았음을 알 수 있다. 다만 그가 65歲 以前에 무엇을 했는지에 대해서는 뚜렷한 기록이 없어 밝힐 수가 없다. 모든 기록으로 미루어 65歲 以後에 와서야 活潑한 활약을 보였음을 알겠다.

---

2) 盖漁者漁其心性之至善 歌者歌其物外之樂志 然此翁歌法 脫盡淸高 吾觀此則 難登萬丈之峰(金壽長, 尹善道作品跋)

이렇게 볼 때 老歌齋는 豪放하면서 積極的이며 外向性이 강한 自己誇示形의 性格을 가졌다고 하겠다.

2) 金友奎

金友奎(1691~?)는 老歌齋보다 1年이 年下다. 金友奎에 대해서는『靑邱歌謠』에 수록된 老歌齋의 跋文을 보면 다음과 같다.

> 金君 聖伯은 나와 더불어 交道가 親密하였다. 聖伯은 어려서부터 韻氣가 豪放하였다. 朴君尙健에게서 노래를 배웠는데 불과 1年이 못되어 능히 스승을 模倣하여 다른 사람(歌客)을 제압하였고, 또 繡飾之態가 있어 세상이 모두 名揚이라 일컬었다. 나도 또한 歌癖이 있어 卓君 大哉와 李君 舜卿의 노래를 每樣 欽羨하였다. 세월이 지나는 사이에 이 무리들이 이미 죽고, 다만 聖伯과 나만 남아 있을 뿐이다. 聖伯은 辛未生이고 나는 庚午生이다. 날로 桑楡를 재촉하여 남은 날이 많지 않으니 진실로 寒心하다. 하루는 聖伯이 자기가 지은 11章의 작품을 내게 보여 주기에 자세히 읽어보니 辭志가 竊實하여 冊에 실어 후에 없어지지 않도록 하고자 한다.[3]

여기서 보면 그가 노래를 朴尙健에게서 배웠고, 老歌齋보다는 1年이 年下이며, 歌客으로 名聲을 날려 사람들이 다 '名揚'이라 일컬었으며, 老歌齋가 자기와는 가장 친밀한 사이라고 했다.

金友奎에 대한 글은『樂學拾零』과 서울大本『樂府』에

> 字聖伯 號伯道 肅宗朝書吏(樂學拾零, 作家目錄)
> 字聖白 號自道 肅宗朝書員(서을大本, 樂府)

---

3) 金君聖伯 與我交道甚密 聖伯自少 韻氣豪放 學歌於朴君尙健 未過一歲 能模抑客 又有繡飾之態 世皆謂名揚矣 我亦有歌癖 而卓君大哉 李君舜卿之歌 每於欽羨矣 過客光陰之間 此輩已歿 只有聖伯與我矣 聖伯年令辛未 我庚午 日迫桑楡 餘暉無多 良可寒心 一日 聖伯自家所製十一章示余 歷觀之 辭志竊實 附載黃卷 傳後不滅 甲申臘梅之節 老歌齋金壽長書

　라고 하여 字가 '聖伯'과 '聖白'의 차이가 있으며 號에 '伯道'와 '自道'의 차이가 있으나 이는 傳寫의 잘못이라 여겨진다. 여기에서 그는 書吏 出身임을 알겠다.

　老歌齋가 『靑邱歌謠』에서 金友奎의 작품을 제일 먼저 수록한 것은 비록 자기와는 나이의 차이가 1年이지만 『海東歌謠』에 金友奎의 작품을 수록하지 않은 것은 그를 後輩로 대우했기 때문이다. 그러나 洪氏本 『靑丘永言』에서 '閑散人'이라 하여 林晉을 비롯하여 李仲集·金應鼎·許橿·朴仁老·張炫·朱義植·金三賢·金聖器·金裕器·金天澤·金壽長·金友奎 等 13人을 든 것은 혹시 編者가 以前에 나온 珍本 『靑丘永言』에서 '年代缺考'에 해당하는 林晉과 李仲集, '閭巷六人'에 해당하는 張炫을 비롯한 朱義植, 金三賢, 金聖器, 金裕器 그리고 金天澤과, 『海東歌謠』 朴氏本과 一石本에서는 朴仁老를 時代나 身分을 밝히지 않고 閭巷人 바로 앞에, 朴氏本에서는 金應鼎과 許橿은 妓女들 뒤에 金天澤의 작품 앞에 있기 때문에 이들을 다 閑散人으로 본 것이며 金天澤이나 金壽長 다음의 인물로는 다만 金友奎만 들었다. 이는 비록 老歌齋가 자기의 『海東歌謠』에는 그의 작품을 싣지 않았지만 老歌齋와는 똑같이 활동한 歌唱人이었음을 알겠다. 書吏의 직책도 肅宗朝에 했었으며 英祖朝에는 하지 않았다고 하겠다.

3) 金兌錫

　金兌錫의 작품은 『靑邱歌謠』에 수록되어 있다. 그의 작품 4首 다음에 "金君德而 性本騷雅 好風景 樂朋友 熟知景 能筆法"이라 간단히 소개되어 있는데 누구의 글이란 記名이 없다. 하지만 『靑邱歌謠』가 老歌齋의 編纂이며 거기에 수록된 작품에 대한 跋文이 老歌齋의 것임을 미루어 이것도 老歌齋의 글이라 짐작된다.

　달리 "古今唱歌諸氏"에는 이와 類似한 金兌瑞가 있어 혹 이들은 '錫'와

‘瑞’가 漢字의 類似字 내지는 類似音에서 차이가 아닌가도 생각되나 金兌瑞의 字가 大振이요, 金兌錫의 字가 德而인 것으로 미루어 同一人은 아니라고 하겠다. 서울大本『樂府』에 “字德而 肅宗朝人”이라 한 것으로 미루어도 肅宗朝에 활동한 사람이라 하겠으나 대체로 가집에 기록된 시대들이 실제로 활동한 시기보다 올려 잡고 있는 것이 아닌가 한다.

　『樂學拾零』의 作家目錄에 “字德而 肅宗朝五相” 이라 되어 있는데 ‘五相’이란 잘못 표기된 것이 아닌가 한다. 老歌齋가 “金君德而”라고 부른 것으로 미루어 老歌齋와는 親分이 있으며, 성격이 騷雅하고 風景을 좋아하고 朋友와 즐기고 景致를 잘 안다고 했으니 원만한 성격에 自然을 즐기고 特技로는 글씨에 能하다고 하였다. 그의 身分에 대해서는 언급한 것이 없다.

4) 朴熙錫

朴熙錫의 작품 3首가『靑邱歌謠』에 수록되어 있는데,

> 쾨꼬리 눌려슬아 柯枝 우의 울릴세라
> 게우 든 줌을 네 소리예 씰짝이면
> 암아도 遼西一夢을 못 일울까 ᄒ노라.(靑邱 16)

　의 作者가 서울大本『樂府』에는 ‘朴熙瑞’로『樂學拾零』의 作家 目錄에는 ‘朴凞瑞’로 되어 있어 서로 차이가 나지만 이는 앞에 나왔던 金兌錫의 경우와 마찬가지로 ‘錫’과 ‘瑞’의 類似音에서 오는 잘못이라 믿어진다.

　다른 가집에 수록된 작가 소개를 보면

> 朴熙瑞 字敬甫 肅宗朝 同知(서울大本 樂府)
> 朴凞瑞 字敬甫 善琴善筆有名 英宗朝 同知(樂學拾零)

　이라 하여 肅宗과 英祖의 王朝의 차이가 난다.『樂學拾零』에서는 ‘善琴

善筆'로 有名했다고 하는 것은 그만 두고라도 '同知'를 했다고 하는 것은 믿어지지가 않는다. 同知는 經筵을 비롯하여 敦寧府, 成均館, 義禁府, 中樞府, 春秋府의 從2品에 해당하는 官職인데 이런 官職에 나갔다는 것은 아무래도 名譽職이었거나 아니면 자기네들이 서로 상대방을 높여 부르는 어떤 관습에서 온 것이 아닌가 한다. 위의 기록 以外에 참고할 다른 것은 없다.

5) 金振泰

金振泰는 다른 작가에 비해 그래도 비교적 參考 資料가 남아 있다고 하겠으니 이를 例示해 보면 다음과 같다.

1) 『靑邱歌謠』에 時調 26首가 수록된 다음에 金壽長의 다음과 같은 跋文이 있다. "余 年老心閒 素有歌癖者久矣 裒集古今作歌 群賢輩及名妓與無名氏 自製長短歌百餘章 釐爲歌謠之際 得見金君君獻之作 意旨超越 響韻淸絶 不染俗態 巫峽之蕭森 琦語瓊辭 蓬瀛之仙語 恨不曾相識也 歲丙辰夏六月 七七翁老歌齋金壽長書"

2) 『樂學拾零』에 수록된 作家 目錄에 "金振泰 字君獻 英宗朝 書吏"라 기록되어 있다.

3) 『風謠續選』卷 6에 있는 金振泰 項目에 "振泰 字君獻 號 巷隱 慶州人"이라 하고 選詩 9首가 수록되어 있다.

4) 『風謠續選』卷 5의 金光翼 項目에 "光翼 字天瑞 號伴圃庵 金海人 與許瑞 韓旭 金振泰 安尙德 張道文 道純 金善餘 結金蘭社 爲主人"이라하여 이들과 더불어 '金蘭社'란 詩社를 만들어 활동했음을 알겠다.

5) 『大東詩選』卷 6의 金振泰 項目에 "字君獻 號菴隱 慶州人"이라 하고 '淇水'라는 題目의 七絶 1首가 수록되어 있다.

위의 기록에서 『靑邱歌謠』의 기록 가운데 金壽長이 77歲가 되던 해는

丙辰이 아닌 丙戌이므로 이는 잘못된 것이다. 다음 그의 字가 '君獻'으로 된『靑邱歌謠』를 비롯한『樂學拾零』과『大東詩選』이 있다. 그러나 板本인 『風謠續選』은 '君猷'되어 있어 '獻'과 '猷'의 차이가 있으니 年代가 가장 오랜『靑邱歌謠』를 비롯한 寫本과 張志淵의 편집으로 1918年에 新活字로 간행된『大東詩選』에서는 '君獻'으로, 閭巷人들이 편집하고 간행한『風謠 續選』에서는 '君猷'로 되어 있어 '君猷'를 '君獻'으로 잘못 轉寫한 것이 아 닌가 한다. 號도『大東詩選』에서 '巷隱'을 '菴隱'이라 한 것은 '巷'을 '菴' 으로 잘못 본 것이라 하겠다.

老歌齋의 跋文 가운데 "裒集古今作歌 群賢輩及名妓與無名氏 自製長短 歌百餘章 釐爲歌謠之際 得見金君君獻之作" 이라 한 것으로 미루어 老歌齋 는『海東歌謠』를 편집할 당시에 이미 金振泰의 작품을 蒐集하였음을 알겠 다. 그러나 이를 자기가 편집한 가집에 수록하지 않은 것은 自己보다 後進 에 속하는 사람들의 작품은 수록하지 않는다는 자기 나름대로의 어떤 原 則 때문에 별도로 가집을 편집할 경우에 수록하고자 따로 갈무리한 것이 아닌가 한다.

『靑邱歌謠』에 26首의 시조 작품이 수록되어 있고,『風謠續選』에 漢詩가 9首나 선발되어 수록되어 있으며, 金光翼과 더불어 '金蘭社'란 詩社를 만 들어 활동했으나 '古今唱歌諸氏'에는 들어 있지 않은 것으로 미루어 그는 唱曲家는 아니고 시조 작가이면서 漢詩 作家임에 틀림이 없다고 하겠다. 그의 시조 가운데

> 平生에 부럽씨는 글짓기 술먹기로다
> 李太白 劉伶 後에 詩酒風流 또 뉘런고
> 어즙어 我不同時를 不勝慨然 ᄒ여라.(靑邱 32)

를 보면 글짓기를 좋아했다고 한 것으로 미루어 그를 전문적인 作家로 보는 것이 타당하겠으며, 그의 漢詩 作品 '愛蓮堂聽琵琶'라는 七言絶句에

江東老妓雪渾頭　　學得琵琶四十秋
羽聲繞了商聲發　　幷是他鄉作客愁

라고 한 것을 보면 音樂에 대해서도 造詣가 깊었음을 알겠다.
『樂學拾零』에서 그가 "英宗朝 書吏"라고 한 것으로 미루어 老歌齋보다
는 나중에 書吏를 하였음을 알겠으나 唱曲에도 能했는지 알 수가 없다고
하겠다.

6) 文守彬

文守彬은『樂學拾零』의 目錄에 "字士章 肅宗朝 書吏" 라고 한 것으로
미루어 기록을 그대로 믿는다면 金振泰보다는 먼저 벼슬을 한 것이라 하
겠다. '古今唱歌諸氏'에 들어 있는 것으로 보아 唱曲에 能한 사람이었다고
하겠다. 작품이 1首밖에 없지만『靑邱歌謠』에 수록한 것으로 미루어 老歌
齋와는 交分이 있었던 것이라 생각된다.

7) 李德涵

李德涵에 대한 紀錄을 보면 다음과 같다.

1) 『樂學拾零』의 '作家 目錄'에 "李德涵 字 肅宗朝 吏"하고 하였다.

2) 『風謠續選』의 跋文에 "聖上二十一年 丁巳仲冬上浣 資憲大夫 前行知中
   樞府事 江陽李德涵跋"이라 되어 있는데 이는 正祖 21年(1797)에 해당
   한다.

3) 『風謠三選』卷 1에 "李德涵 字景浩 號 眞愚堂 江陽人"이라 하고 '偶吟'
   이란 五言絶句 1首가 수록되어 있다.

『樂學拾零』에서 李德涵을 소개한 것은 완전치 못하다. 沈載完은 벼슬이 '吏判'이라고 하였으나 분명 '吏判'은 아니고 '吏' 다음에 분명치 못한 한 字가 있을 뿐이지 '吏判'은 아니다. 짐작컨대 수록된 작품의 순서로 보아 '書吏'의 '書'字가 漏落된 것이 아닌가 한다.

『風謠續選』의 記名은 그의 身分이 분명 士大夫이고 老歌齋와는 적어도 한 世代 정도의 時代的 差異가 있으므로『樂學拾零』에서 肅宗朝에 활동한 인물이란 것과는 다른 사람으로 보아야 할 것이다.

『風謠三選』에 수록된 李德涵은 또 다른 人物이라 믿어진다. 왜냐하면 哲宗 8年(1857)에 이루어진『風謠三選』은『昭代風謠』나『風謠續選』에서 漏落된 것을 補充하는 拾遺의 성격을 가지고 있는 것이 아니기 때문에 여기에 수록된 사람은 분명 먼저 나온 時期 以後의 사람이라 믿어지기 때문이다.

이렇게 보면 李德涵은 肅宗朝 書吏를 지낸 사람으로 老歌齋보다는 後輩에 속하는 英祖朝 주로 활약한 인물이라 하겠다.

8) 金默壽

金默壽는 歌唱人 金聖垕의 아들로『樂學拾零』의 '作家 目錄'에 보면 "金默壽 字時慶 英宗朝 書吏"라고 하여 그가 書吏이며『靑邱歌謠』에 수록된 老歌齋의 跋文에서

> 始慶은 곧 故人 爾淑의 아들이다. 나이가 어리나 배운 바가 높고, 志氣가 豪邁하여 노래를 잘하고 글씨에도 能했다. 長短歌 6首는 音調 節腔이 極히 豪爽하여 내가 이로써 그를 사랑하고 존경한다.[4]

---

4) 右始慶者 卽故人爾淑之子也 年少學高 志氣豪邁 善歌 能筆法 長短歌六章 音調節腔 極其豪爽 吾以此愛敬焉 歲癸未流頭之節老歌齋書

라고 한 것처럼 金聖垕의 아들로 老歌齋보다는 적어도 한 世代의 後輩가 된다고 하겠다. 金聖垕는 '古今唱歌諸氏'에 들어 있는 사람으로 金默壽도 노래를 잘한다고 했으니 父子가 代를 이은 歌唱人이라 하겠다. 그의 字는 時慶이지만 문헌에 따라 始庚(古今唱歌諸氏) 혹은 時慶(六堂本『靑丘永言』)으로 되어 있으나 이는 모두 同音 異字로 같은 것이라 하겠다.

9) 金重說

金重說도 金默壽와 마찬가지로 父子가 代를 이은 歌唱人으로 '古今唱歌諸氏'에 들어 있는 金鼎熙의 아들이며 老歌齋보다는 한 世代 後輩의 歌客이다. 老歌齋는 그의 작품 3首를 얻고서

> 士淳은 곧 故人 金君 子彬의 아들이다. 어려서부터 聰明이 過人하고, 志氣가 豪雄하며, 거문고와 洞簫를 漁隱에게서 배웠으니 옛날의 여러 훌륭한 사람들과 名琴의 後輩라 하겠다. 山水之曲을 平羽調로부터 始作하여 여러 曲을 연주하니 雜草 가운데 蘭草요, 까마귀나 까치 가운데 鳳凰이라 하겠다. 내 비록 音律의 淸濁과 高下를 알지 못하나 조금은 풀이할 줄 아는 까닭에, 반드시 과장된 말은 아닐 것이다. 내가 歌譜를 고쳐 만들 때에 士淳이 지은 노래 3首를 얻어 보니 俗態는 다 숨고 仙跡에 눈이 밝아지니 어찌 기이하지 않겠는가? 士淳은 일찍 노래를 배우지 않았으나 唱의 연습으로 능히 唱을 부를 수가 있으니 예사로운 가락이 아니다. 사람은 젊어야 하고 노래는 나이가 들어서야 이루어지는 것이니, 그는 실로 塵埃間의 豪傑君子이다. 슬프다 世俗의 사람들은 慾心에 眩惑되고 物慾에 물들어 스스로 귀머거리나 장님이 되니 이 같은 사람이 있는 것을 알지 못하는 것이 진실로 慨歎스럽다.[5]

---

5) 右士淳 卽故人金君子彬之子也 幼聰明過人 意氣豪雄 琴聽於漁隱 洞簫於漁隱 古昔群賢名琴之後 山水之曲 初出平羽調 諸曲之彈 則叢草之幽蘭 烏鵲中鳳風 余雖不知音律 淸濁高下 小有解夢之致 故不必爲放過矣 余歌譜改修正時 得見士淳之短歌三章 則俗態沒隱 仙跡明眼 豈不奇哉 士淳曾無學歌唱習 而能唱非常之調 人則少年 歌則老成 實爲塵埃間豪傑君子也 噫 世俗之人 惑於慾 染於物 自成聾瞽 不知有此人 誠極慨然也 歲已丑杏花之節 八十翁老歌齋書

고 하였다. 漁隱에게서 琴과 洞簫를 배웠고, 그의 音樂的 素質은 雜草 가운데 蘭草처럼 또는 까막까치 가운데 鳳凰처럼 돋보일 정도로 뛰어났고 歌唱은 배우지 않고도 能히 노래를 부를 수 있을 정도로 훌륭했으나, 이같이 훌륭한 사람을 세상 사람들이 몰라주는 것은 아마도 그는 다른 사람들이 쉽게 하는 벼슬인 書吏정도의 직위도 같지 못하고 겨우 龍旗나 들고 다니는 사람에 지나지 못했기 때문에 불우하게 지낸 것이 아닌가 한다. 그에 대한 기록은 다음과 같다.

> 字士淳 號山水子 英宗朝 捧持(樂學拾零, 作家目錄)
> 字士淳 號山水子 英宗朝 龍旗捧持人(서울大本 樂府)
> 英宗朝 名琴(大東風雅)

10) 朴文郁

『靑邱歌謠』에 記名 作家로는 朴文郁의 작품이 마지막으로 수록되어 있다. 金重說 작품 뒤에 老歌齋의 跋文이 있고, 다음에 金斗性 記名이 작품이 수록되면서 끝에는 朴文郁 작품에 대한 老歌齋의 跋文이 수록되어 있어 누군가에 의해서 잘못 轉寫되었음을 알겠다.

老歌齋는 朴文郁의 作品 跋文을 보면 다음과 같다.

> 朴君 汝大는 곧 나의 故人이다. 내가 平生에 歌癖이 있던 까닭에 歌譜를 重修할 즈음에 汝大의 歌譜를 얻어 보니 뜻이 浩瀾하고 말이 純實하며 혹 노래가 慷慨하며 혹 노래가 淸秀하며 혹 노래가 虛浪하나 노래인즉 사람을 感發시키는 것이니 이 사람의 局量은 南溟의 끝이 없는 것 같았다. 슬프다 朴君의 處世는 가난하지만 資生에 能하지 못하여 가난에 뜻을 굽히지 않았다. 타고난 마음은 항상 平生의 豪華에 있으며 酒量이 큰 고래와 같으며 詩를 지으면 반드시 사람들을 警戒하는 詩句가 있으니 그는 참으로 이 세상에 豪傑君子이다. 지은 노래 가운데 僧尼交脚의 노래는 千古의 一談으로 내가 그를 敬亭山으로 相對한다.6)

　여기서 보면 老歌齋는 자기보다 한 살 年下인 金友奎 다음으로 朴文郁에 대해서 好意를 가지고 아낀 後輩인 듯하다. 僧尼交脚의 노래를 가지고 그를 敬亭山으로 相對하게 되었다는 것은 그 나름대로의 作品 評價 基準에 의해서 한 말이라 하더라도 이 작품을 극찬한 것은 이해하기가 어렵다고 하겠다.

　그의 身分도 老歌齋나 다른 작가들과 마찬가지로 書吏出身이니 다른 가집에 수록되어 있는 기록을 보면 다음과 같다.

<blockquote>
字汝大　英宗朝　書吏(樂學拾零　作家目錄)
字汝大　英宗朝吏(서울大本　樂府)
英祖時　名歌(大東風雅)
</blockquote>

11) 朴厚雄

　朴厚雄은 '古今唱歌諸氏'에 들어 있는 사람으로 수록된 순서로 보아서는 오히려 南坡나 老歌齋보다 먼저이다. 서울大本『樂府』를 비롯한 몇몇 가집에

<blockquote>
어흠 아 긔 뉘옵신고 건넌 佛堂에 動鈴僧이 내 올너니
홀居士 내 홀로 즈시는 방안에 므스 것 ᄒ랴 와 겨오신고
홀居士 내 노감토 버셔 거는 말겻틔 내 곡갈 버셔 걸너 왓노라.
　(樂學 848)
</blockquote>

　가 수록되어 있고, 가람本『靑丘永言』에는 해설이 붙어 있으니

---

6) 右朴君汝大　卽余故人也　余平生歌癖　故歌譜重修之際得見朴君汝大之譜　則意之浩瀾　言之純實　或歌慷慨　或歌淸秀　或歌虛浪　歌則使人感發　此人之局量　南溟之無涯　噫　朴君之處世　貧不能資生　而志不屈於貧　賦心長在於豪華平生　酒有巨鯨量　咏嘆必有警人句　此誠塵世間豪傑君子也　所述諸曲中　僧尼交脚之歌　千古一談　吾以此相對敬亭山　歲己丑杏花之節　八十翁老歌齋金壽長書

이 한 편의 노래는 지난 날 樂戲의 노래로 近者에 朴別將 後雄은 곧 옛
날 名唱 尙健의 아들이다. 黃鐘汰呂의 少商에 屬한 淸聲의 淸音으로 한 曲
을 지어서 管絃에 붙여 사람들의 耳目과 心志의 즐거움을 기쁘게 하였다.
世上의 豪傑들이 欽慕해서 膾炙하니 이것이 이른바 騷聳이다.[7]

이 노래는 이전부터 전해오는 '樂戲之曲'이고 이를 가지고 朴厚雄이 새
로운 노래를 특별히 지었다고 했는데, 이는 歌詞를 가리키는 것인지 아니
면 曲調를 가리키는 것인지가 분명치 않다. 여하간 '騷聳'이란 곡조는 朴
厚雄이 만들어 낸 것임은 틀림이 없다고 하겠다. 騷聳이란 곡조는 南坡의
珍本『靑丘永言』에는 없다가 老歌齋의 『海東歌謠』에서부터 나타나는 曲目
으로 미루어 적어도 英祖朝 初期에는 아직 발생하지 않았거나 아니면 流
行하지 않았으며, 老歌齋가 『海東歌謠』를 編할 때에는 騷聳이 있었고 더
나아가 '編騷聳'이 있는 것으로 미루어 英祖朝 後半에 와서야 流行하기 시
작한 곡조이며 朴厚雄이 만들었다는 것은 說得力 있는 것이라 하겠다.
　그런데, 그의 이름이 '古今唱歌諸氏'에나 『大東風雅』에는 '厚雄'으로 되
어 있고, 『歌曲源流』系 가집에서는 '後雄'으로 되어 있어 차이가 있으나
이는 아마도 同音 異字로 아마도 『歌曲源流』系 가집이 잘못이 아닌가 한
다. 또 『歌曲源流』系 가집에는

　　太公의 고기 낚던 낚더 긴 줄 믜여 압니혜 나려
　　銀鱗玉尺을 버들움에 쎄여 들고오니
　　杏花村 酒家에 모든 벗님네는 더듸 온다 ᄒ더라.(國歌 391)

를 朴厚雄의 작으로 하고 異本에 따라 다소의 차이가 있지만 지은이를
"字君弼 肅宗朝 同知 朝鮮名歌 界搔聳伊 出於此人"이란 간단한 解說이 있
어 가람本 『靑丘永言』의 내용과 일치한다.

───────────────

7) 此一篇 昔在樂戲之曲 而近者朴別將後雄 卽古名唱尙健之子 以淸音之淸聲 屬黃鐘汰呂
　少商也 一曲別作 付于管絃 悅人耳目心志之樂 世上豪傑 欽慕以膾炙矣 此所謂騷聳

그는 『歌曲源流』系 가집에서는 肅宗朝에 '同知'의 벼슬을 하였으며 가
람본 『靑丘永言』에서는 活動 年代는 없지만 '別將'이었다고 했으나, 『大東
風雅』에는 "英祖朝 名歌"라고 한 것으로 미루어 肅宗朝에 同知가 아닌 別
將의 官職을 가졌던 것이라 하겠다.

12) 權德重

權德重은 '古今唱歌諸氏'에 들어 있는 사람으로 字가 欽哉이며 그의 작
품이 『樂學拾零』에 1首 수록되어 있을 뿐 아무런 참고자료가 없다. '古今
唱歌諸氏'에 수록된 순서로 보아 英祖朝에 활약한 歌唱人이라 짐작된다.

13) 金兌瑞

金兌瑞는 金兌錫과 혹 同一人이 아닌가에 대해서 앞에서도 言及했지만
字가 다른 것으로 미루어 다른 各各 사람으로 보는 것이 妥當하리라 믿는
다. 그에 대한 參考資料는 없고 다만 '古今唱歌諸氏'에 이름이 들어 있을
뿐이며, 작품은 1首가 가람본 『靑丘永言』에 전한다.

14) 吳擎華

吳擎華는 작품이 수록된 가집에 따라 이름이 '吳擎華'나 '吳景化'로 字
도 '子亨'(歌曲源流) '子衡'(古今唱歌諸氏)으로 되어 있으나 『風謠三選』에
'對酒有感'이란 七絶이 1首 수록되어 있고 작자소개에 "擎華 字子馨 號瓊
叟 樂安人"으로 되어 있으니, 寫本보다는 板本이 더 信憑性이 있으므로 이
를 따르는 것이 타당하다고 하겠다.

그는 '古今唱歌諸氏'에 수록된 순서로 보아 英祖朝 後半에 활약한 歌唱
人이라 여겨지며 그를 소개한 것을 보면 다음과 같다.

　　　吳擎華　號瓊叟(六堂本　靑丘永言)
　　　吳景化　字子亨　東國名歌(歌曲源流　各本)
　　　吳景化　名歌　字子亨(協律大成,花源樂譜)

15) 李福玠

李福玠은 '古今唱歌諸氏'에 들어 있는 사람으로 字가 '興淑'이다. 六堂本『靑丘永言』에서 金默壽의 작품을 수록하고 記名을 그의 字인 金時慶으로하여 드믈게 本名이 아닌 字를 쓴 경우가 있다. 사실 여부를 확인 할 수 없지만 가람本『靑丘永言』에도 李興淑의 작품이 1首 수록되어 있는데 本名인지의 여부는 알 수 없다.

그는 '古今唱歌諸氏'의 순서로 보아 英祖朝의 歌唱人이라 하겠다.

3. 對象 作品의 檢討

1) 金壽長

老歌齋는 自編인『海東歌謠』(周氏本)의 序文에서 자신의 작품이 모두 149章이 된다고 하였으나, 그의 작품은『海東歌謠』(周氏本)을 비롯한 가집에 모두 129首가 전하고 있으니8), 현재로서는 20首가 不傳하는 셈이다.

그런데 老歌齋의 작품은 수록되어 있는 가집에 따라 字句가 달라진 것을 비롯해서 章이 달라진 것이 있는가 하면 작자가 달리 標記된 것, 다른 작품을 더 擴大시키거나 縮小시킨 것, 素材의 出處를 분명히 알수 있는 것들이 있으니 좀 더 구체적으로 고찰하면 다음과 같다.

---

8) 金壽長의 작품은 周氏本 海東歌謠에 118首, 朴氏本 海東歌謠에 4首, 靑邱歌謠에 3首, 서울大本 樂府에 2首, 洪氏本 靑丘永言과 가람本 靑丘永言에 各 1首가 전한다.

가) 字句나 章이 달라진 것

① 周海 462→ 朴海 299

初章 臨高臺ᄒ다 ᄒ고→ 絶頂에 오라다 ᄒ여

中章 雷霆大風에→ 雷霆 된 바람에

② 周海 498→ 朴海 300

中章 니 몸이 臣民이여→ 내 몸이 國民이라

③ 周海 560→ 박海 302

初,中,終章 商紂→ 傑紂

終章 後人 警戒홈이라→ 後世人을 勸홈이라

④ 周海 463→ 朴海 304

終章 어즙어 古聖人이 나오샤→ 어즈바 尼丘山 一人이

⑤ 周海 495→ 朴海 306

初章 功名에 눈쓰지 말며 富貴에 心動말아→ 公明도 貪치 마소 富貴도 부러 마소

中章 平生에 德을 닥그면 享福無彊하는이→ 天地間 千百萬事롤 되는 대로 ᄒ리라

⑥ 周海 488→ 朴海 307

中章 쓰건아 못쓰건아→ᄒ거나 못ᄒ거나

⑦ 周海 512→ 朴海 309

終章 온몸에 病된 일 업쓴이 그를 죠화 ᄒ노라→ 꿈ᄀᆺ튼 世界를 가지고 져다지 奔走홀줄이

⑧ 周海 494→ 朴海 310

初章 安貧을→貧賤을

終章 긔 올흔가 ᄒ노라→ 내 거신가 ᄒ노라

⑨ 周海 457→ 朴海 29

中章 堯天日月이→ 堯天舜日이

終章 德澤이 넙으ᄉ 즂여 ᄒ노라→萬花 ㅣ 方暢ᄒ니 太平인가 ᄒ노라

⑩ 周海 510→ 朴海 298

中章 籬下에 黃菊이오 案上에 玄琴이로다→ 花階에 곳이 피고 酒樽
에 술이 이세

終章 一卷歌譜는→ 靑丘永言이야

나) 他歌集에는 다른 作家로 表記된 것

① 周海 524→ 三家樂府(續樂府引17 - 8)

長城을 굿이 쓰고 阿房宮을 놉히 지여

金壽長→ 沈陜川鏞

② 周海 550→ 樂學拾零 1033

李譜 이 집을 叛하여 노새목에 金돈을 걸고

金壽長→ 李鼎輔

다) 一部가 달라졌으면서 他人의 作品으로 되어 있는 것

① 周海 524→ 珍靑 282, 金壽長→ 金天澤

長城을 굿이 쓰고 阿房宮을 놉히 지여

當年에 어린 뜻은 萬歲計를 ᄒ렷트니

어늬덧 陳迹이 되야 남 우일만 ᄒ도다.→

沃野千里 긴 담 안헤 阿房宮을 노피 짓고

當年에 어린 뜻은 萬歲計를 ᄒ려트니

어늬덧 陳迹이 되도다 긔 뉘 타슬 사므리.

② 周海 533→ 樂高 283, 金壽長→ 金天澤

시름을 쓰드러 너여 얽어미야 붓동혀셔

碧波江流에 풍덩 드릿쳐 띄워두면

自然이 東西漂泊ᄒ다가 절로 삭아질이라.→

시름을 쓰드러 너여 얽미여 붓동혀서

辟派江流에 돌안구아 여허 두고

아희야 큰 盞에 가득 부어 餞送ᄒ여 보늬여라.

③ 靑가 285→ 靑가 304, 金壽長→ 松伊

꼿보고 춤츄는 나뷔와 나뷔보고 방굿웃는 꼿치
져 思郎ᄒ기는 造化翁의 일이로다
우리의 思郎ᄒ기도 져 나뷔 져 꼿 갓도다.→

곳보고 춤츄는 나뷔와 나뷔보고 당싯 웃는 꼿치
져 두리 思郎은 節節이 오건마는
엇덧타 우리 王孫은 歸不歸을 ᄒ는고.

라) 이미 있었던 作品보다 달라지고 짧아진 것
　① 周海 543→ 珍靑 547, 金壽長→ 無名氏
　　바독이 검동이 靑揷沙里中에 죠 노랑 암키 갓치 얄믜오랴
　　뮈온 님 오면 반겨 너닷고 고은 님 오면 캉캉 지져 못오게 ᄒ다
　　門 밧긔 기장ᄉ 가거든 찬찬 동혀 주이리라. →

　　개를 여라믄이나 기르되 요개 ᄀᆺ치 얄믜오랴
　　뮈온 님 오며는 꼬리를 홰홰치며 쒀락 ᄂ리 쒀락 바겨서 내닷고 고
　　온님 오며는 뒷발을 버동버동 므르락나으락 캉캉 즈져셔 도라 가게
　　ᄒ다.
　　쉰밥이 그릇그릇 난들 너 머길줄이 이시랴.

　② 周海 531→ 珍靑 518, 金壽長→ 無名氏
　　눈섭은 그린 듯ᄒ고 닙은 丹砂로 직은 듯ᄒ다
　　날 보고 웃는 樣은 太陽이 照臨ᄒ듸 이슬 밋친 碧蓮花로다
　　네 父母 너 삼겨 너올쎄 날만 괴게 ᄒ도다.→

　　눈섭은 수나뷔 안즌 듯 닛바대는 박시 ᄭ 셰온 듯
　　날 보고 당싯 웃는 양은 三色桃花未開峰이 ᄒ롯밤 빗氣運에 반만
　　졀로 푄 形狀이로다
　　네 父母 너 삼겨 낼 적의 날만 괴라 삼기도다.

마) 他 歌集에 있는 것보다 길어지고 無名氏作으로 되어 있는것
　① 周海 549→樂學拾零 1008, 金壽長→無名氏
　　바독 걸쇠 갓치 얽은 놈아 졔발 비즈 물가의란 오지 말라
　　눈 큰 쥰치 헐이 긴 갈치 두룻쳐 메육이 츤츤 감을치 文魚의 아들

落蹄 넙치의 쫄 가잠이 비부른 올창이 공지 결레 만흔 권장이 孤獨
흔 비암장魚 집치 갓튼 고리와 바늘 갓흔 송스리 눈 긴 농게 입쟉은
瓶魚가 금을만 넉여 풀풀 씌여 다 달아나는듸 열업시 상긴 烏賊魚
둥기는듸 그 놈의 孫子 骨獨이 이쓰는듸 바소 갓튼 말검어리와 귀
纓子 갓튼 杖鼓아비는 암으란줄도 모르고 줏들만 흔다
암아도 너곳 겻틔 셧시면 곡이 못잡아 大事ㅣ로다.→

바둑바둑 뒤얼거진 놈아 졔발 비자 네게 니가의란 서지 마라
눈 큰 쥰치 헐이 긴 갈치 두루쳐 메오기 츤츤 가물치 부리 긴 공치
넙격흔 가잠이 등곱은 시오 결네 만흔 곤징이 그믈만 녀겨 풀풀 쒸
여 다 다라나는듸 열 업시 삼긴 오중어 둥긔난고나
眞實노 너곳 와 셔시량이면 고기 못잡아 大事ㅣ러라.

② 周海 566→樂學拾零 824, 金壽長→無名氏
   曹仁의 八門金鎖陣을 穎川 徐庶ㅣ 아돗던지
   趙雲을 귀에 다혀 生死門을 살펴라 挺槍出馬 나라들어 東面을 헷치
   는 듯 西面을 號令하고 南面을 줏치는 듯 北面 廝殺하는 趙子龍이
   한아 져분이로다
   一身이 豹의 머리 곰에 등에 일희 허리 진납의 팔에 白邊 업슨 純膽
   쩡이라 제 뉘라셔 當하리.→

   曹仁의 八門金鎖陣을 穎水 徐庶ㅣ 아돗던가
   百萬 軍中에 헙든느니 子龍이로다
   一身이 都是 膽이라 제 뉘라셔 當하리오.

③ 周海 555→ 樂學拾零 1105, 金壽長→ 無名氏
   숫적우리 고은 씨치마 민머리예 粉씬 민 閣氏
   엇그제 날 소기고 어듸가 또 눌을 소길려 하고
   夕陽에 곳柯枝 것거 쥐고 가는 허리를 즈늑즈늑 하는다.→

   靑치마 환영의 쫄년 紫的×—×
   ×—×기고 또 누를 마자 소기려 ×××—× 하느니.

바) 素材의 出處를 뚜렷이 알 수 있는 것

① 周海 560

琵琶琴瑟은 八大王이요 魑魅魍魎은 四小鬼로다

東方朔 西門豹와 南宮适 北宮黝는 東西南北之人이요 前朱雀 後玄武

와 左靑龍 右白虎는 前後左右之山이요 司馬相如 藺相如는 姓不相如

名相如로다

이 中에 黃絹幼婦 外孫杵臼는 絶妙好辭ㄴ가 ᄒ노라.

② 周海 565

長孫無忌 魏無忌는 古無忌요 今無忌로다

司馬相如 藺相如는 姓不相如 名相如로다

암아도 相如無忌니 그를 부러 ᄒ노라.

의 2首는 『旬五志』卷 上에 있는

又有一人 與牧隱 同姓名者 侵之曰 藺相如 司馬相如 名相如 姓不相如

牧隱 卽對曰 魏無忌 長孫無忌 古無忌 今亦無忌……

와

自昔 話使之往來 多以詩文之相娛 麗朝時 一天使出來 令館伴出對 館伴

曰 張良項羽 爭一傘 良曰陽傘 羽曰雨傘 天使得對曰 許由晁醋 爭一瓢 由曰

油瓢 醋曰醋瓢 又天使唐皐 令館伴出對 琴瑟琵琶 八大王 一般頭目 天使郎

曰 魑魅魍魎 四小鬼 各自肚腸 又一天使 出對曰 女子比肩 合作人間之好 有

者對曰 日月齊體 麗爲天上之明 又一天使 出對曰 東方朔 西門豹 南宮适 北

宮黝 東西南北之人 有者對曰 左靑龍 右白虎 前主作 後玄武 左右前後之山

天使稱善

을 時調化한 것이다.

③ 周海 536

이시름 져시름 여러 가지 시름 防牌鳶에 細細 成文ᄒ여

春正月 上元日에 西風이 고이 불쩨 올 白絲 ᄒ 얼레를 찾가지 풀어 씌

울 쎄 큰 盞에 술을 부어 마즘막 餞送ㅎ즈 둥게둥게 둥둥 쩌서 눕고 봅피
소스올나 白龍의 구븨갓치 굼틀뒤틀 뒤틀어져 굴음 속에 들거고나 東海바
다 건너가셔 외로이 셧는 남게 걸엇다가
　　風蕭蕭 雨落落홀쎄 自然 消滅 ㅎ여라.

는 『松江歌辭』(星州本)이나 『樂學拾零』에 松江 작품으로 전하고 있는

　　우리집 모든 익을 네 혼자 맛다이셔
　　人間의 디디마오 野樹의 걸렷다가
　　비오고 ᄇ람 분 날이어든 自然 消滅 ㅎ여라.(松星 70)

를 가져다 敷衍시켰음을 알겠다.

以上에서 老歌齋 작품에 대한 고찰을 통해 몇가지 사실을 抽出할 수 있
으니,

첫째, 老歌齋는 자기 작품을 부단히 推敲 하였음을 알겠으니, 단순히 字
句만이 아닌 章 全體를 바꾸는 경우도 있다.

둘재, 類似歌로 말미암은 작자 문제가 있으며,

셋째, 長時調에 있어서 傳來의 작품을 擴大하여 變形시킨 것이 있는가
하면 老歌齋 작품보다도 縮小된 것이 있으며,

넷째, 作品 素材의 出處를 뚜렷이 밝힐 수 있는 것이 있다는 점이다.

以上에서 문제가 되는 것은 類似歌의 경우 어느 정도의 類似를 가지고
作者를 決定하느냐 하는 것과 長時調의 경우 縮小하거나 擴大한 것을 어
떻게 다루어야 하느냐 하는 점이라 하겠다.

2) 金友奎

金友奎의 작품은 『靑邱歌謠』에 수록된 11首를 비롯하여 서울大本 『樂
府』, 洪氏本 『靑丘永言』, 가람本 『靑丘永言』, 『樂學拾零』 等에 重複을 除外

한 7首가 있어 모두 18首가 된다. 老歌齋의 가집 編纂 方式에 의해 자기보다 後輩에 해당하는 사람들의 작품은 『海東歌謠』에 수록하지 않았기 때문에 『海東歌謠』以後의 가집에만 작품이 수록되어 있지만 『靑邱歌謠』에 없는 작품이 洪氏本 『靑丘永言』이나 가람本 『靑丘永言』, 『樂學拾零』에만 수록되어 있는 것은 全部는 아니라도 몇 首의 작품은 老歌齋가 跋文을 쓴 以後의 작품으로 보아야 할 것이다. 서울大本 『樂府』에 수록된 순서가 『靑邱歌謠』와 같은 것으로 미루어 『靑邱歌謠』를 臺本으로 삼았다고 하겠다.

> 功名을 모르노라 江湖에 누어잇셔
> 蘋洲에 狎鷺ᄒ고 柳岸에 聞鶯이로다
> 씌씌로 往來漁笛은 나의 興을 돕는다.(靑邱 2)

는

> 江湖에 님지되니 이 몸이 閑暇롭다
> 蘋洲에 狎鷗ᄒ고 柳岸에 聞鶯홀제
> 夕陽에 고기 낙는 비는 오명가명 흔다.(靑가 274)

와 中章이 같은 것으로 別個의 작품이기는 하지만 轉寫의 잘못이거나 別個의 작품으로 처음부터 인식하고 있었던 것이 아닌가 한다.

> 벼 뷔여 쇠게 싯고 고기 잡아 아희 주며
> 이 소 네 모라다가 술을 몬져 걸너스라
> 아직은 醉흔 김에 흥치다가 가리라.(靑洪 240)

이 작품은 가집에 따라 終章이 "늘랑은 醉흔 김에 興치다가 가리라"(가람本 『靑丘永言』), "우리는 아직 醉흔 김에 興치다가 가리라"(六堂本 『靑丘永言』), "우리는 벗님늬 드리고 쉬엄쉬엄 가리라"(『東國歌辭』), "우리는 夕陽이 아직 머럿시니 興치다가 가리라'(『歌曲源流』)처럼 비교적 여러 가집에 수록된 작품은 가집에 따라 變改가 심하다.

3) 金兌錫

金兌錫의 작품은『靑邱歌謠』에 4首를 비롯하여『樂學拾零』에 6首 서울 大本『樂府』에 4首가 실려 있으나 重複을 제외하면 모두 6首가 전한다. 이 가운데『樂學拾零』에만 수록된 것이 2首인 것으로 미루어 金友奎와 마찬가지로 老歌齋의 跋文 以後에 새롭게 지은 작품이 있는 것으로 볼 수 있을 것이다.

6首 가운데 1首는 長時調로 가집에 따라 變改가 있으니

> 진넘어 쇠앗슬 두고 손뼉치며 애써 간이
> 말만흔 삿갓집의 헌덕셕 펼쳐 덥고 년놈이 흔듸 누어 얽지고
> 들어졌다. 이제는 얼이북이 叛奴軍에 들거곤아
> 두어라 모밀쩍에 두 杖鼓를 말려 무슴 ᄒ리요.(靑邱 15)

이『東國歌辭』와 六堂本『靑丘永言』에 약간 變改되어

> 재너머 쇠앗년 두고 손펵치며 울고 넘어가니
> 말만흔 草屋에 집덕셕 나노 덥고 년놈이 흔듸 누어 두 손목 마죠
> 덥셕듀ㅣ고 얽어져 트러졋네 이졔는 어림쟝이 발노군에 들거고나
> 두어라 모밀쩍에 두 杖鼓롤 시와 무슴 ᄒ리요(六靑 617)

와 같이 되어 있고, 다른 가집에는 약간의 차이가 있다. 또『歌曲源流』系 가집의 異本의 하나인『海東樂章』에 金兌錫의 작으로

> 玉樓紗窓 花柳中의 白馬金鞭 少年들아
> 긴노리 七絃琴과 笛 필이 長鼓 稔琴 알고 겨리 즑기나나 모르고 즑 기
> 나냐 調音體法을 날다려 뭇게 되면 玄妙흔 문리롤 낫낫치 니르리라
> 우리논 百年 三萬六千日의 이갓치 밤낫 즑기리라.(海樂 643)

이 있으나 이는 수록된 가집이나 순서로 보아 高宗朝의 金允錫의 잘못
이라고 하겠다.

4) 朴熙錫

朴熙錫은 이름이 『樂學拾零』에는 '朴凞瑞'로 서울大本 『樂府』에는 '朴
凞瑞'로 되어 있어 表記上 차이가 있으나 이는 『靑邱歌謠』에 수록되어 있
는 작품과 같은 것으로 미루어 同一人이라 믿어진다. 그의 작품은 『靑邱
歌謠』에 3首를 비롯해 『樂學拾零』에 3首, 서울大本 『樂府』에 1首, 가람本
『靑丘永言』에 1首가 수록되어 있는데, 重複을 除外하면 모두 6首가 된다.
이 가운데

> 言約이 느껴가니 碧桃花도 다 지거다
> 아츰에 우는 가치 有信타 ᄒ랴마는
> 그러나 鏡中娥眉를 다스려나 보리라.(樂學 562)

는 『樂學拾零』에만 朴凞瑞의 작품으로 되어 있고, 六堂本 『靑丘永言』이
나 『歌曲源流』系 가집에는 無名氏 作으로 되어 있다. 『樂學拾零』에서도
다른 2首와는 달리 有名氏 작품 맨 뒤에 1首를 拾遺하는 方式으로 수록한
것으로 미루어 혹 작자에 대한 信憑性이 의심되나 일단은 그의 작품으로
다루고자 한다.

5) 金振泰

金振泰의 작품은 南坡나 老歌齋를 除外한 閭巷人들 가운데 제일 많은
26首의 작품이 『靑邱歌謠』에 26首를 비롯해 『樂學拾零』에 7首, 서울大本
『樂府』에 6首 가 수록되어 있으나 서울大本 『樂府』나 『樂學拾零』에 수록

되어 있는 것은 모두 『靑邱歌謠』에 있는 것과 重複된다. 서울大本 『樂府』
에 수록되어 있는 6首는 수록된 순서가 『靑邱歌謠』에 수록된 순서와 같은
것으로 미루어 이를 臺本으로 삼았다고 하겠다.

> 淸風이 習習혼이 松聲이 泠泠ᄒ다
> 譜 업고 調 업쓰니 無絃琴이 절엇튼가
> 至今에 陶淵明 간 後ㅣ니 知音홀 재 업도다.(靑邱 30)

는 六堂本 『靑丘永言』에 수록되어 있는 유일한 작품인데 無名氏 作으로
되어 있다. 수록된 가집에 적은 것으로 보아 많이 알려지지 않았다고 하겠
으며, 長時調 작품은 없다.

6) 文守彬

文守彬의 작품은

> 淸泠浦 둘 붉은 밤에 어엿븐 우리 님금
> 孤身隻影이 어드러로 거신거고
> 碧山中 子規의 哀怨聲이 날을 절로 울린다.(靑邱 45)

이 유일한 작품으로 전하고 있다. 『靑邱歌謠』를 비롯한 『樂學拾零』과
서울大本 『樂府』, 가람本 『靑丘永言』에 수록되어 있는데 가람本 『靑丘永
言』에서는 작자를 '文壽彬'으로 표기하고 있다.

7) 李德涵

李德涵의 작품으로 현전하는 것은 모두 3首로 『靑邱歌謠』와 『樂學拾
零』에만 수록되어 있어 많이 알려지지 않았다고 하겠다. 『樂學拾零』에 수

록된 순서가 『靑邱歌謠』와 같은 것으로 미루어 이를 臺本으로 삼았다고
하겠다.

> 잇브면 줌을 들고 씨엿심면 글을 보새
> 글 보면 義理 잇고 줌들면 실음 닛에
> 百年을 일러틋ᄒ면 榮辱이 總浮雲인가 ᄒ노라.(靑邱 47)

는 終章이 字餘歌다.

8) 金默壽

金默壽의 작품은 모두 7首가 전하는데 3首는 長時調다. 六堂本『靑丘永
言』에서는 作家名을 이름 대신에 字인 '金時慶'으로 사용한 것이 異彩롭
다. 혹 六堂本『靑丘永言』의 編者는 金默壽와는 절친한 사이라 이름이 아
닌 字를 쓴 것이 아닌가 한다. 서울大本『樂府』에 수록된 3首는 순서가
『靑邱歌謠』와 같은 것으로 미루어 이를 臺本으로 삼은 듯하며, 『歌曲源
流』系 가집에는 5首가 수록되어 있으나 모두 無名氏 作으로 취급했다. 六
堂本『靑丘永言』에 수록된 5首는 曲調別로 수록하여 短形時調는 羽調 二數
大葉과 界面調 二數大葉에, 長時調는 各各 界面調 樂時調와 弄, 界樂에 수
록되어 있다.

> 님글인 膏肓之疾을 무슨 藥으로 곳쳐닐고
> 太上老君의 草還丹과 西王母의 千年蟠桃 眞元子의 人蔘菓와 十洲
> 　三山 不老草를 아모만 먹다 흘일쏜야
> 암아도 님을 만나봄면 흘일 法이 잇는이.(靑邱 54)

가 약간의 정도 차이가 있지만 六堂本『靑丘永言』과 『歌曲源流』系 가집
에는

> 님그려 깁히든 病을 무슴 藥으로 고쳐닐고
> 太上老君 草還丹과 西王母 千年蟠桃 落伽山 觀世音 甘露水와
> 晉元子의 人蔘菓며 三山 十洲 不死藥을 아무만 먹은들 하릴소냐
> 아마도 그리던 님을 만나량이면 그 良藥인가 ᄒ노라.(六靑 675)

와 같이 變改되었다. 長時調인 경우 變改가 심한 것은 일반적으로 中章
이며 『歌曲源流』系 가집의 내용이 六堂本『靑丘永言』과 같은 점으로 미루
어 이의 영향을 받았다고 하겠다.

> 鐵驄馬 타고 보라매 밧고 白羽長箭 허리에 씌고 千斤角弓
> 폴에 걸고
> 山 넘어 굴음 진아 쒱山行 가는 져 閑暇ᄒ 사름
> 우리도 聖恩을 갑파든 너를 좃차 놀리라.(靑邱 52)

의 作者가 『樂學拾零』에서 金光洙로 되어 있는데 金光洙는 『樂學拾零』
의 ‘作家 目錄’에 보면 이름 以外에 아무런 기록이 없는 것으로 『樂學拾
零』을 編할 當時에 金光洙는 姓名 以外에 參考할 만한 아무런 것도 없었
던 사람이었거나, 혹 金默壽의 잘못이 아닌가 한다.

9) 金重說

金重說의 작품은 모두 3首가 전하는데 『靑邱歌謠』와 『樂學拾零』, 서울
大本 『樂府』에 다같이 3首씩 수록되어 있고 순서도 같은 것으로 미루어
『靑邱歌謠』를 臺本으로 삼았다고 하겠다.

> 閒中에 홀로 안자 玄琴을 빗씨 안고
> 宮商 角徵羽를 주줄이 집헛시니
> 窓밧긔 엿든는 鶴이 우즘우즘 ᄒ더라.(靑邱 55)

는 위의 가집 外에 유일하게 『大東風雅』에 수록되어 있으면서 作者를 '金重悅'로 하였다.

10) 朴文郁

朴文郁의 작품은 短形時調 5首 長時調 12首 等 모두 17首가 『青邱歌謠』에 수록되어 있다. 短形時調 5首는 서울大本 『樂府』와 『樂學拾零』에도 『青邱歌謠』에 수록된 순서와 같은 순서로 되어 있어 이들 경우도 『青邱歌謠』를 臺本으로 하였다고 하겠다.

특이한 것은

> 나니 언제런지 어제런지 그제런지
> 月波亭 붉은 돌 아래 뉘짓 술에 醉ᄒ엿듯지
> 眞實로 먹엇실싸 먹은 집을 몰래라.(青邱 64)

가 『樂學拾零』에서 다른 朴文郁의 작품 4首 다음에 수록하고서도 作者名을 '朴師尚'으로 하고 있다는 점이다. 長時調 1首도 作者名을 朴師尚으로 한 것이 1首 있어 혹 朴文郁을 朴師尚으로 錯覺할 수도 있겠지만 '作家目錄'에서도 朴師尚과 朴文郁이 따로 있는 것을 보면 단순한 錯覺은 아니라고 하겠다. 이 작품은 가람本『青丘詠言』에서는 작자를 "金英淑 僉使"라고 하였으며, 『東歌選』에서는 作者 未詳이나

> 나니 언제런지 이리로셔 져리 갈제
> 月波亭 붉은 돌에 뉘집 술을 먹고간지
> 그곳에 岑花 놀니니 아모던줄 몰닉라.(東歌 21)

처럼 變改되어 있다.

長時調의 몇 首는 몇몇 가집에 수록되어 있으나 六堂本『青丘永言』이나

『歌曲源流』系 가집에는 無名氏 作으로 되어 있고

> 듕과 僧과 萬疊山中에 맛나 어드러로 가오 어드러로 오시는게
> 山 쪽코 물 좃흔듸 갈씨를 붓쳐보오 두 곳갈이 흔듸 다하 너픈
> 　너픈 ㅎ는 樣은 白牧丹 두 퍼귀가 春風에 휘듯는 듯
> 암아도 空山에 이 씰음은 중과 僧과 둘 쑨이라.(靑邱 74)

가 六堂本『靑丘永言』과 『歌曲源流』系 가집에는 無名氏 作으로 되어 있으면서 『樂學拾零』에서는

> 僧과 듕이 萬疊山 흔듸 만나 어듸러로 오오 어듸러로 가시는고
> 山 됴코 물 됴흔듸 놈 업시 둘이 맛나 곳갈씨름 ㅎ여보시 두 곳
> 　갈이 흔듸 덥퍼 너픈너픈 넘느는 양은 白牧丹 두퍼귀가 春風의
> 　휘듯는 듯
> 두어라 山中에 이 씨름은 兩 僧인가 ㅎ노라.(樂學 867)

와 같이 되어 있고 작자도 朴師尙으로 되어 있다. 六堂本『靑丘永言』과 『歌曲源流』系 가집에서는 中章과 終章이 "山 죠코 물 죠흔듸 白牧丹 두퍼귀가 春風에 興을 계워 흔들흔들 휘드러져 넘노는 듯 아마도 山中 씨름은 이쑌인가 ㅎ노라."로 되어 있어 두 가집과의 관계를 알 수 있다고 하겠다.

11) 朴厚雄

朴厚雄의 작품은 2首가 전하는데 1首는 一石本『海東歌謠』를 비롯한 몇몇 가집에서는 無名氏 作으로 되어 있으나 『歌曲源流』系 가집에서 朴厚雄의 作으로 되어 있고, 1首는 『大東風雅』에만 전하는 것으로 작자의 生存時代와는 너무 後代에 와서야 등장하는 것으로 미루어 작자의 信憑性이 문제가 될 餘地가 많다고 하겠다. 그가 '騷聳'이란 曲調를 만들어 냈다면 비록 그의 작품이란 표시는 없지만 "어흠 긔 뉘오신고……"하는 작품이

그의 작품일 可能性이 크다고 하겠다.

12) 權德重

權德重의 작품은 長時調 1首가 가람本『靑丘永言』에 수록되어 있는데
『樂學拾零』에 있는 作家 目錄에는 작가에 대한 아무런 解說도 없이 蔓橫
에 해당하는 曲目 아래 拾遺 형식으로 수록되어 있다.

13) 金兌瑞

金兌瑞의 작품은 1首가 가람本『靑丘永言』에 수록되어 있고, 그의 이름
은 '古今唱歌諸氏'에 들어 있다. 老歌齋보다는 상당히 後輩인 歌唱人으로
믿어진다. 金兌錫과 혹 同一人이 아닐까도 생각이 되나 字가 다른 것으로
미루어 아니라고 보는 것이 좋을 것이다.

14) 吳擎華

吳擎華의 작품은 3首가 六堂本『靑丘永言』에 수록되어 있으나 曲調別로
되어 있기 때문에 3首가 한 곳에 수록되어 있지는 않고, 2首는 旕時調 형
식이다.

> 南山에 鳳이 울고 北岳에 麒麟이 논다
> 堯天日月이 我東方에 붉가시니
> 아마도 唐虞世界룰 이어 본 듯 하여라.(六靑 501)

은 六堂本『靑丘永言』보다 먼저의 가집이라 생각되는『東國歌辭』에서는
終章이 "우리는 聖代逸民으로 醉코 놀녀 ᄒ노라"로 되어 있고『歌曲源流』
系 가집에서는 "우리도 聖主 뫼옵고 同樂昇平 ᄒ리라"로 되어 있어 終章

에 變改가 있다.

　다른 1首는 朴氏本『詩歌』에서는 無名氏 作으로 되어 있고,『歌曲源流』系 가집에서는 '吳景化'로 표기되어 있으나 같은 사람이라 생각된다.

　　무근 히 보닉올졔 시름 함긔 餞送ᄒ쟈
　　횐권모 콩仁絶味 쟈치술국 安酒에 氷燈에 불 발키고 精神치려
　　안즈시니
　　이윽고 四更둙 자초 울고 즈미衆 지나가니 식히 온가 ᄒ노라.

(六靑 707)

　는 가람本『靑丘詠言』에는 中章과 終章이 "횐擧撫 콩인絶味 즈치술국 안주에 水灯에 불붉히고 經新새랴 안져신제 져근덧 四更둙 쟈초 울고 慈米둥 지나가니 새희런가 ᄒ노라"로 되어 있어 대체로 長時調의 경우 中章의 먼저의 노래보다 보태어지거나 빠지는 등의 變改가 甚한 것을 볼 수가 있으며,『歌曲源流』系 가집에서는 작자가 李廷藎으로 되어 있다.

15) 李福衿

　李福衿은 '古今唱歌諸氏'에 吳擎華 다음에 들어 있는데 字가 '興淑'이다. 歌集에서 作家名을 이름 대신에 官職이나 雅號를 대신하는 경우가 종종 있으나, 字를 가져다 쓴 경우는 六堂本『靑丘永言』에서 金默壽를 이름 대신에 字를 써서 '金時慶'으로 표기된 경우와,『歌曲源流』系 가집의 몇몇에서 安玟英을 '安炯甫'로 표기한 경우가 없는 것은 아니지만 극히 드물다고 하겠다. 가람本『靑丘永言』에 李興淑으로 作家名이 표기된 작품이 1首 있어 혹 李福衿의 작품이 아닌가 하는 疑問을 가질 수 있다고 하겠다.

4. 作家別 作品 內容과 評價

1) 金壽長

　張福紹는『海東歌謠』跋文에서 老歌齋 작품에 대한 내용을 아주 明瞭하
게 밝혔다고 하겠으니, 跋文 가운데 "孝親忠君 守分安拙 淸淨愛菊 樂歌戲
歌"가 그것이다. 李泰極은「老歌齋 時調의 內容攷」란 論文에서 老歌齋의
長短時調 120首를 가지고 이를 短形時調 79首, 長時調 41首로 내용을 分
類하였으니 먼저 短形時調 79首의 내용을

① 戒心의 作品　　　13首
② 遊樂의 作品　　　9首
③ 歌琴生活의 作品　7首
④ 自適生活의 作品　5首
⑤ 守分安拙의 作品　5首
⑥ 愛物의 作品　　　5首
⑦ 忠言의 作品　　　5首
⑧ 勝地의 作品　　　3首
⑨ 命數의 作品　　　3首
⑩ 孝의 作品　　　　3首
⑪ 天地頌의 作品　　3首
⑫ 頌祝의 作品　　　2首
⑬ 君子節의 作品　　2首
⑭ 義理의 作品　　　2首
⑮ 先人推仰의 作品　2首
⑯ 世事歎의 作品　　2首
⑰ 歎老의 作品　　　1首
⑱ 長生類의 作品　　1首
⑲ 醉吟의 作品　　　1首
⑳ 貧居歎의 作品　　1首
㉑ 男女의 作品　　　1首

㉒ 無極道의 作品　　1首
㉓ 大學道의 作品　　1首
㉔ 和平의 作品　　　1首

와 같이 나누고, 長時調 41首는

① 男女의 作品　　　9首
② 仙人推仰의 作品　8首
③ 新船의 作品　　　4首
④ 戲弄調의 作品　　3首
⑤ 歌琴의 作品　　　2首
⑥ 民俗의 作品　　　2首
⑦ 太平의 作品　　　1首
⑧ 頌讚의 作品　　　1首
⑨ 雪憤의 作品　　　1首
⑩ 安分의 作品　　　1首
⑪ 忠의 作品　　　　1首
⑫ 天地頌의 作品　　1首
⑬ 諦念의 作品　　　1首
⑭ 遊樂의 作品　　　1首
⑮ 愛物의 作品　　　1首
⑯ 花讚의 作品　　　1首
⑰ 自己表現의 作品　1首
⑱ 바람타령　　　　　1首

로 나누고 다음과 같은 結論을 내렸다.

　이제 앞에서 밝힌 바 內容面을 長短時調를 合하여 살피면 다음과 같은
結果가 된다.
　短時調에서는
　戒心, 遊樂, 歌琴, 自適, 守分安拙, 愛物, 忠信의 作品이 各各 5首 以上
이나 있어 短時調 作品의 60%를 占有하고 있어 戒心하고 守分忠信하

는 生活과 歌琴遊樂하고 愛物自適하는 生活이 크게 읊어졌다. 이와는 反對로 長時調에서는 男女의 노래가 全作品의 20%로 第一 많고 다음이 先人推仰의 作品으로 되어 있다.9)

秦東赫도 老歌齋 작품의 내용을

① 懷古	20首	② 安貧	11首
③ 禁戒	11首	④ 遊興	10首
⑤ 道德	7首	⑥ 愛情	7首
⑦ 忠君	6首	⑧ 歎老	6首
⑨ 自然	6首	⑩ 音律	5首
⑪ 醉樂	5首	⑫ 天地頌	4首
⑬ 節序	3首	⑭ 孝道	3首
⑮ 神仙	3首	⑯ 太平	3首
⑰ 君子節	2首	⑱ 其他	5首

로 나누었다.10)

이렇게 보면 老歌齋의 작품 가운데 短形時調에서는 閭巷人的 취향의 성격을 가진 작품이 조금도 없이 兩班 士大夫들의 작품에서 볼 수 있는 내용들을 다룬 것들이지만 長時調에서는 人間의 本能的인 愛情問題를 다루는 等의 閭巷人的인 性格을 가진 작품이 나타났다고 하겠다.

時調의 내용을 分類함에 있어 分類者의 主觀에 따라 차이가 나는 것은 어쩌면 당연한 일인지도 모른다. 여기서는 長短時調의 구분 없이 徐元燮의 『時調文學硏究』의 分類基準에 의해서 내용을 분류해 보면 다음과 같다.

---

9) 李泰極, 『古典文學論攷』, pp.318~319, 322~323,328.
10) 秦東赫, 『古時調文學論』 pp.278~279.

<table>
<tr><td>① 感物敍景</td><td>17(8)首</td><td>② 懷抱述義</td><td>14(6)首</td></tr>
<tr><td>③ 古事懷古</td><td>14(7)首</td><td>④ 追慕讚頌</td><td>9(7)首</td></tr>
<tr><td>⑤ 敎誨警戒</td><td>8首</td><td>⑥ 人生行樂</td><td>7(1)首</td></tr>
<tr><td>⑦ 田家閑居</td><td>5(2)首</td><td>⑧ 學問修德</td><td>5首</td></tr>
<tr><td>⑨ 江湖閑情</td><td>4首</td><td>⑩ 事親孝道</td><td>4首</td></tr>
<tr><td>⑪ 綱常五倫</td><td>4首</td><td>⑫ 安貧樂道</td><td>4首</td></tr>
<tr><td>⑬ 寄托風流</td><td>3首</td><td>⑭ 飮酒醉樂</td><td>2(1)首</td></tr>
<tr><td>⑮ 憂國慨世</td><td>3(2)首</td><td>⑯ 四季節侯</td><td>3(1)首</td></tr>
<tr><td>⑰ 聖世逸民</td><td>3(1)首</td><td>⑱ 白髮嗟歎</td><td>2首</td></tr>
<tr><td>⑲ 守分安止</td><td>2首</td><td>⑳ 感激君恩</td><td>2首</td></tr>
<tr><td>㉑ 丈夫豪氣</td><td>2(1)首</td><td>㉒ 福壽頌祝</td><td>2(1)首</td></tr>
<tr><td>㉓ 好色貪花</td><td>(2)首</td><td>㉔ 逍遙遊覽</td><td>1首</td></tr>
<tr><td>㉕ 離別哀傷</td><td>1首</td><td>㉖ 空閨怨慕</td><td>1首</td></tr>
<tr><td>㉗ 人生無常</td><td>(1)首</td><td>㉘ 戀主忠君</td><td>1首</td></tr>
<tr><td>㉙ 戀慕相思</td><td>1首</td><td>㉚ 丹心忠節</td><td>1首</td></tr>
</table>

〔(　)속은 長時調임〕

와 같이 분류했는데 이를 다시 몇 가지의 내용으로 統合헤 본다면 다음
과 같다고 하겠다.

① 江湖中心的인 것 19首

田家閑居	5(2)首	聖世逸民	3(1)首
湖閑情	4首	安貧樂道	4首
守分知止	2首	逍遙遊覽	1首

② 感物懷抱的인 것　33首

感物敍景	17(8)首	懷抱述義	10首
四季節侯	3(2)首	白髮嗟歎	2首
人生無常	(1)首		

③ 敎誨的인 것　24首

敎誨警戒	8首	學問修德	5首
綱常五倫	4首	事親孝道	4首
寄托風流	3首		

④ 讚頌懷古的인 것　　25首

　　古事懷古　14(7)首　　　　追慕讚頌　9(7)首

　　福壽頌祝　2(1)首

⑤ 戀主的인 것　　9首

　　憂國慨世　3(2)首　　　　丈夫豪氣　2(1)首

　　感激君恩　2首　　　　　戀主忠君　1首

　　丹心忠節　1首

⑥ 醉樂的인 것　　10首

　　飮酒醉樂　3(1)首　　　　人生行樂　7(1)首

⑦ 愛情的인 것　　9首

　　懷抱述義　4(3)首　　　　好色貪花　(2)首

　　離別哀傷　1首　　　　　戀慕相思　1首

　　空閨怨慕　1首

(懷抱述義는 愛情的인 것과 단순히 懷抱만을 나타낸 것을 區分했음. 朴
氏本『海東歌謠』에만 나오는 것은 筆者의 主管에 의해서 分類했음)

以上에서 보면 그의 작품은 感物懷抱的인 것이 43首로 가장 많은 것을
비롯하여 讚頌懷古的인 것 40首, 敎誨的인 것 24首의 순으로 되어 있는데,
다시 이를 儒敎思想을 基調로 하는 것(敎誨, 讚頌, 懷古, 戀主) 58首, 江湖,
醉樂的인 것 28首라고 한다면 그의 작품은 2／3 以上이 儒敎的인 思想 밑
에서 兩班 士大夫들의 작품 주제와 같은 것들이며 진정한 의미의 閭巷人
의 성향을 보이는 작품은 없다고 하겠다. 그러나 問題가 없는 것은 아니
다. 가령 徐元燮이 感物敍景의 작품으로 分類한

간나희들이 여러 層이오레 松鶻미도 갓고 져비도 갓고
百花叢裡에 두루미도 갓고 綠水波瀾에 비오리도 갓고 짜히 펴 안즌
쇼로기도 갓고 석은 등걸에 부헝이도 갓데
그려도 다 각각 님의 ㅅ랑인이 皆一色인가 ㅎ노라.(周海 554)

는 男女의 관계로 다룬 李泰極의 主張을 따르는 것이 더 좋을 것으로

생각된다.

여하간 老歌齋는 長時調의 最多 作家로 알려져 있고, 그를 마치 閭巷 作家의 代辯者처럼 다루고 있지만 그의 작품 주제를 보면 閭巷人의 性向을 나타내는 작품은 예상보다 적음을 알 수 있다. 다만 그가 이렇게 評價받게 된 이유는 그의 작품 가운데 몇몇의 長時調가 지나치게 露骨的인 男女의 關係를 描寫했기 때문이다.

다음으로 그의 작품에 대한 評을 보면, 가람은

그는 前古에 없던 寫實的인 意識을 나타냄으로써 近朝末葉에 이른바 辭說時調의 稀貴한 作家였다. 平時調形에 있어서도 從來의 人生과 自然을 읊은 詩가 아니라 純然한 敍景詩를 읊었다.11)

고 했으며, 金思燁은

量으로는 前例가 없을만큼 많으나 內容價値에 있어서는 그다지 特出함이 없고 旣成作品의 再生版에 지나지 않는다. 그리고 作品이 好色 戲談的인 것에서 風格이 從來의 것보담은 一變하여 藝術的 芳馥이 薄弱한 作品을 마구 불러 버린 듯한 感을 자아내는 것이니, 그럼므로 그는 歌唱의 能手者, 歌集 撰者, 老歌齋라는 音樂硏究機關을 設置해서 後進을 指導했다는 點을 통해서 그의 業績을 높게 금놓을 수 있을지언정 作品面에서는 失敗하였다 하겠다.12)

고 하였고, 陶南은

그러나 그의 作品은 一言으로 말하면 量으로만 많았고 質로서는 그다지 뛰어남을 보지 못하겠으며, 그 中에는 더욱이 好色的 作品도 間間히 섞이여 도리어 그 人格을 低下케 하고 詩歌를 一種 諧談的 道具와 같이 여기게 된 것을 아무래도 作者에 대하여 好評의 거리가 되지 못할 듯하다.13)

---

11) 李秉岐, 白鐵, 『國文學全史』, p.146.
12) 金思燁, 改稿 『國文學史』, p.474.

고 하여, 그에 대한 評이 가람의 好評과는 달리 陶南과 金思燁은 나쁘게 評價를 하고 있다.

그러나, 近來에 와서 그의 작품은 再評價를 받고 있다고 하겠으니 鄭炳昱은 그의 論文「金壽長論」에서

이상으로써 작품을 통하여 본 김수장의 작가적 풍모를 살펴 보았거니와 그는 한 사람의 서민 출신의 가객으로서 낡은 양반들의 시가 세계를 도습하면서 한편으로는 서민의식에 의한 그네들의 생활 감정을 폭넓게 나타내는데 성공한 작가였다고 하겠다. 특히 표현 기교면에서 서구적 수법을 구사하여 시가사상에 새로운 면을 개척한 공을 높이 평가할 만한 일이라고 하겠다.14)

고 하였고, 李泰極도

以上과 같은 그의 作品特徵을 兩面으로 살폈는데 특히 老歌齋 作品에서 記憶해야 할 것은 앞에서도 언급했지만 寫實的인 表現手法이다. 비록 그것이 敍景的인 境地에서 벗어나지 못했다 하더라도 그러한 傾向과 意圖를 보여주었다는 點으로도 近代的인 作品表現의 先見이었다고 말할 수 있다.15)

고 하면서, 그의 작품이 寫實的임을 들어 이제까지의 評價와는 달리 그를 높이 評價했다.

老歌齋는 많지 않지만 長時調에서 獨自的인 愛情詩를 開拓했다는 讚辭를 받고 있기도 하지만, 內容이나 語辭로 보아 時調의 品位를 떨어뜨렸다는 主張에는 一理가 있다고 하겠다. 反面에 老歌齋十景이나 老歌齋를 經營하면서 지은 작품은 寫實性이 뛰어나고 歌樂을 生活化하면서 이를 지은

---

13) 趙潤濟, 『韓國詩歌史綱』, p.389.
14) 鄭炳昱, 『한국고전의 재인식』, p.141.
15) 李泰極, 前揭書, p.328.

것도 같은 範疇에 넣을 수 있다고 하겠다. 또 多樣한 素材와 技巧는 비록 長時調에 두드러진 현상이라 하더라도 作家的 力量을 높이 評價해야 할 것이다.

2) 金友奎

金友奎의 작품은 18首가 전하는데 老歌齋보다 1年 年下이며 그와는 다른 누구보다도 절친한 사이라 그런지는 몰라도 그의 작품은 『海東歌謠』 以後 가집에 비교적 많이 收錄되어 있는 셈이다. 그의 작품 主題는 대체로 多樣한 편이다. 작품 주제를 보면

①	江湖閑情	3首		②	感物敍景	3首
③	田家閑居	2首		④	白髮嗟歎	1首
⑤	尋訪招待	1首		⑥	守分知止	1首
⑦	人生行樂	1首		⑧	寄托風流	1首
⑨	古事懷古	1首		⑩	空閨怨慕	1首
⑪	戀慕相思	1首		⑫	懷抱述義	1首
⑬	飮酒醉樂	1首				

로 江湖閑情을 노래한 것이나 田家閑居, 感物敍景을 비롯하여 守分知止, 飮酒醉樂 등 田園에서 한가롭게 생활하는 모습을 볼 수 있으나, 男兒의 豪氣나 積極的인 모습이나 볼 수가 없다. 江湖의 閑情을 노래한

> 江湖에 비갠 後ㅣ니 水天이 흔빗친제
> 小艇에 술을 싯고 낙대 메고 날여간이
> 蘆花에 느니는 白鷗는 날을 보고 반긴다.(靑邱 6)

나 담배를 소재로 하여 지은

> 늙도록 有信키는 암아도 南草로다
> 秋夜長 月五更에 이 ㅈ튼 벗이 업다
> 암아도 내 마음 알리는 너 쑨인가 ㅎ노라.(靑邱 1)

를 보아도 多情多感한 抒情的인 面은 있으나 積極的인 것을 볼 수 없다. 老歌齋처럼 積極的인 男女 關係를 나타내는 것은 없지만 以前의 어느 知名 作家에서 볼 수 없었던

> 織女의 烏鵲橋를 어이 굴어 허러다가
> 우리 님 계신 곳에 것네노하 두고라자
> 咫尺이 千里 ㅈ튼이 그를 슬허 ㅎ노라.(靑邱 4)

> 처음에 모로듬면 모로고나 잇실쩌슬
> 어인 思郞이 싹남여 움돗든가
> 언제나 아 몸에 열음 열어 휘들거든 볼연요.(靑邱 5)

와 같이 비록 積極的인 것은 아니지만 空閨의 외로움이나 상대를 戀慕하는 내용의 작품을 남겼다.

그의 작품에 대한 評價는 老歌齋가 그의 작품에 대한 跋文에서 "辭旨竊實"이란 한마디로 評한 것 以外에는 없다. 물론 어느 작품을 보고 評價하는 것은 그 사람 나름의 어떤 기준이 있겠지만 老歌齋가 評한 金友奎의 작품은 생활에서 얻어진 체험을 作品化한 것이겠지만 어딘가 積極性이 缺如되고 現場感이 부족한 感이 있다고 하겠다.

3) 金兌錫

金兌錫의 작품 6首 가운데 1首는 長時調다. 그는 자신이 밝힌 것처럼

> 本性이 虛浪ㅎ야 世事에 뜻이 업셔

　　　忠孝事業을 일운 일이 비히 업다
　　　두어라 四時佳興에 남은 히나 보닌자.(靑邱 12)

고 하여 世事에 관심이 없고 보니 積極性을 가지고 할 일도 없고, 田家에서 한가롭게 살면서 江山이나 遊覽하고

　　　늙고 病든 몸이 功名에 뜻지 업서
　　　田廬에 도라오니 이 몸이 閑暇ᄒ다
　　　是非와 榮辱을 모르니 그를 죠화 ᄒ노라.(樂學 364)

와 같이 늙어서는 시골에 나려와 是非와 榮辱을 모르고 살겠다는 그의 노래로 보아 悠悠自適하는 생활을 하였으니, 老歌齋의 말처럼 경치를 좋아하고 벗들과 즐기는 아담한 운치를 지닌 사람이라 하겠다.

그러나 長時調 1首를 徐元燮은 주제를 비록 懷抱述義로 다루었으나 이는 積極的인 男女의 關係를 다룬 것으로 보는 것이 좋겠다.

그의 작품 주제는 다음과 같이 분류된다고 하겠다.

　　　① 田家閑居　　2首　　② 致仕歸田　　1首
　　　③ 人生行樂　　1首　　④ 逍遙遊覽　　1首
　　　⑤ 懷抱述義　　1首

4) 朴熙錫

朴熙錫의 작품의 主題는 5首 가운데 3首가 戀慕相思로 분류된다. 비록 몇 안 되는 작품이지만 從前의 주제들과는 판이한 것으로 男女間의 本能的인 愛情을 나타낸 것이라 하겠다. 戀慕의 情을 노래한 것은 다음과 같다.

　　　쇠꼬리 눌려슬아 柯枝 우희 울릴셰라
　　　계우 든 좀을 네 소리예 씰작이면

암아도 遼西一夢을 못 일울까 ᄒ노라.(靑邱 16)

殘灯은 耿耿ᄒ야 殘夢의 벗이 되여
楚國天涯에 님금이는 情이로다
둘지고 子規 긋첫신이 滿庭花落 쑌이로다.(靑邱 18)

言約이 느저가니 碧桃花도 다 지거다
아촘에 우는 가치 有信타 ᄒ랴마는
그러나 鏡中娥眉를 다스려나 보리라.(樂學 562)

5) 金振泰

金振泰는 老歌齋와 南坡 다음으로 閭巷人들 가운데는 作品數가 많은 26
首가『靑邱歌謠』에 수록되어 있다. 그는 漢詩에도 能해서『風謠續選』에
그의 詩가 수록되어 있다. 그의 작품 주제를 보면 다음과 같다.

①	感物敍景	11首	②	懷抱述義	5首
③	白髮嗟歎	2首	④	江湖閑情	2首
⑤	寄托風流	2首	⑥	丈夫豪氣	1首
⑦	田家閑居	1首	⑧	敎誨警戒	1首
⑨	守分知止	1首			

위의 分類가 과연 타당한가 하는 의문도 있지만 感物敍景과 懷抱述義를
노래한 것이 折半이 훨씬 넘는 것은 老歌齋가 말한 "뜻이 뛰어나고 노래
가 맑고 훌륭해 俗態에 물들지 아니함은 巫峽의 쓸쓸함과 같고 훌륭한 말
은 蓬萊와 瀛洲의 神仙의 말과 같다." 것과 부합된다고 하겠으나, 그는

平生에 부럽끼는 글짓기 술먹기로다
李太白 劉伶 後에 詩酒風流 또 뉘런고
어즙어 我不同時를 不勝慨然 ᄒ여라.(靑邱 32)

平生에 願흐기를 어의 일 무스 것고
鳳凰의 文章과 蜘蛛의 經綸이로다
너희는 쓸씌 업썬이 나를 준들 엇더리.(靑邱 39)

처럼 平生의 소원이 글짓기와 술먹기라고 한 것처럼 世事에는 관심이
적은 듯하나

지죄괴는 져 가마괴 암수를 어이 알며
지나는 져 구름에 비 올쏭말쏭 어이 알리
암아도 世事人情도 다 이런가 흐노라.(靑邱 43)

을 보면 世事의 어려움을 겪고 나서 다른 사람들에게 處世에 대해 勸戒
하는 것이며,

壁上에 걸린 칼이 보믜가 낫다말가
功 업시 늙어가니 俗節 업시 믄지노라
어즙어 丙子國恥를 씨서 볼가 흐노라.(靑邱 38)

는 豪氣를 부려보는 것이지만 어딘지 空虛하게 들린다. 그러면서도 벼
슬길에 나가지 못했음을 후회하는 듯한 느낌을 준다고 하겠다.

6) 文守彬

文守彬의 작품은 1首가 『靑邱歌謠』를 비롯한 가집에 전한다. 端宗의 哀
話가 서린 寧越 淸泠浦를 探訪하고 감격해서 지은 듯하다.

淸泠浦 둘 붉은 밤에 어엿븐 우리 님금
孤身隻影이 어드러로 거신거고
碧山中 子規의 哀怨聲이 날을 절로 울린다.(靑邱 45)

7) 李德涵

李德涵의 작품은 3首가『靑邱歌謠』와『樂學拾零』에 전한다. 田家에서
한가롭게 지내는 것을 주제로 한 것과 學問을 닦을 것을 권하는 것이 있
고, 혹 그의 체험을 나타낸 것이라 생각되는 것이 있다.

> 空庭에 吏退ㅎ고 印匣에 잇기 꼇다
> 太守政淸ㅎ니 詞訟이 아죠 업다
> 두어라 聽訟이 猶人흔들 無訟흠만 又트랴.(靑邱 48)

8) 金默壽

金默壽의 작품은『靑邱歌謠』에 6首가, 六堂本『靑丘永言』에 2首가 있어
모두 8首가 전하는데 3首는 長時調다. 그의 작품은 주제가 多樣해서 모두
가 다르니 주제를 보면 離別哀傷, 田家閑居, 憂國慨世, 古事懷古, 戀主忠
君, 戀慕相思, 感激君恩, 懷抱述義 等이다. 老歌齋는 그를 評해서 "나이는
어리나 배운 것이 높고 뜻이 豪邁하다"고 했으며 그의 노래는 "音調節腔
極其豪爽"이라 했다. 그의 말과 같이 그의 작품은 豪氣로운 맛이 있다고
하겠으니

> 鐵驄馬 타고 보라매 밧고 白羽長箭 허리에 찌고 千斤角弓 허리에 걸고
> 山 넘어 굴음 진아 쩡山行 가는 져 閑暇흔 사롬
> 우리도 聖恩을 갑파든 너를 좃차 놀리라.(靑邱 52)

> 蜀鏤釼 드는 칼 들고 白馬를 號令ㅎ야
> 吳江 潮頭로 밤마다 돌리는 뜻은
> 至今히 鴟夷憤氣를 못내 계워 흠이라.(靑邱 51)

를 보더라도 실제로 행동으로 옮기든 아니든 우선은 豪氣가 있고, 離別
을 슬퍼하는 다음의 노래도 誇張이 甚하다고 하겠다.

落葉聲 츤브름의 기러기 슬피 울지
夕陽江頭의 고은님 보니오니
釋迦와 老聃이 當흔들 아니 울고 어이리.(樂學 525)

9) 金重說

金重說의 작품은 3首가 전한다. 老歌齋는 그를 "어려서부터 聰明이 다른 사람들보다 뛰어나고 志氣가 豪雄하다." 고 했고, 그의 노래는 "俗態가 없고 神仙의 자취와 같아 눈이 밝아 오니 어찌 놀랍지 않은가"라고 했다. 노래와 퉁소를 漁隱에게서 배웠다고 했는데 그의 작품 주제는 江湖閑情을 노래한 것과 致仕歸田을 노래한 것뿐이다.

閑中에 홀로 안자 玄琴을 빗찌 안고
宮商角徵羽를 주줄이 집헛시니
窓밧긔 엿든는 鶴이 우즑우즑 ㅎ더라.(靑邱 55)

와 같이 歌琴을 즐기며 老歌齋가 말한 것처럼 세상 사람들이 욕심에 眩惑되고 物慾에 물들어 이런 사람이 있다는 것을 모르는 것을 한탄한다고 할 정도로 淸貧하게 산 사람이 아닌가 한다.

10) 朴文郁

朴文郁의 작품은 모두 17首가『靑邱歌謠』에 전해 오는데 이 가운데 12首가 長時調다. 知名 作家 가운데 老歌齋가 最多의 長時調 작가이나 작품 수에 비례하면 朴文郁을 제일의 長時調 작가로 꼽아야할 것이다. 그의 작품 주제를 보면

① 空閨怨慕　　3首　　② 飮酒醉樂　　2首
③ 離別哀傷　　2首　　④ 人生行樂　　1首

⑤ 懷抱述義　1首　　　⑥ 戀主忠君　1首
⑦ 逍遙遊覽　1首　　　⑧ 丈夫豪氣　1首
⑨ 敎誨警戒　1首　　　⑩ 追慕讚頌　1首
⑪ 白髮嗟歎　1首　　　⑫ 江湖閑情　1首
⑬ 好色貪花　1首

로 空閨怨慕나 離別哀傷, 好色貪花 等 閭巷人의 性向을 가진 작품은 모두 長時調다. 老歌齋가 그를 評하는 말 가운데 "뜻이 크고 넓고 말이 純實해 어떤 노래는 慷慨하고 어떤 노래는 맑고 깨끗하며 어떤 노래는 虛浪하다."고 했는데

十里埋伏 설이치고 돌 붉은 밤의
起飮帳中 別虞姬ᄒ고 鐵鞭을 놉히 들고 暗啞叱咤ᄒ이 烏騅馬
　ᄂ는 곳에 漢兵이 草芥로다
암아도 千不當萬不當은 楚伯王인가 ᄒ노라.(靑邱 70)

는 楚伯王을 讚頌하는 것이나 老歌齋가 말한 慷慨한 것으로 볼 수 있으며,

나니 언제런지 어제런지 그제런지
月波亭 붉은 돌아래 뉘짓 술에 醉ᄒ엿듯지
眞實로 먹엇실싸 먹은 집을 몰래라.(靑邱 64)

는 혹 맑고 깨끗한 것으로 볼 수 있겠다.

그러나 그의 眞面目은 아무래도 長時調에서 찾아 볼 수 있을 것이니, 老歌齋가 "吾以此相對敬亭山"이라 할 정도로 '千古一談'은 아무래도 '僧尼交脚之歌'이며

思郎思郎 庫庫히 미인 思郎 왼 바다홀 다 덥는 금을쳐로 미즌 思郎
往十里라 踏十里 춤윗너출이 얽어지고 틀어져셔 골골이 둘우 뒤트러진
　思郎

　　　암아도 이 님의 思郎은 ㄱ 업슨가 하노라.(靑邱 69)

도 그에 버금할 노래라 하겠다.

　　　窓밧긔 감아숫 막키라는 장스 離別나는 굼멍도 막키옵는가
　　　그 궁기 本來 물이 흐으매 自古로 英雄豪傑들도 知慧로 못 막앗꼬 허
　　　　믈며 西楚伯王의 힘으로도 能히 못 막앗신이 하우은 말 마오
　　　眞實로 장스의 말과 갓탈쩐대 長離別인가 ᄒ노라.(靑丘 65)

　　　내게는 怨讐 ㅣ가 업셔 개와 닭이 怨讐로다
　　　碧紗窓 깁픈 밤의 픔에 들어 자는 임을 자른 목 느르혀 홰홰쳐 울어 닐
　　　　어 가게 ᄒ고 寂寞重門에 왓는 님을 믈으락 나오락 캉캉 즈저 도로
　　　　가게 ᄒ니
　　　암아도 六月 流頭 百種前에 서러저 업씨 ᄒ리라.(靑邱 67)

는 이와 類似한 노래가 많이 있는 것으로 미루어 그의 創作이기보다는
一種의 變形으로 보는 것이 좋겠다.

11) 朴厚雄

　朴厚雄의 작품은 2首가 전하나 그가 활동한 시대보다 상당히 後代에 이
루어진 가집에서만 그의 이름이 등장하여 작자의 信憑性이 문제가 된다.
1首는 一石本『海東歌謠』를 비롯하여 六堂本『靑丘永言』에 이르기까지의
가집에서는 無名氏 作으로 되어 있으나『歌曲源流』系 가집에 와서 朴厚雄
의 作으로 되어 있고, 1首는『大東風雅』에서 처음으로 나오는 작품에 그
의 작품으로 되어 있다.

12) 權德重

　權德重의 작품은 1首가『樂學拾零』에 수록되어 있는데 長時調다.

歷山에 밧그르실시 百姓이 다 그을 辭讓ᄒ고
漁雷澤ᄒ실시 人皆讓居ᄒ고 陶河濱ᄒ실시 그릇시 기우트지 아넛ᄂ니
天下의 朝覲訟獄謳歌者의 브르는 聖德을 일노 좃ᄎ 알네라.(樂學 866)

13) 金兌瑞

金兌瑞의 작품은 1首가 가람本『靑丘永言』에 전한다. 혹 金兌錫과는 同一人이 아닌가 하는 疑心이 가지만 다른 사람으로 다룬다.

가노라 三角山아 보내노라 셜워 말아
聖上이 씨치시면 도라오기 쉬오려니
아마도 萬世洪恩을 갑파 보려 ᄒ노라.(靑가 286)

14) 吳擎華

吳擎華의 작품은 3首가 六堂本『靑丘永言』에 수록되어 있다. 이 가운데 2首는 長時調이다. 『風謠三選』卷 一에 七絶 '對酒有感' 1首가 수록되어 있는 것으로 미루어 漢詩에도 能했으리라 생각된다.

谷口泵 우는 소릐의 낫잠 씨여 니러보니
져근 아들 글 니루고 며느아기 뵈ᄯᆞᆫᄂᆞᄃᆡ 어린 孫子는 꼿노리ᄒᆫ다
뭇쵸아 지어미 술거로며 맛보라고 ᄒ더라.(六靑 681)

15) 李福玲

李福玲은 '古今唱歌諸氏'에 들어 있는데 字가 興淑이다. 가람本『靑丘永言』에 李興淑으로 記名된 작품이 1首 있어 일단은 이를 李福玲의 작품으로 보고자 한다.

黃河水 맑다더니 우리 王子 나시도다
壽域臣民 뉘 아니 欣悅ᄒ리
九重에 계오신 님은 萬壽無疆 ᄒ옵쇼셔.(靑가 521)

5. 作品의 性格

　南坡의 『靑丘永言』이 이루어진 以後 老歌齋가 『海東歌謠』 周氏本인 癸未本을 편찬하기까지의 35年이 지나는 동안 閭巷人들에게 커다란 변화가 왔다고 하겠다. 時調에 있어 南坡가 활동하던 시기에는 閭巷 時調人들의 求心點 역할을 할 수 있는 장소가 없었으나 老歌齋에 와서는 朴氏本 『海東歌謠』의 序文에 보면 序文을 쓴 곳이 정확히 어디인지는 몰라도 '觀德齋'라고 한 것으로 미루어 이곳이 그들의 所有 건물이든 아니든 간에 그래도 閭巷人들이 모여 노래부르고 時調를 지을 수 있는 장소가 되었을 것이다.

　英祖朝에 들어와 『靑邱歌謠』와 '古今唱歌諸氏' 가운데 시조 작품을 남긴 작가는 老歌齋를 포함하여 15人이나 된다. 비록 이들이 활동한 시기보다 後代에 나온 가집에 그들의 작품이라 하여 記名된 작품은 작자에 대한 信憑性의 문제가 없는 것은 아니지만 일단은 이를 그대로 受容하고 보면 그들이 남긴 작품은 모두 222首가 된다. 肅宗朝의 閭巷六人의 117首에 비하면 등장하는 作家數나 작품에 있어 倍가 증가한 셈이다.

　무엇보다도 달라진 것은 形式上의 특징이라 하겠으니, 英祖朝 以前에 兩班 士大夫의 作으로 심심찮게 長時調가 등장한 것이 있었지만 閭巷人의 작품으로 記名된 長時調는 老歌齋가 最初이자 最大의 作家이다. 以後 閭巷人들의 長時調는 꾸준히 增加勢를 보여 이들 작품 222首 가운데 長時調가 60首나 된다.

　작품의 主題를 보면 다음과 같다.

① 感物敍景	31(8)首	② 懷抱述義	20(9)首
③ 古事懷古	16(7)首	④ 田家閑居	13(3)首
⑤ 江湖閑情	13首	⑥ 追慕讚頌	9(9)
⑦ 敎誨警告	11首	⑧ 人生行樂	9(2)首
⑨ 飮酒醉樂	5(2)首	⑩ 學問修德	6首
⑪ 白髮嗟歎	6首	⑫ 寄托風流	6首
⑬ 戀慕相思	5(1)首	⑭ 聖世逸民	5(1)首
⑮ 憂國慨世	4(2)首	⑯ 丈夫豪氣	4(1)首
⑰ 四季節侯	3(2)首	⑱ 空閨怨慕	2(3)首
⑲ 福壽頌祝	3(1)首	⑳ 安貧樂道	4首
㉑ 守分知止	4首	㉒ 戀主忠君	3(1)首
㉓ 綱常五倫	4首	㉔ 事親孝道	4首
㉕ 離別哀傷	2(2)首	㉖ 感激君恩	2(1)首
㉗ 逍遙遊覽	2(1)首	㉘ 好色貪花	(3)首
㉙ 致仕歸田	2首	㉚ 丹心忠節	2首
㉛ 人生無常	1首	㉜ 尋訪招待	1首

( )속은 長時調임

이를 다시 몇 가지의 系統으로 나누어 보면

① 感物系 作品	54(19)首
② 江湖系 作品	44(5)首
③ 人倫敎誨系 作品	31首
④ 讚頌系 作品	28(17)首
⑤ 醉樂系 作品	14(4)首
⑥ 愛情系 作品	9(9)首
⑦ 戀主系 作品	5(2)首
⑧ 無常系 作品	6(1)首
⑨ 豪氣系 作品	4(1)首

와 같다고 하겠다. 肅宗朝 閭巷六人의 작품들과 비교해 보면 그들의 작품은 江湖系 작품을 위시해서 人倫敎誨系, 讚頌系, 醉樂系의 作品順이었는

데 비하여 이들의 작품은 江湖系나 人倫敎誨系, 讚頌系의 작품이 여전히 많은 것은 그들과 같으나 제일 많은 것이 感物系 작품이며, 두드러진 변화라면 愛情系 작품이 많아졌다는 점이다. 아직도 江湖系나 人倫敎誨系의 작품이 많다는 것은 閭巷人들의 작품 주제가 兩班 士大夫들의 작품에 亞流作인 듯한 느낌을 주기에 충분한 것이라 하겠으나, 感物系 작품이 제일 많다고 하는 것은 반대로 그만큼 자기네들의 主觀이 뚜렷해서 感情 表現이 個性的이라고 하겠다. 특히 閭巷人들의 性向을 가장 잘 나타낸 것이라고 볼 수 있는 哀情系의 작품이 肅宗朝의 작가들보다 증가했고 더구나 이들 작품의 절반이 長時調 형식이란 점을 勘案한다면 韻文에서 散文으로 바뀌는 문학에 있어서의 近代化 過程의 당연한 趨勢라 하더라도 以後에 長時調의 활발한 발달은 長時調의 융성시키는 契機가 되었다고 하겠다. 더구나 好色貪花를 주제로 하는 작품은 비록 3首밖에 안되지만 이런 작품에 대해 일종의 작품 實名制라고 할 수 있는 記名을 떳떳이 하게된 것은 아무리 그들의 身分이 閭巷人이라 하더라도 이런 변화를 받아들일 수 있도록 발전한 社會意識의 커다란 변천을 가져 왔다고 하겠다.

英祖朝 閭巷人들의 작품의 성격은 形式에 있어 長時調 작품의 두드러진 발전과, 內容에 있어 肅宗朝 작가들의 주제처럼 江湖系나 人倫敎誨系 작품이 여전히 많은 것은 사실이나 感物系의 작품이 제일 많다고 하는 것은 그만큼 個人의 主觀이 뚜렷하여 個性的인 표현이 하나의 특징이 된다고 하겠고, 閭巷人들의 性向을 잘 나타내는 哀情系 작품이, 그것도 長時調 작품으로 지어졌다는 것은 커다란 社會變遷의 意識改革에 副應하는 것이라 하겠다.

6. 老歌齋와 關聯 人物

　肅宗朝(1765～1720)에서 英祖朝(1725～1776)에 이르기까지는 1世紀가 조금 넘지만 이 사이에 閭巷人들 사이에 師弟關係나 翁婿關係를 맺은 사람이 있고, 父子가 다 歌唱人으로 활약한 경우도 있다. "古今唱歌諸氏"의 경우 金友奎는 朴尙健에게서, 金重說은 金聖器에게서 배웠다. 朴尙健과 朴厚雄, 金鼎熙와 金重說, 金聖垕와 金默壽는 父子間이다.

　여기서 老歌齋와 關聯 人物이라 함은 그가 編한 『海東歌謠』나 『靑邱歌謠』에 작품이 수록되어 있어 跋文을 썼거나 '古今唱歌諸氏'에 들어 있어 시조 작품을 남겼거나 하는 관계가 아니라 그의 가집에 跋文을 쓴 張福紹와,「老歌齋記」를 쓴 金時模와「贈老歌齋感君恩調」의 漢詩를 지은 金斗奎에 限하고자 한다.

1) 張福紹

　『海東歌謠』의 跋文을 쓴 張福紹에 대한 기록이 없어 그가 어떤 사람인지에 대해 밝혀진 것이 없다. 跋文에서 老歌齋를 '金君'으로 부른 것으로 미루어 그는 老歌齋보다 年上임에 틀림이 없다고 하겠다. 朴氏本 『海東歌謠』에 수록된 跋文과 周氏本 『海東歌謠』에 수록된 跋文은 다소간의 차이가 있어 周氏本의 것이 改作된 것임을 알겠다. 朴氏本의 跋文에서 年記를 "歲乙亥孟夏之初　張福紹書于十洲之觀德齋"라고　하여　乙亥年(英祖　31年 1755)에 十洲의 觀德齋에서 썼다고 했는데 이를 周氏本에서는 "歲乙亥孟夏芳草之節　社谷居士張福紹書于花谷老歌齋"하여　乙亥年　孟夏는 같으나 序文을 쓴 場所가 다르다. 老歌齋의 初號가 十洲여서 觀德齋란 老歌齋의 亭子일 가능성이 많으며 以後 英祖 36年 庚辰에 새로 정자를 짓고 이를 老歌齋로 命名했고, 同 39年에 『海東歌謠』를 다시 만들 때 跋文의 내용을 일부 改作하면서 社谷居士라는 號를 새로 썼고 場所도 老歌齋라 했다. 朴氏本에서 序文이 年記를 甲戌로 했다가(十洲書于甲戌之夏六) 周氏本에서는 癸未로 바꾸면서도(歲癸未春正月上澣 完山後人 七十四翁 老歌齋金壽長書) 張福紹의 跋文 年記를 그대로 둔 것은 意圖的인 配慮라기보다 失手로 修正을 하지 않은 것이 아닌가 한다.

2) 金時模

金時模는 『風謠續選』卷 三에 "字大有 號蒼麓 溢城人 有集一卷"라 하여 五絶 2首, 六絶 1首와 七律 2首 等 5首가 수록되어 있는 것으로 미루어 그는 閭巷詩人임이 틀림없다. 그는 老歌齋를 위해 새로 지은 亭子인 老歌齋의 「老歌齋記」를 썼으니

> 老歌란 것은 곧 堯임금 때의 擊壤의 曲이다. 나의 벗 金君 子平이 어려서부터 늙은이가 될 때까지 노래로 當代를 떨쳐 드디어는 老歌로 그 亭子의 이름을 삼았다. 每樣 달 밝은 밤이나 꽃피는 아침이면 白髮로 冊床에 기대어 長歌와 短唱을 멈추지 않아 그 소리가 간드러져서 金石을 뚫고 들보의 먼지를 날릴 만하니 슬프다. 이 어찌 밭을 갈아 먹고 우물을 파 마시니 임금의 고마움을 잊는다는 것과 같은 것이 아니겠는가? 하물며 이 벗은 生業에 힘쓰지 않고 집안이 본래 가난하여 항아리가 자주 비고 妻子가 굶주림에 시달리나 淡淡하니 그 뜻이 또한 가히 欽慕할 만하다. 庚辰年 가을에 花開洞 北麓에 조그만 亭子를 지으니 窓을 열고 앉으면 서쪽으로 寅王과 弼雲이 둘려 있고, 駱山의 琵亭에 이르기까지 木枕과 蒲團 위에 하나하나 드러내 보인다. 門을 열고 나서면 北에는 蓮臺를 따르는 구름이 있고, 南에는 蠶頭의 저녁놀을 가지니 朝夕의 優息이 이 老人의 生活에 境界를 긋지 않는 것이 없다. 곧 城市에서 편안한 삶과 불에 익힌 음식을 먹으며 사는 神仙의 모습이라 일컬어도 或 옳겠다. 노래는 十景을 얻어 그 사이 나를 맞아 글을 지어주기를 請하니 내가 곧 悠然이 일어나 옷깃을 바로 하고 두어 마디 말로 기록하고 律詩 2首를 지어서 나의 벗 老歌齋의 白雪陽春의 아래에 붙인다.16)

와 같다. 윗 글의 끝에서 말한 律詩 2首는 이것과 同時에 지은 것이니
이 글의 出典에 대해서는 陶南은 그의 『韓國詩歌史綱』에서

> 崔南善氏 藏本에는 本編 以外에 金友奎 以下 9人의 76首 및 無名氏의
> 1首와 老歌齋記며 漢詩 數編을 附載하고 "歲己丑夏鶯歌之節 完山人八十
> 翁老歌齋金壽長歌譜改正 書"라하여 其下에 老歌齋·子平·壽長의 3個 印
> 刻을 模寫한 것이 있다."[17]

고 하였으나 실제는 金三不 校注本의 註釋欄에 老歌齋記를 비롯하여 七
律二首[18], 贈老歌齋感君恩調[19], 老歌齋十景[20]이 있는데 沈載完은 一石本

---

16) '老歌齋記' "老歌者卽堯擊壤之曲也 吾友金君子平 自少至老 以歌名當世 遂以老歌名
其齋 每值月夕花朝則鶴髮烏几 不輟其長歌短唱 其聲裊裊 足可以透金石飛樑塵 噫 此
豈非樂耕鑿忘帝力之流也 況此友坐是而家素貧儋石屢空 妻子阻飢而淡如也 其志亦可尙
也 歲庚辰秋新葺茅茨壽橡於北麓之花開洞 拓窓而坐 則西自寅王弼雲逶迤 至於駱山琶
亭 一一來呈於木枕蒲團之上 開門而出 則北有蓮臺之歸雲 南把蠶頭之晚霞 朝夕堰仰
無非此老之活劃境界也 雖謂之城市 山林煙火神仙容 或可也 歌竟又得十景 其間 邀余
作文以記之 余卽悠然而起 整衿而坐 遂記數語 仍構二律付之吾友老歌齋白雪陽春之下"

17) 趙潤濟, 『韓國詩歌史綱』, p.387,8.

18) 七律二首
　　花谷高人白髮垂　　一生詠歌歲堯時
　　編茅纔補三橡屋　　隱几仍吟十景詩
　　東嶺月騰開戶急　　西樓鍾動閉門遲
　　簞瓢守分眞堪樂　　不羨塵寰富貴兒

　　老歌齋裡老人吟　　萬事悠悠付短琴
　　十景且輪茅屋至　　一塵那復木几侵
　　孤松鷺立西宮近　　空谷雲生北岳陰
　　嗎仰百年聊自適　　莫嘆浮世少知音
　　蒼麓病拙金大有時模稿

19) 贈老歌齋感君恩調
　　八耋老翁際聖時　　君歌擊壤我吟詩
　　佳辰又值鶯花爛　　壽域均蒙雨露私
　　陋巷簞瓢貧亦樂　　春風杖屨老猶奇
　　明朝擬向歸來洞　　在澗亭前有宿期
　　　金時模

에 수록되어 있다고 하면서 이를 『歷代時調全書』에 수록하고 있다.

「老歌齋記」에서 金時模가 老歌齋를 "吾友金君子平"이라 부른 것으로 미루어 아주 가까운 친구로 생각된다. 그에게는 『蒼麓遺稿』라는 文集이 있고 여기에 「贈老歌齋感君恩調」는 「贈金子平壽長」이란 題下에 수록되어 있는데 그 첫구가 "七耋衰翁際聖時"로 되어 있어 이는 처음 老歌齋에게 詩를 줄 때에는 "七耋衰翁"이었지만 老歌齋가 八十을 넘겨 살고 마침 歌譜를 修正할 때라 "八耋老翁"으로 改作한 것이라 생각된다.

3) 金斗奎

金斗奎도 金時模와 같은 時期의 사람으로 생각되나 자세한 것은 알려진 것이 없다. 老歌齋를 위해 律詩를 지었는데 이는 金時模의 漢詩 다음에 수록되어 있다.

白髮如緣兩鬂垂　　韶顔只似少年時
老妻擷萊克廚供　　稚子栽花相土宜
石榻論琴留客久　　林園聽鳥倒盃遲
縱歌日日心无繫　　七十人間好男兒
　　松溪病翁金君瑞斗奎次

七十風塵只苦吟　　短節隨處不離琴
脚輕自適朱車隱　　頭禿何愁素髮侵
月白高歌臨水畔　　花紅沈醉臥山陰
千秋擊壤者誰子　　獨爾能傳古老音
　　歲己丑夏鶯歌之節 完山人八十翁老歌齋歌譜改正 書

20) 老歌齋十景
東嶺皓月 西岑落照 南樓鳴鍾 北岳淸風 慶會松林 往來白鷺 寅峰朝霞 遠村暮烟 滿谷花香 自歌友琴

7. 小 結

　老歌齋가 中心 人物이었던 英祖朝 閭巷人들의 時調는 아무래도 老歌齋
의 影響力이 컸을 것이라 짐작된다.『靑邱歌謠』에 작품이 수록된 사람들
은 金斗性을 除外하고는 모두 閭巷人들이며, '古今唱歌諸氏'는 許珽을 비
롯해 李廷燮과 兪學中은 閭巷人이 아닌 士大夫 出身들이다.

　肅宗朝의 朱義植과 金裕器는 各各『昭代風謠』와『風謠續選』에 漢詩가
실려 있고 비록 時調 작품이 없다고 하더라도 卓柱漢도『昭代風謠』에 漢
詩가 있고, '古今唱歌諸氏' 가운데『風謠續選』이나『風謠三選』에 漢詩가
수록된 金振泰나, 金匡鉉, 吳擎華가 있는 점으로 미루어 歌唱人들도 漢詩
에 대한 素養이 있었다고 하겠다. '古今唱歌諸氏' 가운데 시조 작품을 가
지고 있는 사람은 許珽을 비롯해서 張炫, 金裕器, 李廷燮, 朴厚雄, 金天澤,
金壽長, 金友奎, 文守彬, 朴文郁, 金兌瑞, 權德重, 金重說, 金默壽, 吳擎華,
李福衿 等이니 歌唱人들도 時調를 짓는 것은 어쩌면 당연한 것으로 생각
했는지도 모르겠다. 歌唱人들이 늘어나고 노래가 多樣해지며 時代趨勢가
韻文文學에서 散文文學으로 바뀌어 가는 때라 長時調의 창작이란 것이 必
然한 것이고, 內容에 있어서도 前時代 兩班 士大夫들의 吟風弄月的인 것
이나 江湖閑情的이고 人倫敎誨的인 것이 하루아침에 바뀔 수는 없다고 하
더라도 感物敍景的인 것이나, 많지는 아니하나 愛情的인 것이 增加하는
것으로 보아 閭巷時調는 英祖朝에 와서야 本格的인 발전이 이루어졌다고
하겠다.

第三節・第3期의 時調

1. 時代 槪觀

　黨爭은 백성들에게 커다란 피해를 준 것은 사실이지만 그에 비례해서 王室에도 커다란 영향을 미쳤으니, 英祖의 王位 繼承과 관련된 景宗과의 갈등은 英祖朝에도 계속되어 父子間의 갈등은 마침내 자식의 생명까지도 앗아갔다. 思悼世子(1735~1762)의 죽음이 가져온 後遺症은 마침내는 正祖의 王位 繼承과 관련하여 思悼世子의 죽음을 正當化하여 正祖(1752~1800)의 卽位마저 위협했던 僻派와 正祖의 卽位를 擁護했던 時派와의 분쟁으로 이어져 卽位 이듬해에는 그를 弑害하고 恩全君 示贊을 推戴하려다 발각된 洪相範 一黨을 誅殺하는 사건이 발생 하였다.

　正祖는 英祖 52年(1776) 3月에 卽位하여 우선 그의 登極에 반대했던 僻派의 일당을 몰아내고 政權의 안정을 위해 洪國榮을 기용했으나 왕의 寵愛를 憑藉하여 橫暴를 恣行하고 세력 유지를 위해 王統을 바꾸려 하자 訓練大將에 起用했던 그를 1780年에 田里에 放逐하고 英祖의 뜻을 이은 蕩平策으로 一貫하였다. 卽位하던 해에 奎章閣을 설치하여 歷代 書籍을 보관하고 世孫 때부터 관심을 가져온 活字를 다시 만들어 印刷術의 발달을 꾀했고, 서적 편찬에도 힘써『增補東國文獻備考』『國朝寶鑑』『大典通編』『兵學通』等을 刊行했고, 자신의 문집인『弘齋全書』도 완성했다. 효성이 지극한 그는 卽位하면서 養父인 孝章世子를 眞宗으로 追尊하고 生父인 思悼世子도 莊獻世子라 改謚하고 追尊하였으며 나중에는 墓도 水原으로 옮기고 水原城을 새로 쌓고 遷都할 마음까지 먹는다.

　天主敎의 傳來로 인한 葛藤이 계속 이어져 1783年에 李承薰이 冬至使의 書狀官인 아버지를 따라 北京에 가서 天主敎의 洗禮를 받고 귀국하면서 西敎에 관한 冊 數種을 가져와 敎會를 設立 主日미사와 領洗를 行하며 傳道하자 1785年에 西學의 獄이 일어났고, 마침내는 1791年에 珍山의 尹持忠이 어머니가 죽어도 天主敎 儀式에 따라 魂帛과 位牌를 廢하고 祭祀를 지키지 않는 等 이른바 珍山事件이 일어나 그를 處刑하고 以後 西洋書의 家藏을 禁하는 令을 내려 天主敎의 迫害가 일어났다.

正祖는 南人을 기용하여 傳來의 朱子學에서 벗어나 實學의 學風을 발전시켜 利用厚生에 힘써 英祖에 이은 朝鮮朝 後期 文化의 黃金時代를 이룩했다.

正祖의 第 一男인 文孝世子가 죽은 後에 태어난 純祖(1790~1834)는 11歲의 어린 나이로 卽位하여 英祖 繼妃인 貞純大妃의 垂簾聽政으로 시작된 在任 期間(1800~1834)에 우선 天主敎徒의 迫害인 辛酉迫害(1801), 乙亥迫害(1815) 等으로 天主敎徒들이 많았던 南人들의 受難이 이어졌고, 1803年 平壤과 咸興의 大火를 비롯해서 1811年 藝文館 燒失로 實錄이 불에 타고 1824年에는 昌德宮 慶福殿의 火災와 1830年 歡慶殿의 火災에 이르기까지 많은 火災가 발생했으며 1804年 關西秘記 事件을 비롯해 많은 秘記와 讖說이 流行해 民心이 洶洶하고 마침내는 1826年에 淸州에 정부를 誹謗하는 掛書 事件이 일어나자 淸州牧을 西原縣으로 降等시켰다. 또 1812年에는 朝鮮朝 最大의 民亂인 洪景來亂을 비롯해 1813年에는 濟州 土豪 梁濟海의 謀反 事件이, 1817年에는 柳在七, 洪燦模 等의 凶書 事件이 일어나는 等 民亂이 계속되었다. 여기에 1817年의 三南地方의 水災는 以後 1829年의 咸鏡道 水災에 이르기까지 10年 가까이를 洪水에 시달렸고, 1822年 輪疾의 熾蔓으로 始作된 疾病은 1834年에까지 계속되어 純祖의 在位期間은 그야말로 天災地變과 疾病의 連續이었다.

거기다가 純祖의 丈人인 金祖淳으로 시작된 安東 金氏의 勢道政治는 三政의 紊亂으로 이어졌고, 苛酷한 稅金과 계속되는 凶年으로 말미암아 農民들은 굶어 죽거나 流民이 되어 流浪民이나 盜賊이 되어서 火賊이 되고

水賊이 되었다.

　　肅宗朝에는 南坡가, 英祖朝에는 老歌齋와 같은 뛰어난 시조 작가가 있어서 시조의 창작은 물론 各各『靑丘永言』과『海東歌謠』와 같은 가집을 편찬하고 歌壇을 이끌어 가는 指導力을 발휘하여 老歌齋의 경우 委巷漢詩人들의 모임인 結社는 아니라 하더라도 '老歌齋歌壇'이라 불러도 좋을 老歌齋를 經營하여 시조 발전에 至大한 貢獻을 하였음은 主知의 사실이다. 이처럼 老歌齋 死後에는 시조의 창작에 있어 特出한 작가도 없었고, 歌壇을 이끌어 나갈 指導者도 없었다. 그러나, 漢文學에 있어서는 閭巷文學을 代辯할 수 있는 同好人들의 모임인 詩社를 중심으로 활발한 활동이 계속되어 英祖 13年(1737)에『昭代風謠』가 이루어진 以後 60年을 週期로 正祖 21年(1797)에『風謠續選』이 哲宗 8年(1857)에는『風謠三選』으로 계속되지만 시조는 前代로부터 盛行하기 시작한 唱曲의 발달로 歌詞의 창작보다는 唱曲의 방향으로 나가게 되었다.

　　陶南은 그의 저서『韓國詩歌史綱』에서 景宗朝에서 正祖朝에 이르는 80餘年間을 詩歌撰集時代라 부르고 純祖朝에서 大韓帝國 末年에 이르는 60餘年間은 위의 두 時代에 걸치기는 하지만 創作보다는 歌唱의 方向으로 흘렀다고 하겠다고 말하고 있다. 陶南은 純祖朝 以後를

　　　金天澤 金壽長이 나서 敬亭山歌壇이 생기고 一時는 平民文學이 勃興하랴 하는 氣勢를 보이었으나, 그에 모이는 所謂 歌人 歌客들이라는 이가 大槪 基礎素養이 不足하고 空然히 實際 歌唱만을 위주로 한 關係上 結局은 兩 金氏의 事業을 繼承하는 이가 없고 오히려 그것이 더욱더 將來에 唱曲을 旺盛케 하는 結果를 이루었다. 이것은 敬亭山時代의 그 當時에도 벌써 그러한 傾向이 어느 程度까지 보이었으나, 金壽長 死後는 一定한 指導者가 없고 歌人 歌客들은 들에 뛰어나온 群羊과 같이 相互 連絡을 잃고 創作의 刺戟이 永滅하야 다만 從來의 作品을 多幸삼아 唱曲 一方에 나아갔다. 따라서 英正時代를 넘은 詩歌界는 寂寞한 그것이었고 唱曲만이 漸漸 旺盛하여졌다.[1]

고 하여 唱曲의 발달과 時調界를 이끌어 갈 指導者가 없어 결국은 唱曲만이 盛行했다고 하였다. 이러한 사실은 이미 英祖朝부터 있어온 것으로 생각된다. 周氏本『海東歌謠』뒤에 붙어 있는 '古今唱歌諸氏'의 目錄을 보아도 시조 작품이 없는 사람이 대부분인 것으로 미루어 벌써부터 시조의 創作보다도 歌唱에 더 관심이 많았음을 말하여 주는 것이라 하겠다.『海東歌謠』以後에 가집의 편찬은 계속되지만 뛰어난 작가도 없고 작품을 발표한 작가도, 새로운 작품수도 많지 않다.

政治的으로나 社會 經濟 等 모든 면에서 時代區分을 함에 있어 英祖朝와 正祖朝를 나누는 것보다 英正祖朝를 같이 다루고 純祖朝 以後를 따로 다루는 것이 대체적인 傾向이나 시조에 있어서는 英祖朝의 老歌齋를 중심으로 한『海東歌謠』時代 以後 正祖・純祖의 약 60年間은 老歌齋 以後 高宗朝의『歌曲源流』가 이루어지기까지의 橋梁的 役割을 한 時期로 前代에 이어 가집의 편찬은 계속되어 시조의 정리 작업은 꾸준히 이어 갔지만 새로운 작품을 창작하거나 하는 氣風은 없었다. 時調界를 이끌어 갈 뚜렷한 指導者가 없었기 때문에 창작은 부진했다. 歌唱만이 더욱 발전하여 창작이 부진한 반면에 唱曲이 크게 盛行한 時期라 하겠다.

2. 作家의 檢討와 作家論

沈載完은 그의『時調의 文獻的研究』에서 시조 작가 367名을 生沒年代나 王朝가 분명한 인물 298名과 시대별로 확인이 불가능한 인물 69名을 구분하여 밝히고 있다.[2]

그는 英祖朝의 작가로는 朴明源(1726~1790)을 비롯하여 24人을 들고

---

1) 趙潤濟, 前揭書, p.415.
2) 沈載完,『時調의 文獻的研究』, p.262.

있으며 正祖朝의 작가로는 白景炫(1792~?)를 비롯하여 奇正鎭(1798~
1876), 金鎮의 3人을, 純祖朝의 작가로는 金汶根(1801~1863)을 비롯한 6
人을 들고 있다.

正祖·純祖朝의 작가로 다루고자 하는 대상 작가는 비록 가집에 英祖朝
의 작가로 明示되어 있다고 하더라도 老歌齋의『海東歌謠』나『靑邱歌謠』
및 周氏本『海東歌謠』의 卷末에 있는 '古今唱歌諸氏'에 작품이 없으면 그
가 英祖朝에 활동한 사람이라 되어 있더라도 이는 분명 그의 활동 시기가
英祖朝가 아닌 正祖朝로 보는 것이 妥當하리라 생각된다. 庾世信의 경우
『樂學拾零』에서 英祖朝 작가로 표시되어 있으나『海東歌謠』나『靑邱歌
謠』에도 작품이 수록되어 있지도 않고 '古今唱歌諸氏'에도 들어 있지 않
은 것으로 미루어 正祖祖에 이르러 활동한 작가가 아닌가 한다.

『樂學拾零』의 作家 目錄을 보면 中間部分 以後에 金友奎 以下에 閭巷人
작가와 閭巷人으로 여겨지는 作家들이 士大夫 作家와 混載되어 있으며 目
錄의 내용과 본문과는 일치하지 않는다. 閭巷人 作家와 閭巷人으로 推定
되는 작가의 작품이 수록된 사람은 金友奎를 비롯하여 金尙得, 朱義植, 金
聖器, 金兌錫, 文守彬, 李德涵, 朴熙瑞, 朴俊漢, 權德重, 朴道淳, 金天澤, 朴
師尙, 趙應賢, 金光洙, 金重說, 金振泰, 金壽長, 朴文郁, 金默壽, 金裕器, 庾
世信 等이 있다.

이 가운데 英祖朝 以後의 작가로 생각되는 작가는 金尙得, 朴俊漢, 朴道
淳, 朴師尙, 趙應賢, 金光洙 庾世信의 7人인데 朴師尙의 2首와 金光洙의 1
首는 各各 朴文郁과 金默洙의 작품과 동일한 것이어서 혹 編者가 잘못 알
고 있는 것이 아니면 同人異名이 아닌가 한다.

六堂本『靑丘永言』에는 새로 申喜文, 李廷鎭, 金鎮, 鄭壽慶, 金致羽, 吳擎
化, 金時慶이 閭巷 作家로 등장하고 있다. 吳擎化는 '古今唱歌諸氏'에 나
오는 吳擎華와 同一人이라 생각된다. 비록 작품이 六堂本『靑丘永言』에 수
록되어 있으나 英祖朝의 작가로 보아야 할 것이며, 金時慶은『靑邱歌謠』

에 작품이 수록된 金默壽의 字가 時慶인데 이는 金默壽와 同一人이다.

『東歌選』은 編者와 編纂年代가 알려지지 않은 234首의 작품을 수록한 寫本으로 전하고 있는 가집이다. 그러나 이 가집은 曲調別 作家別로 편집하고 각 작품의 末尾에는 내용에 따라 28種의 구분을 하고 있는데, 二數大葉의 無名氏 작품 가운데 白景炫과 金鼎禹의 작품이 各各 9首와 1首가 수록되어 있는 이상한 편집으로 되어 있어 編者와 무슨 관련이 있는 것이 아닌가 하는 의문을 가지게 하였는데 白景炫의 문집인『悟齋集』속에「東歌選序」가 수록되어 있어 이는 白景炫의 편집으로 밝혀졌다.『東歌選』에는 위의 2人의 작품 10首가 있어 이를 대상 작품으로 삼아,『樂學拾零』과 六堂本『靑丘永言』및『東歌選』에 수록되어 있는 閭巷人을 正祖, 純祖朝의 閭巷 作家로 다루고자 한다.

달리 李漢鎭(1732~?)이 編한『靑丘永言』에는 새로운 작가로 8名이 등장하고 이 가운데 閭巷人으로는 檀園 金弘道(1760~?)의 작품이라 하여

春水인 비를 씌여 가는디로 노ᄒᆞ시니
물 알인 한늘이오 한늘 우희 물이로다
此中의 老眼의 뵈는 곳든 霧中인가 ᄒᆞ노라.(靑淵 244)

먼디 닭 우러느냐 품의 든 님 가랴ᄒᆞ니
이제 보니고도 반밤이나 남아시니
ᄎᆞ라리 본내지 말고 남은 졍을 펴리라.(靑淵 245)

의 2首가 있으나 이 가집은 작자에 대한 신빙성이 缺如되기 때문에 다루지 않기로 한다.

肅宗朝나 英祖朝의 작가에 대해서는 南坡나 老歌齋에 의해서 작가에 대한 紹介나 작품에 대한 評語가 간략하게나마 기록된 것이 있어서 그들에 대한 이해에 도움을 주었으나『樂學拾零』이나 六堂本『靑丘永言』編者가 누구인지도 정확한 編纂年代도 알 수 없고,『東歌選』은 編者가 밝혀졌다

하더라도 새롭게 등장하는 작가에 대해서도 아무런 言及이 없고 달리 참고가 될 어떤 기록도 없다는 것이 두드러진 특징이라 하겠다. 참고할 수 있는 것은 가집에 따라 겨우 字나 號를 기록해 놓은 정도이다.

여기서는 庾世信을 비롯한 申喜文, 李廷鎭과 金鏷 그리고 白景炫에 대해서만 言及하고자 한다.

1) 庾世信

『樂學拾零』과 서울大本『樂府』에만 거의 같은 순서대로 7首의 작품이 수록되어 있으며 작가에 대한 소개는 "字寬夫 號默駥堂 英宗朝人"이라고 한 것이 全部이다. 鄭炳昱은 그의『時調文學事典』의 '作家解說'에서 英祖 때의 歌人이라 했는데 어떤 근거에서 歌人이라 했는지 분명하지 못하다. 다만 그의 身分이 閭巷人이라는 확실한 근거는 없지만 가능성은 충분하다고 하겠으니『海東遺珠』·『昭代風謠』·『風謠續選』·『風謠三選』·『壺山外記』·『里行見聞錄』·『熙朝帙史』·『逸士遺事』等에 나오는 인물들 가운데 庾纘洪은 비롯한 庾氏가 많은 것을 들 수가 있다. 그는 當時의 一般 閭巷人들처럼 書吏 等의 어떤 직책을 가졌었는지는 모르겠으나 江湖에서 閑居하며 분수를 지키고 자연과 더불어 즐기며 산 사람이라 생각된다.

2) 申喜文

六堂本『靑丘永言』과 咸和鎭의 增補本『歌曲源流』에 各各 15首와 1首의 작품이 수록되어 있다.

六堂本『靑丘永言』에 字가 明裕라 되어 있고 작품이 수록된 순서가 閭巷人 작가들의 끝이고 妓女들 작품의 바로 앞인 점으로 미루어 閭巷人 作家로 보인다. 六堂本『靑丘永言』에 수록된 순서를 보면 15首가 계속해서 수

록되어 있는 것이 아니고 몇 首씩 나뉘어 수록되어 있으니, 歌番 266~
270, 283~285, 539, 561~565로 1~5首씩 4차례에 나뉘어져 있으며 曲
調도 羽調 二數大葉과 界面調 二數大葉으로 되어 있다. 이는 六堂本『靑丘
永言』이 曲調別로 만들어진 가집인 것도 原因이 되겠지만 咸和鎭의 增補
『歌曲源流』에 1首가 수록되어 있는 것으로 미루어 六堂本『靑丘永言』이
편찬될 當時에는 新進作家이었기 때문에 閭巷人 作家의 맨 뒤에 수록했
고, 거기에 몇 首를 追加로 揷入한 것이 아닌가 한다.

　작품의 주제가 致仕歸田이나 田家閑居가 많은 것으로 미루어 벼슬을 했
는지 알 수 없으나 農事를 지으면서 시골에 隱居한 사람인가 한다.

3) 李廷鎭

　六堂本『靑丘永言』에 보면 李廷鎭으로도 李廷鎭으로도 표기되어 있으
나 이는 編者의 錯誤일뿐 同一人이 아닌가 한다. 그러나『歌曲源流』系 가
집에 나오는 李廷藎과는 別個의 인물이라 하겠다. 沈載完의『校本歷代時
調全書』의 作家 索引에서 李廷藎에게 모두 15首의 작품이 있다고 했으나,
『歌曲源流』系 가집에만 수록된 것은 8首이며, 六堂本『靑丘永言』에 李廷
鎭 作으로 되어 있으면서『歌曲源流』系 가집에서 李廷藎 作으로 되어 있
는 것이 2首이다. 六堂本『靑丘永言』에서는 李廷鎭 作으로 되어 있으나
『歌曲源流』系 가집에서는 無名氏 作으로 된 것이 2首, 六堂本『靑丘永言』
에서 他人의 作으로 된 것이『歌曲源流』系 가집에서 李廷鎭 作으로 된 것
이 1首, 他 歌集에서 無名氏 作으로 된 것이『歌曲源流』系 가집에서 李廷
藎 作으로 된 것이 1首로 되어 있어3), 李廷藎의 작품은『歌曲源流』系 가

---

3) ①『歌曲源流』系 歌集에만 수록된 것 : 709, 2112, 2268, 2383, 2478, 2649, 2906,
　　3261
　②六堂本 『靑丘永言』에는 李廷鎭,『歌曲源流』系 歌集에 李廷藎 作으로 된 것 :
　　1004, 1069

집에만 수록되어 있는 8首뿐이며 李廷鎭과는 同一人이 아니라고 하겠다.

鄭炳昱은 六堂本『靑丘永言』과『歌曲源流』系 가집에 나오는 13首를 모두 李廷藎의 작품으로 다루고 그를 英祖朝의 歌人이며 벼슬은 縣監을 지냈다고 하였는데4),『歌曲源流』系 가집에는 各 異本에 따라 약간의 차이가 있으나 字가 集仲이며 號가 百悔翁이라 하였으나 河合本『歌曲源流』에만 字, 號 外에 '仁川人'이란 기록이 더 있다.

작품의 주제가 비록 守分知止나 寄托風流의 것이 있으나 諷刺的인 수법을 사용한 것으로 미루어 세상을 批判的으로 보는 等 初年의 작품은 아닌 듯하다.

4) 金鍈

六堂本『靑丘永言』에는 작자가 金煐으로 표기된 경우와 金鍈으로 표기된 것이 있다. 金煐으로 표기된 경우에는 반드시 이름 다음에 '相玉子'라고 하여 編者는 金煐과 金鍈은 다른 사람으로 金煐은 英祖朝에 咸鏡道兵馬節度使를 지낸 金相玉(1683~1739)의 아들임을 밝혔다. 그러나 金鍈의 경우는 姓名 以外에 아무런 表記도 없다. 金煐의 경우도 六堂本『靑丘永言』에 3首의 작품이 수록되어 있고 六堂本『歌曲源流』와 佛蘭西本『歌曲源流』에만

눈풀풀 蝶尋紅이요 술틍틍 蟻浮白을

---

③ 六堂本『靑丘永言』에는 李廷鎭,『歌曲源流』系 歌集에 無名氏로 된 것 : 343, 1315
④ 六堂本『靑丘永言』에서 他人 作이『歌曲源流』系 歌集에서 李廷藎 作으로 된 것 : 1068
⑤ 他 歌集에서 無名氏 作이『歌曲源流』系 歌集에서 李廷藎 作으로 된 것 : 539
⑥ 六堂本『靑丘永言』에만 실려 있는 李廷鎭 作으로 된 것 : 1152(숫자는『校本歷代時調全書』의 歌番임)
4) 鄭炳昱,『時調文學事典』, p.707.

거문고 당당 노리ᄒ니 두룸이 둥둥 츔을 춘다
兒嬉야 柴門에 기즛즈니 벗 오시나 보아라.(源六 851)

를 金煐의 작품으로 다루면서 各各 "正宗朝武科官大將"(源六) "字 正宗
朝武科官至大將 前兵使尙玉之子"(源佛)라 하여 六堂本『靑丘永言』의 相玉
과는 다르나 表記上의 차이일 따름이며 이는 同一人이라 하겠다. 이처럼
後代에 이루어진 가집도 金煐과 金鍈이 다른 사람임을 분명히 한 것이라
믿어진다.

3首의 작품을 남긴 그는 1首가 長時調인데 筆舌의 禍가 刀槍의 禍보다
무섭다고 한 것으로 보아 혹 남의 口舌로 因해 피해를 입고 江湖에 隱居한
것이 아닌가 한다.

5) 白景炫

白景炫(1792~?)은『風謠三選』卷 1에 "字時晦 號悟齋 善山人 父壽倫見
續編"이라 하고 七言律詩(題目「伏受 賜橘有感而作」,「送家弟子華永興別
差」) 2首가 수록되어 있고, 아버지 白壽倫은『風謠續選』卷 4에 "字聖逢 號
晚隱 初名德麟 善山人"이라 하고 五言絶句 2首와 五言律詩 1首가 수록되
어 있다. 白景炫의 詩「伏受 賜橘有感而作」

天廚頒橘歲云闌　　名忝近臣擎玉盤
仙味自來瀛島遠　　異香猶帶洞庭寒
聖恩珍重年年下　　雙手摩挲箇箇團
陸續雖存親不在　　此生懷抱爲誰寬

을 보면 어떤 契機로 말미암았는지 모르나 임금에게서 귤을 下賜받고
감격하여 지은 것이다.

그에게는『悟齋集』이란 文集이 있고, 달리『東歌選』이란 가집을 編纂했

는데 이 가집은 編者 未詳으로 알려져 왔으나 吳漢根에 의해서「東歌選序」가 문집에 수록되어 있는 것을 발견하여 學界에 紹介한 바가 있다.5)

그는 感物敍景을 주제로 한 것과 白髮을 嗟嘆한 것이 있지만 事親孝道와 綱常五倫을 노래하고 君恩에 感激한 것을 보면 근엄한 성격을 가진 사람이 아니었나 한다.

3. 作品의 檢討와 作品論

正祖와 純祖朝의 약 60年 동안의 閭巷人들의 시조 작품은『樂學拾零』이나 六堂本『靑丘永言』과『東歌選』以外의 새로운 가집의 發掘이나 現傳 가집에 전하는 無名氏 작품이라도 작가의 考證을 통해 작자를 밝혀 내어 이 시대 작가와 작품의 數를 늘리는 것이 필요하겠다. 그러나 현재에는 겨우 세 個의 가집에 13名의 작가에 49首의 작품만을 대상으로 삼을 수밖에 없다.

肅宗朝에는 南坡를 비롯한 ‘閭巷六人’의 작품이 있었고, 英祖朝에는 老歌齋를 위시하여『靑邱歌謠』에 수록된 작가와 ‘古今唱歌諸氏’에 들어 있는 작가들의 작품이 있어 작품의 量으로나 文學的 價値에 있어서 이 시대의 작품보다는 더 낫다고 하겠고, 以後의 朴孝寬이나 安玟英이 대표하는『歌曲源流』系 가집에 수록되어 있는 작가들의 작품에 비해도 나을 것이 없다고 하겠다. 형식에 있어서도 長時調의 창작은 英祖朝보다 뒤지며 내용에 있어서도 閭巷人의 의식을 표현한 작품이 적었다고 하겠다.

이제 이들의 작품이 수록되어 있는 가집의 現況과 작가와의 一致 여부, 내용과 작품의 評價 等에 대해 고찰해 보고자 한다.

---

5) 吳漢根, “歌集『東歌選』編者考”『국어국문학』第11號.

1) 庾世信

庾世信의 작품은 7首가『樂學拾零』과 서울大本『樂府』에 수록되어 있
는데 수록된 순서가 거의 같으나 마지막 작품만 서로 뒤바뀌었다. 主題는
다양해서 安貧樂道, 守分知止, 寄托風流, 江湖閑情, 戀慕相思가 각 1首이
고 懷抱述義가 2首이다. 安貧樂道나 江湖閑情을 노래한 것은 士大夫들의
노래와 다를 것이 없고

> 밤마다 燈燭下에 韜略을 潛心키는
> 이 몸이 장상되야 믈ㄱ족에 쓰히리라
> 잇다감 헌옷슬 만지면셔 니잡기만 ᄒ노라.(樂學 496)

> 佯狂 佯醉ᄒ니 世上 사름 다 웃는다
> 長揖不拜홀제 醉ᄒᆫ 말을 드런눈가
> 鼎鑊에 더운 魂魄이 恨이 업다 ᄒ드라.(樂學 497)

를 보면 自己의 技倆을 發揮하지 못하고 세월만이 흘러감을 탓하는 것
과 세상에서 자신을 알아주지 않으나 나라를 원망하는 마음은 조금도 없
다는 심정을 노래한 것으로 미루어 士大夫들의 작품과 다를 것이 없다고
하겠다. 다만

> 님의게셔 오신 片紙 다시금 熟讀ᄒ니
> 無情타 ᄒ려니와 南北이 머러세라
> 죽은 後 連理枝되여 이 眞緣을 이오리라.(樂學 500)

는 유일하게 男女間의 戀慕相思를 노래한 것이지만 日常的인 感情을 노
래한 것일 따름이라 切實하고 애뜻한 감정을 불러오지 못했다고 하겠다.

2) 趙應賢

　趙應賢의 작품은 1首가 『樂學拾零』과 가람本 『靑丘永言』에 수록되어 있는데, 가람本 『靑丘永言』을 1800年 以前에 나온 가집으로 본다면 그는 혹 正祖朝 以前의 작가일 가능성도 있다고 하겠다. 그에 대한 기록이 없어 정확히 閭巷人이라 하기도 어렵지만 『樂學拾零』의 作家 目錄 아무런 설명이 없는 사람들은 대개 閭巷人인 것으로 미루어 閭巷人으로 보고자 한다.

　　　이거시 어듸민고 師尙父의 釣臺 ㅣ로다
　　　江山도 거지 업고 志槩도 시로왜라
　　　어즈버 萬古英風을 다시 본 듯ᄒ여라.(樂學 510)

는 흔히 볼 수 있는 主題다. 珍本 『靑丘永言』에 朗原君 작품으로 전하는

　　　太公의 釣魚臺를 계유구러 ᄎ자가니
　　　江山도 그지 업고 志槩도 시로왜라
　　　眞實로 萬古英風을 다시 본 듯ᄒ여라.(珍靑 181)

와는 初章만 다를 뿐이니 만약 朗原君의 작품과 같은 것으로 다룬다면 한 작품에 대해 작자가 2人이라 하겠지만 가집에서 작자를 다루는 것을 보면 대개 初章이 다르고 中章이나 終章이, 심한 경우 中·終章이 같아도 작자를 다르게 취급하고 있는 실정이다. 그렇다면 이것은 朗原君의 작품을 後에 趙應賢이 初章만을 改作했다고 하겠다.

3) 李廷鎭

　李廷鎭의 작품은 5首가 전하는데 1首는 長時調다.

　　　붉가버슨 兒孩 ㅣ들리 거뮈줄 테를 들고 긔川으로 往來ᄒ며

> 붉가숭아 붉가숭아 저리 가면 죽느니라 일 오면 스느니라 부로
>   느니 붉가숭이로다
> 아마도 世上 일이 다 이러흔가 ᄒ노라.(靑六 747)

는 아이들이 여름철에 잠자리를 잡는 모습과 그때 부르는 노래를 소재로 하여 지은 것으로 初章은 잠자리를 잡으려고 하는 모습을, 中章은 이때 부르는 아이들의 노래 내용을 적었는데 終章은 中章의 내용이 矛盾됨을 世態와 結付시켜 諷刺한 것이다. 또

> 미아미 밉다ᄒ고 쓰르람미 쓰다ᄒ네
> 山茱룰 밉다더냐 薄酒룰 쓰다더냐
> 우리는 草野에 뭇쳣시니 밉고 쓴줄 몰니라.(靑六 404)

는 마치 老歌齋의

> 머귀 여름은 桐實桐實ᄒ고 보릿 불희는 麥根麥根
> 픗 나못동과 쓰든 수셥이요 졈은 老松에 ᄌ근 大棗 ㅣ로다
> 이中에 鷄鳴花竹處는 곳딧곳이라 ᄒ들아.(周海 557)

처럼 戱談的인 표현을 하였다.

> 꿈이 날 爲ᄒ야 먼듸 님 더려오늘
> 貪貪이 반기너겨 줌을 찌여 니러보니
> 그 님이 셩닉여 간지 긔도망도 업세라.(靑六 446)

은 그리워하는 님을 生時에는 만날 수 없고 꿈에나 만나서 반기려 했더니 잠이 깨여 보니 흔적도 없더라는 것으로 흔히 볼 수 있는 노래이다. 그는 長時調를 창작했다는 것도 특이하나 諧謔的이거 諷刺的인 작품을 남긴 것이 특이하다고 하겠다.

4) 申喜文

그의 작품은 모두 16首가 전하는 것으로 되어 있는데, 1首는 咸和鎭의
增補『歌曲源流』에 수록되어 있다. 그러나 增補『歌曲源流』에 수록되어 있는

두고 가는 離別한 님 몃 歲月을 지내언고
流水가 덧업서 곱든 樣子 늙엇고나
저 임아 白髮을 恨치마라 離別 뉘를 슬혀라.(源增 669)

를 새로운 작품으로 다른 가집에 수록된 사실이 없는 것으로 沈載完은
보았으나 이는

靑春에 離別흔 님 몃 歲月을 지ᄂ ㅣ엿노
流光이 덧업셔 곱던 樣姿 늙거고야
저 님아 白髮을 恨치 말아 離別 뉘을 슬혜라.(靑六 270)

와는 같은 작품이다. 그의 작품의 主題를 보면

① 田家閑居　4首　　② 致仕歸田　3首
③ 離別哀傷　2首　　④ 飮酒醉樂　2首
⑤ 守分知止　1首　　⑥ 江湖閑情　1首
⑦ 聖世逸民　1首　　⑧ 白髮嗟歎　1首

처럼 多樣한 主題의 작품을 남겼다.

작자에 대하 기록이 字가 明裕란 것 以外에는 알려진 것이 없어 어떤
벼슬살이라도 했는지 모르겠으나 벼슬이라도 버리고 시골에 내려가 분수
를 지키며 太平聖代의 백성으로 한가롭게 農事나 짓고 살겠다는 심정을
노래한 이른바 江湖系의 시조가 대부분이다. 이렇게 보면 肅宗朝의 작가
들의 작품 主題와 별로 다를 것이 없다. 다만 이별을 哀傷하는 작품이 2首

나 있어서 英祖朝 閭巷人들에게서 볼 수 있었던 主題와 通하는 점이 있다
고 하겠다.

> 人生天地 百年間에 富貴功名 如浮雲을
> 世事를 후리치고 山堂으로 도라오니
> 靑山이 날다려 니르기를 더듸 왓다 ᄒ더라.(靑六 285)

를 보면 젊어서는 벼슬살이에 뜻을 두고 戀戀하였지만 자신의 처지에는
富貴功名이 모두 浮雲과 같은 것임을 깨닫고 시골에 돌아와 이제까지 쓸
데 없는 것에 마음을 두고 있었던 일을 부끄러워하는 심정을 노래했다.

> 뵈줌방이 호뮈 메고 논밧 가라 기음 미고
> 農歌를 보로며 달을 씌여 도라오니
> 지어미 슐을 거르며 來日 뒷밧 미옵세 ᄒ더라.(靑六 561)

> 논밧 가라 기음미고 돌통더 기스미 퓌여 물고
> 코노리 부로면셔 팔ㅅ 독춤이 졔격니라
> 아희는 지어ᄌ ᄒ니 謝謝 웃고 놀니라.(靑六 562)

는 농촌에서 힘드는 농사일을 조금도 싫어하지 아니하고 오히려 만족
해하면서 悠悠自適하며 살아가는 生活相을 잘 나타내고 있다. 또

> 두고 가는 離別 보닉는 닉 안도 잇네
> 알쓰리 그리울제 九回肝腸 셕을노다
> 져 님아 혜여 보소라 아니가든 못홀소fi.(靑六 269)

치럼 이별의 아픔을 노래한 것도 있으나 이별의 아픔을 실감하기보다
는 우리가 흔히 볼 수 있는 그런 상투적인 표현에 그친 듯하다. 대체로
표현이 무난하다고 하겠으나, 漢字語를 많이 사용하였기 때문에 詩的 感
興이 떨어진다고 하겠다.

5) 金鏌

그의 작품 3首 가운데 1首는 長時調다.

> 關雲長의 靑龍刀와 趙子龍의 날닌 槍이
> 宇宙를 흔들면서 四海의 橫行홀제 所向無敵이언만은 더러은 피
>   를 무쳐시되 흔 文士의 筆端이며 辯士의 舌端으란 刀槍劍戟
>   아니 쓰고 피 업시 죽이오니
> 무셥고 무셔을슨 筆舌인가 ㅎ노라.(靑六 746)

의 主題를 徐元燮은 寄托風流로 分類헸으나 敎誨警戒가 더 알맞은 主題가 아닌가 한다. 아무리 날랜 장수와 그의 유명한 刀槍으로도 목적을 달성하기 위해 어쩔 수 없이 사람을 죽여야 하고 刀槍에 피가 묻는 것은 免하기 어렵지만 筆舌은 피를 한 방울도 흘리지 않고 죽일 수 있으니 武力보다도 더 무섭다는 것을 警戒하는 작품이다.

> 蓮 심어 실을 쏘바 긴 노 부여 거럿다가
> 思郞이 긋쳐갈 졔 찬찬 감아 미오리라
> 우리는 마음으로 미자시니 긋칠 줄이 이시랴.(靑六 286)

는 상대방을 戀慕하는 내용으로 인간의 感情을 좀더 眞率하게 표현한 것이라 하겠다.

6) 白景炫

白景炫은 正祖・純祖朝의 閭巷 時調人 가운데 身分이 잘 알려진 사람이다. 父子가 다 閭巷人들의 시집인 『風謠續選』과 『風謠三選』에 漢詩가 들어 있으며 개인 문집인 『悟齋集』이 있고 『東歌選』이란 가집을 편찬했다. 9首의 작품을 남기고 있는 그의 작품 主題는

① 白髮嗟歎　　2首　　② 感物敍景　　2首
③ 事親孝道　　1首　　④ 綱常五倫　　1首
⑤ 感激君恩　　1首　　⑥ 飮酒醉樂　　1首
⑦ 人生無常　　1首

로 분류할 수 있다. 主題로 보아서 작가의 個性을 보여주고 있다고 생
각되는 것은

長松이 푸른 겻히 桃花는 불거잇다
桃花야 쟈랑마라 너는 一時春色이라
아마도 四時春色은 솔뿐인가 ᄒ노라.(東歌 171)

物色을 보려 ᄒ고 江湖로 나려가니
반갑다 紅蓮花는 날 爲ᄒ여 푸엿는가
蹇裳코 비 우회 안자 薄言采之 ᄒ쇼라.(東歌 175)

가 있는데 常綠의 솔을 노래한 것은 신선한 감이 적고, 紅蓮花의 아름
다움을 노래한 것은 지나친 漢字語로 詩的 感興을 半減시킨다.

이리도 聖恩이오 져리도 聖恩이라
이 몸 一生이 何事莫非 聖恩이랴
아마도 갑기 어려올슨 聖恩인가 ᄒ노라.(東歌 169)

는 그의 漢詩 「伏受 賜橘有感而作」의 내용과 통한다고 하겠으니 그는
한가지 일을 가지고 漢詩와 時調를 같이 짓고 있다고 하겠다. 그러나 中章
의 漢文套는 앞의 작품과 마찬가지로 詩語의 生硬함을 가져왔고 이는 그
의 다른 작품

사룸이 죽은 後에 아는지 모로는지
大卓方丈을 欽享을 ᄒ단말가
아마도 不如生前一盃酒ㄴ가 ᄒ노라.(東歌 173)

처럼 漢文 文章을 그대로 가져다 쓰기 때문에 매끄럽지 못한 표현이 많
다고 하겠다.

4. 作品의 性格

政治史나 文化史에서 時代區分을 하는 경우 대개 朝鮮朝 500餘年을 壬
辰倭亂을 前後하여 그 以前과 以後로 나누는 것이 合理的이고 자연스러운
것으로 되어 있고, 朝鮮朝 後期는 그것을 몇으로 나누든 英正祖를 분리하
지 않고 英祖朝의 連續線上에서 正祖를 다루고 있는 것이 慣行처럼 되어
있다고 하겠다.

여기서 英祖朝와 正祖朝를 나누는 것은 政治史나 文化史 等의 어떤 理
由에서가 아니라 단순히 시조라는 한가지만 가지고 볼 때 肅宗朝에는 南
坡가 英祖朝에는 老歌齋처럼 특츨한 시조 작가가 있었고 또 각기 그들은
『靑丘永言』과 『海東歌謠』라는 가집을 엮어 그 시대를 대표할 정도의 業績
을 가지고 있으며, 純祖朝 以後에는 朴孝寬과 安玟英이 대표되는 朝鮮時
代 시조를 마무리하는 활동과 가집의 편찬이 있기 때문에 英祖朝와 純祖
朝 以後의 약 60餘年을 함께 다룬 것이다.

또 가집을 증심으로 본다면 비록 肅宗朝에 이루어진 것은 아니지만 『靑
丘永言』이 이 시대를 대표할 수 있는 가집이며, 英祖朝에는 『海東歌謠』가,
憲宗朝 以後 甲午更張에 이르기까지에는 『歌曲源流』系 가집이 있다. 六堂
本『靑丘永言』과 『樂學拾零』 및 『東歌選』은 비록 純祖朝를 지나서 엮어졌
다 하더라도 正祖·純祖朝의 시대를 大辯할 수 있는 것이라 하겠다.

가집을 편집하는 사람들은 그들 나름대로의 가집 편찬 의식이 있었겠
지만 가령 새로운 작품이 있으면 그것을 새롭게 採錄하는 경우가 많지 않
았으니 대부분의 가집들은 먼저의 가집을 무조건 轉寫를 하지는 않았지만

많은 작품들이 여러 가집에 고르게 들어가 있는 것은 대개 臺本으로 삼은 가집의 것을 그대로 옮겨 적었고 體裁도 그대로 踏襲했기 때문에 新出 作品을 많이 발견하기가 어렵다. 또 상당히 後代에 나온 가집이면서도 수록 작품수가 以前에 나온 가집보다 월등히 많은 경우가 적다.

이 시대 작가로 여겨지는 작가 12名 49首의 작품을 대상으로 하여 形式과 主題에 어떤 특징이 있나를 종합해 보고자 한다.

우선 형식면에서 보면 肅宗朝의 閭巷六人의 작품에는 長時調가 1首도 없고 英祖朝에 와서야 長時調 最多作家인 老歌齋를 비롯하여 長時調 작품이 短形時調보다 많은 朴文郁과 金兌錫, 金默壽, 權德重, 吳擎華 等이 있어 量에 있어서도 상당히 많은데 비하면 이 시대에는 겨우 李廷鎭과 金鑅에게서 1首씩 2首밖에 없다.

崔東元은 「長時調 全盛期 再論」이란 글에서 長時調 525首를 世紀別로 나누어 18世紀 以前 14首, 18世紀(肅宗末~正祖末) 305首, 19世紀 前半(純祖初~憲宗末) 97首, 19世紀 後半(哲宗初~高宗末) 45首, 20世紀 初葉 64首로 나누고, 각 시대에 해당하는 가집은 沈載完의 『校本歷代時調全書』의 가집을 援用했다. 여기서 얻은 結論을

> 이와 같은 시대별 작품수에 의해서 長時調의 발달과 쇠퇴의 양상을 通時的으로 파악할 수 있었다. 그 가운데서 중요한 점의 하나로서 長時調의 全盛期는 18세기이며, 그 最全盛期는 英祖一代의 半世紀라는 필자의 종전의 견해가 실증적인 자료에서 확증된 셈이다.
>
> 한편, 19세기에 들어와서 長時調는 쇠퇴하기 시작하여 19세기 後半 즉 朝鮮末에 와서는 거의 消滅 단계에 이르렀음을 알 수 있는데, 이것은 다른 詩歌文學의 연구에 여러 가지 문제점을 시사하는 바가 있다고 하겠다.[6]

고 하여 英祖朝에 長時調가 가장 盛行했다고 하였는데 그의 시대 구분

---

6) 崔東元, "長時調 全盛期 再論"(古時調論), p.96.

이 世紀別로 되어 있어 正祖朝와 純祖朝가 나뉘어져 이 두 王朝를 나누지 않았을 때의 特色은 한마디로 알아보기가 어렵다. 如何間에 英祖朝를 지나고서는 長時調가 衰退하기 시작했지만 長時調의 新出作品을 가장 많이 수록하고 있는 가집에 六堂本『靑丘永言』으로 237首를 수록하고 있으며, 『歌曲源流』에 는 32首만이 있는 것으로 보아 衰退의 速度가 빠름을 짐작할 수 있다고 하겠다.

이처럼 長時調가 거의 창작되지 않은 시대의 趨勢라고 할 수도 있겠지만 더 중요한 原因은 아마도 이 시대의 時調界를 발전시킬 어떤 求心點도 없었고 대표가 될만한 指導者도 없으며 以後에 크게 盛行하는 歌曲의 발달로 시조의 창작은 뒷전으로 물러난 까닭이라 하겠다.

이들 작품의 主題를 보면

① 感物敍景	5首	② 白髮嗟歎	5首
③ 飮酒醉樂	4首	④ 離別哀傷	4首
⑤ 田家閑居	4首	⑥ 江湖閑情	3首
⑦ 寄托風流	3首	⑧ 守分知止	3首
⑨ 戀慕相思	3首	⑩ 致仕歸田	3首
⑪ 人生行樂	2首	⑫ 懷抱述義	2首
⑬ 感激君恩	1首	⑭ 綱常五倫	1首
⑮ 空閨怨慕	1首	⑯ 事親孝道	1首
⑰ 聖世逸民	1首	⑱ 逍遙遊覽	1首
⑲ 安貧樂道	1首	⑳ 學問修德	1首

로 分類할 수 있고 다시 이를 類似한 것으로 모은다면

① 江湖系 作品	16首
② 感物系 作品	12首
③ 愛情系 作品	8首
④ 人倫敎誨系 作品	6首

⑤ 醉樂系 作品　　　　6首
⑥ 戀主系 作品　　　　1首

처럼 나눈다면 江湖系 작품과 醉樂系 작품을 관련이 있는 것으로 보고 人倫敎誨系 작품과 戀主系 작품을 합하여 보면 朝鮮 時代 士大夫들의 시조 작품 主題와 흡사한 것이 되겠다. 江湖系 작품이 16首나 된다는 것은 그래도 작가들의 個性的인 특징이 들어 난 것으로 볼 수도 있겠으며, 愛情系 작품이 전체 작품 수에 비해 적은 것은 아니라고 하겠으니 이는 비록 閭巷人 작가의 수는 적지만 閭巷人들의 활동이 활발해져 가는 단계를 보여 주는 것이라 하겠다.

5. 小 結

시조에 있어서 閭巷人들의 擡頭가 肅宗朝 以後라 보고 以後 甲午更張에 이르기까지의 220餘年 동안의 閭巷人들의 시조를 史的으로 고찰하는 과정에서 正祖朝와 純祖朝의 約 60年間의 시조에 대해서 고찰해 보았다.

珍本『靑丘永言』에 있는 '閭巷六人'의 시조는 閭巷人 시조의 發芽로 肅宗・景宗朝를 大辯하고,『海東歌謠』와『靑邱歌謠』에서는 老歌齋를 비롯한 老歌齋 中心의 작가와 '古今唱歌諸氏'는 閭巷人 시조를 화려하게 꽃피웠고,『樂學拾零』과 六堂本『靑丘永言』과『東歌選』으로 대변되는 正祖・純祖朝에는 時調界를 발전시킬 어떤 求心點도 없으며 이끌어 나갈 指導者도 없었고, 創作보다는 오히려 歌唱을 爲主로 하는 唱曲의 方向으로 나갔기 때문에 오랜 동안 沈滯의 늪에 빠졌다가 다음 世代에 朴孝寬・安玟英 같은 指導者가 登場하여 時調歌壇을 꽃피워 閭巷人 시조의 結實을 맺어 『歌曲源流』를 이룸으로써 時調界의 大尾를 장식하였다고 하겠다.

　여기서는 正祖·純祖朝의 約 60年間의 閭巷人 시조에 대해서 言及했는데 이를 要約하면 아래와 같다

　1. 正祖·純祖朝의 閭巷人 시조는 그 前代나 後代에 비해 時調界를 발전시킬 어떤 求心點도, 이끌어 갈 指導者도 없었고, 시조도 창작보다는 唱曲을 爲主로 하였기 때문에 閭巷人들의 시조는 어느 때보다도 沈滯한 時期라고 하겠다.

　2. 이 시기를 대표할 수 있는 가집은 『樂學拾零』과 六堂本 『靑丘永言』이 있고 『東歌選』이 있지만 이들 가집에 나오는 閭巷人 작가는 아주 적으며 작품활동도 부진한 편이라, 12名의 작가에 49首에 지나지 않는다. 그러나 『靑丘永言』의 異本(洪氏本,가람本)들의 가집을 통해서 몇몇의 閭巷人 작가를 발굴할 가능성은 있다고 하겠다.

　3. 이제까지 同一人으로 다루고 있던 金焌과 金鍱, 李廷鎭과 李廷藎은 別個의 作家로 다루어야 할 것이다.

　4. 흔히 『靑丘永言』, 『海東歌謠』 및 『歌曲源流』를 三大歌集이라 주장할 이유가 있는 것이 아니기 때문에 위의 2가집 以外에 다른 가집의 전승과정을 밝혀 시조집 가운데 대표가 될만한 것을 다시 補完하여 중요 가집을 새롭게 정할 필요가 있다고 하겠다.

第四節 · 第4期의 時調

1. 時代 概觀

純祖의 뒤를 이어 8歲에 王位에 오른 憲宗(1827~1849)은 即位하면서 祖母인 純元王后의 垂簾聽政으로 시작하여 자신이 萬機를 親裁한 1841年에 이르기까지의 國政은 王大妃의 親庭인 安東 金氏들의 손에 있어 憲宗 3年(1837)에는 金祖根의 딸을 王妃로 맞아들여 純祖朝부터 시작되는 安東 金氏들은 勢道 政治에 든든한 발판을 만든다. 純祖는 安東 金氏의 세력을 牽制하고자 趙萬永의 딸을 며느리로 맞이하고 아들 翼宗(1809~1830)으로 하여금 代理聽政케 하였으나 翼宗이 죽자 王位는 어린 孫子에게로 갔다.

純祖朝에서부터 계속되어 온 癘疫과 9年餘에 걸친 水災로 饑民이 늘어나고 三政의 紊亂으로 國政의 混亂을 가져와 民生苦를 加重시켰다. 己亥 邪獄을 일으켜 天主敎를 탄압하면서 五家作統法을 만들어 天主敎의 傳播를 막았으나 韓國人 最初의 神父인 金大建이 中國에서 귀국하자 이듬해인 1846年에는 그를 處刑하였다. 1836年 南膺中의 謀叛 事件을 비롯해서 1844년 李遠德, 閔晉鏞의 謀叛 事件에 이르기까지 계속되는 政治的 不安은 1848年부터 海岸地方에 나타나기 시작하는 異樣船의 出沒과 행패로 말미암아 민심은 극도로 洶洶했다.

憲宗이 後嗣 없이 昇遐하자 王位 繼承은 正祖의 後孫인 哲宗(1831~1863)에게로 이어졌으니 그는 1844年에 兄 懷平君 明의 獄事에 연루되어 江華島에서 농사를 짓다가 安東 金氏들의 勢道 政治의 産物로 하루 아침에 農軍에서 王이 되어 1849年 6月에 19歲로 即位하여 純元王后의 垂簾聽政下에 1851年에는 金汶根의 딸을 王妃로 맞이하니 純祖에 이어 憲宗을 거쳐 자신에 이르기까지 安東 金氏가 王妃가 되었다.

哲宗은 純祖나 憲宗 그리고 다음의 高宗이 8歲에서 12歲에 이르는 어린 나이에 王位에 오른 것과는 달리 19歲의 靑年으로 王位에 올랐으나 王室 과는 너무나 먼 環境에서 자랐기 때문에 王位에는 관심이 적었고 이런 낌새를 모를 까닭이 없는 安東 金氏들은 女色을 가까이 하도록 유도했다. 前代에 이은 傳染病과 水災는 京外에 많은 饑民과 流丐 死亡者가 발생했고, 群盜가 橫行하여 治安이 不安했다.

不安한 民心을 틈타 東學이 創始되어 무서운 速度로 번져 갔고, 天主敎 도 基盤을 構築해 갔다. 三政의 紊亂은 계속되었고 民亂은 그치지 않았으 며 王은 安東 金氏의 勢道에 밀려 아무 것도 못하고 病死했다.

後嗣가 없이 昇遐한 哲宗의 뒤를 이번에는 安東 金氏의 세도에 밀려 王族이면서도 세력을 잡지 못했던 興宣大院君 李昰應(1820~1898)과 翼宗의 妃인 神貞王后 趙大妃에 의해서 12살에 王位에 오른 高宗(1852~1919)은 趙大妃의 垂簾聽政과 大院君의 攝政으로 東學敎主 崔濟愚을 죽이고 天主敎를 迫害한다. 天主敎 迫害가 原因이 된 丙寅洋擾와 辛未洋擾로 鎖國政策을 强化하고 書院을 撤廢하여 黨爭의 素地를 없애고, 王室의 위엄을 상징하기 위해 景福宮을 重修하나 무리한 稅金과 强制 勞役에 시달린 백성들의 원성에 부딪친다.

安東 金氏의 勢道에 온갖 수모를 당한 大院君은 外戚의 政事 介入을 꺼려 권력과는 거리가 먼 閔致祿의 딸을 며느리로 맞아 들였으나 高宗이 親政을 한 1873年 以後에는 閔氏네와 권력 다툼을 하게 된다. 西歐 列强의 侵犯과 이들 세력을 일찍부터 받아들여 開化한 日本의 압력에 굴복해 日本과는 1876年에 丙子條約을 맺게되고 이들 西歐 勢力을 받아들이려는 開化派와 이에 반대하는 守舊派의 갈등으로 1882年에는 壬午軍亂이 일어나니 이는 바로 시아버지와 며느리간의 세력 다툼의 産物이며 결과는 시아버지의 패배로 大院君은 淸나라에 납치되어 가고, 다시 2年 뒤에는 三日天下인 甲申 政變이 일어난다. 以後 10年 동안에 빠른 外勢의 介入과 혼

란한 민심으로 1894年 봄에는 東學亂이 일어나고 같은 해 甲午更張을 斷行하고 淸과 日은 우리나라에서 淸日戰爭을 시작한다.

高宗은 王位에 올라서는 바로 趙大妃의 垂簾聽政과 아버지의 攝政에 의해 자신의 意志와는 관계없이 政策이 施行되었고 親政 以後에는 明成皇后의 一族에 의해 형성된 閔氏 세력에 밀려 제대로 정치다운 정치를 못하고 말았다.

純祖가 王位에 오르면서부터 시작 된 王位의 繼承이 正統性의 有無가 문제가 아니라 어린 나이에 또는 王室과는 거리가 먼 사람들이 王位에 오르면서 安東 金氏로부터 시작된 勢道 政治는 豊壤 趙氏와 驪興 閔氏에게로 이어지고, 계속되는 傳染病과 水災는 罹災民과 飢餓로 인한 死亡者가 속출했다. 三政의 문란은 良民을 盜賊으로 만들었고, 天主敎의 傳來와 이의 受容에 따른 갈등은 外勢의 介入을 가져왔고, 이에 反對하는 東學도 생겨나 마침내는 東學亂으로 발전했다. 계속되는 外勢에 大院君의 鎖國政策도 門戶를 開放하는 방향으로 나갔고, 1894年에는 甲午更張으로 이어졌다.

時調는 正祖·純祖朝를 거쳐 高宗朝에 이르기까지 특기할 사항이 있으니 시조집이 南坡나 老歌齋 等 閭巷人에 의해 이루어졌으나 生存年代가 확실하지 않지만 그의 활동이 純祖朝 以後라 推定되는 趙榥에 의해 個人 歌集인『三竹詞流』가, 王族인 李世輔(1832~1895)에 의해『風雅』가 이루어져 朝鮮朝 最多의 作家와 그와 버금하는 作家가 탄생하였다.

閭巷人들은 朴孝寬과 安玟英이 중심이 되어 가집을 편찬하기까지 새롭게 발전하는 唱曲에 더 관심을 가진 까닭에 時調의 창작에는 별다른 작가도 작품도 없다고 하겠다.

2. 朴孝寬과 雲崖山房

正祖와 純祖朝에『樂學拾零』과 六堂本『靑丘永言』그리고『東歌選』이 이루어지고 以後『歌曲源流』가 이루어졌다고 하는 高宗 13年(1872)까지의 40年 가까이에 어떤 작가들이 있었는지에 대해서 言及한 사람도 없고 누가 있었는지를 밝힐 자료도 없다. 이 時期에 나온 가집으로『歌曲源流』와 이를 편집한 것으로 알려진 安玟英의 개인 가집『金玉叢部』가 있어 朴孝寬과 安玟英을 비롯한 그들의 활동상황에 대해서는 어느 정도의 짐작이 가능하나 그들 바로 以前에 관해서는 알려진 것이 없다.

가집『歌曲源流』는 다 아는 것처럼 曲調別로 編한 가집이며 이 가집에 직접적인 영향을 미친 가집은 六堂本『靑丘永言』이다. 六堂本『靑丘永言』이 純祖朝 末葉에서 憲宗朝 初期에 이루어진 가집이라면 약 40年 後에『歌曲源流』系 가집이 이루어진 셈이다.『歌曲源流』系 가집의 原本을 國樂院本으로 보고 있으나[1], 河合本은 그 臺本으로 가람本『靑丘詠言』을 삼았다고 볼 수 있으니, 그렇다면 六堂本『靑丘永言』을 臺本으로 삼은 國樂院本보다는 실제로 편집이 언제 이루어졌는지는 몰라도 수록된 시조의 내용을 보면 河合本이 國樂院本보다 앞서는 가집이라 하겠다.『歌曲源流』가 朴孝寬과 安玟英에 의해서 편찬된 가집이 아니라는 주장을 한 바가 있는 筆者는[2] 적어도 이들보다 먼저 누군가에 의해 가람本『靑丘詠言』과 같은『靑邱永言』이란 이름으로 가집을 만들었고, 六堂本『靑丘永言』과 이것을 底本으로하여『歌曲源流』系의 가집을 만들었다고 하겠다.

朴孝寬이 雲崖山房을 언제부터 經營했는지는 모르겠으나『歌曲源流』系 가집에 나오는 작가들 가운데 安玟英의『金玉叢部』에서 작품의 解說로 쓴

---

1) 沈載完,『時調의 文獻的 研究』, p.51.
　　金根洙, "歌曲源流考"『論文集』(明知大) 第 1輯, p.229.
2) 拙　著,『歌曲源流에 관한 研究』(國學資料院) 1997.

글 가운데 한마디의 言及도 없는 작가는 적어도 이들보다 먼저의 작가로 볼 수 있다고 하겠으니 李廷藎을 비롯한 金學淵, 任義直, 宋宗元, 朴英秀가 그들이다. 이들은 『歌曲源流』系 가집에만 작품이 수록되어 있는 작가로 安玟英에게서는 전연 이들에 대한 言及이 없는 것으로 미루어 적어도 그들의 활동시기는 한 世代 정도 앞선 것이 아닌가 한다.

朴孝寬(1800~?)과 安玟英(1816~?)은 그들이 閭巷人이기 때문만은 아니라 하더라도 그들의 出生이나 初年의 行蹟에 대해서는 기록이 없어 자세한 것을 알기 어렵다.

<blockquote>

弸雲臺 好林園에 詩酒歌琴 八十年을
喜怒를 不形ᄒ니 君子之風 이로다
至今에 鶴駕鸞驂을오 乘彼白雲 ᄒ민져.(金玉 102)

</blockquote>

의 解說에서

<blockquote>

六十年을 先生을 따라 師弟와 朋友의 情誼로 밤낮을 서로 따르며 잠시도 떨어지지 못하더니 이제 先生께서 世上을 떠나시니 나 또한 언제 갈 것인가?[3]

</blockquote>

라고 하여 적어도 雲崖가 81歲를 살고 죽었으니 周翁이 어려서부터 雲崖와 가까이 했다고 하겠다. 雲崖가 남긴 기록이 없어도 周翁의 글에 의해 그들의 관계를 어느 정도 짐작할 수 있다고 하겠다.

南坡의 경우에는 그가 閭巷人들과 交遊가 활발했다든지 交遊의 장소가 있었다든지 하는 기록이 없고 그럴 可能性도 거의 없는 것으로 여겨지나, 老歌齋의 경우는 그와 交遊했다고 믿어지는 사람들이 거의 그의 後輩에 속하며 그들이 交遊할 수 있는 장소인 老歌齋가 있었지만 그들이 老歌齋

---

3) 金玉叢部, 作品 102 解說 "從事先生六十年 以師弟之情 兼朋友之誼 晝夜相隨 不忍暫離 而今焉 先生謝世 我亦何時可去"

에 출입했다는 기록은 없고 다만 그들이 老歌齋를 중심으로 활발한 交遊가 있었으리라는 가능성만 提示되어 있는 실정이다. 그러나, 雲崖의 경우에는 그의 거처인 雲崖山房이 그들의 交遊의 장소로 이용되었음을 周翁의 작품 해설을 통해서 알 수 있으며 雲崖山房이 아닌 곳에서도 그들은 여러 차례 交遊하며 즐겼다는 기록이 있어 이들의 관계는 老歌齋의 경우처럼 一方通行的인 交遊는 아니라고 하겠다.

周翁이 그의 개인 가집 『金玉叢部』의 序文에서

> 雲崖 朴先生은 平生 노래를 잘 하는 것으로 이름이 세상에 알려졌다. 매양 물 흐르고 꽃피는 밤과, 달 밝고 바람이 맑은 아침이면 술 동이를 갖추어 두고 악기를 어루만지며 목구멍을 울려 소리를 내면 소리가 맑고 밝으며 높아 들보 위의 먼지가 날리고 흘러가던 구름이 멈추는 듯함을 깨닫지 못하여 비록 옛날의 李龜年의 뛰어난 재주라 하더라도 이에서 더하지는 못할 것이다. 이러므로 敎坊과 句欄의 風流才士와 冶遊士女들이 선생을 推仰하지 않는 이가 없어, 이름과 字를 부르지 않고 朴先生이라 하였다. 그 때에 友臺에 있는 某某한 노인들도 다 이름이 알려진 豪傑之士인데 稧를 만들어 老人稧라 하였다. 또 豪華富貴와 遺逸風騷의 사람들이 稧를 만들어 昇平稧라하여 歡娛와 讌樂을 일삼았는데 실제는 先生이 盟主였다.[4]

라 한 것을 들어 이들의 活動舞臺를 '昇平稧歌壇'이라 부르지만[5] 昇平稧의 構成員이 '遺逸風騷之人'은 閭巷人들과 意氣가 投合할지 모르나 '豪華富貴之人'은 閭巷人들의 後援者가 될 수 있을지는 몰라도 함께 어울려 歌壇을 형성하고 활동하기는 어려운 것이 아닌가 한다. 또, 여러 사람들이

---

4) 雲崖朴先生 平生善歌 名聞當世 每於水流花開之夜 月朗風淸之辰 供金樽按檀板 喉轉聲發 不覺飛樑塵而遏游雲 雖古之龜年善才 無以加焉 以敎坊句欄 風流才子冶遊士女 莫不推重之 不名與字 而稱朴先生 時則有友臺某某諸老人 亦皆當時聞人豪傑之士也 結稧曰老人稧 又有豪華富貴 及遺逸風騷之人 結稧曰昇平稧 惟歡誤讌樂之事 而先生實主盟焉(金玉叢部, 安玟英序)

5) 權斗煥, 『朝鮮後期 時調歌壇 硏究』(서울大 博論), p.71.

모여 時調를 짓거나 노래를 부르거나 하더라도 일정한 장소가 있어야 할 것이다. 예를 들어 閭巷 漢詩人들이 千壽慶(1757~1818)의 松石園에 모여 詩社를 만들어 松石園詩社라 부른 것처럼 閭巷 歌樂人들도 비록 단체를 만들어 詩社와 같은 조직은 없었다 하더라도 그들이 모여 歌壇의 활동을 할 수 있었던 곳은 雲崖山房이 아니었나 한다. 이곳을 드나든 사람으로 시조를 지은 사람은 主人인 雲崖를 비롯하여 周翁과 金允錫이 있고 이들보다 後輩로 생각되는 扈錫均이 있다고 하겠다.

3. 作家의 檢討

이 시대에 편찬된 가집은 『歌曲源流』系 가집들과 周翁의 개인 가집인 『金玉叢部』가 있다. 따라서 작품들도 이들 두 가집에만 수록되어 있다. 『歌曲源流』系 가집이 曲調別로 편찬하였기 때문에 다른 가집에 비해 작자에 대한 소개가 간략한 편이라 참고할 사항이 거의 없는 실정이다. 또 수록 문헌인 『歌曲源流』가 曲調別로 만들어진 가집이기 때문에 同一人의 작품이라도 한 곳에 계속해서 수록되어 있는 것이 아니라 曲調別로 分散되어 수록되어 있다. 그 대표적인 例가 長短時調가 있는 경우는 반드시 나뉘어 수록되어 있다.

1) 李廷蓋

六堂本『靑丘永言』에 수록되어 있는 李廷鎭과 혼동되어 同一한 사람으로 다루고 있으나 李廷鎭은 분명 六堂本『靑丘永言』에만 나오고 李廷蓋은 『歌曲源流』系 가집에서 李廷鎭의 작품에도 李廷蓋으로 작자를 표기했기 때문에 後代人들은 同一人으로 보고 있으나 분명 다른 사람이라 생각된다.

　李廷藎은 字가 集仲이며 號가 百悔翁으로 되어 있으나 가집에 따라 執仲으로도 百晦翁으로도 표기 되어 있고 河合本에는 '仁川人'이 더 추가되어 있다. 雲崖보다는 먼저 활동한 사람으로 생각된다.

2) 金學淵

　河合本과 國樂院本『歌曲源流』에 1首씩과 重複 포함『花源樂譜』에 2首가 수록되어 있는데『花源樂譜』에 字가 塀敎라고만 기록되어 있다. 河合本에 작품이 수록되어 있는 것으로 미루어 雲崖보다 먼저 활동한 사람이라 여겨진다.

3) 任義直

　任義直은 가집에 따라 作者名 다음에 "字 伯亨 善琴鳴於世"(源國) 이니, "字伯亨 一國名琴"(源六)이니, "林宜直 字伯炯 名歌"(源一)이라 되어 있는 것으로 미루어 歌客으로도 琴客으로도 활약한 사람이라 생각된다. 그의 작품의 주제가 江湖閑情이나 田家閑居, 逍遙遊覽인 것처럼 자연에서 가야금을 벗삼아 한가롭게 살아간 사람이 아닌가 한다.

4) 宋宗元

　宋宗元은 姓名과 字가 君星(君成) 이라고 한 것 以外에는 더 以上의 아무런 기록도 참고할 자료가 없다. 작품 주제가 思鄕歸心이나 江湖閑情인 것을 보아 고향을 떠나 있으면서 강호에서 한가롭게 지낸 사람이라 생각된다.

5) 朴英秀

朴英秀는 河合本에 "字士俊 號 杏泉 資憲 善歌知音律"이라 했고 一石本에서는 "朴英洙 字士俊 知中樞"라고 되어 있으며 다른 異本들은 "字士俊"이라고만 되어 있다. 資憲이란 資憲大夫의 略稱이고 知中樞는 知中樞府事를 가리키는 것인데 다 正2品의 벼슬이다. 그가 官職에 나갔는지, 官職에 나가 이런 벼슬을 했다면 이는 분명 士大夫 출신이겠는데 信憑性이 없다고 하겠다. 다만 노래를 잘하며 音律에 밝아 당시 이런 閭巷人들의 後援者인 大院君에 의해서 혹 어떤 벼슬을 할 수도 있겠지만 이는 閭巷人들 서로가 상대방을 呼稱할 때에 상대방에게 듣기 좋게 부른 칭호들이 아니었나 한다. 이런 현상은 이미 前代에도 閭巷人 歌客들의 칭호에도 쓰였기 때문이다. 작품 주제가 戀慕相思나 空閨怨慕가 있는 것으로 미루어 다른 누구보다도 閭巷人들의 性向이 두드러진 작품을 남겼다고 하겠다.

6) 朴孝寬

그는 字를 景華, 號를 雲崖라 하였으며 正祖 24年(1800)에 出生했음을 周翁의 『金玉叢部』에 의해서 알 수 있다. 그의 出身이나 家系에 대해서 알려진 것이 없으며 다만 周翁의 글에 의해서 그의 사회적 활동상황이나 生涯, 人品 등을 짐작할 수 있을 따름이다.

그는 大院君의 후원 아래 弼雲臺에서 雲崖山房을 경영하면서 首弟子 周翁을 비롯해 여러 歌客과 琴客, 樂工, 妓女들과 어울려 風流를 즐겼고, 友臺의 몇몇 老人들과 이름이 알려진 豪傑之士와는 老人楔를, 豪華富貴人과 遺逸風騷人과는 昇平楔를 만들어 이를 主管했으니 그의 사회적인 활동상황을 짐작할 수 있다. 그의 생활은

늘그니 져 늘그니 林泉에 숨은 져 늘그니

    詩酒歌 琴與碁로 늙거온은 져 늘그니
    平生에 不求聞達허고 졀노 늙는 져 늘그니.(金玉 46)

    梅影이 부드친 窓예 玉人金釵 비겨신져
    二三 白髮翁은 거문고와 노러로다
    이윽고 盞드러 勸하랴져 달이 또한 오르더라.(金玉 6)

에서 보는 것처럼 詩歌와 琴碁로, 술로, 거기에 盆栽에도 一家見을 가졌
으며 벼슬에는 처음부터 관심이 없었고 오직 風流만을 즐긴 사람이라 하
겠다. 그의 人品을 周翁은

    놉푸락 나즈락라며 멀기와 갓갑기와
    모지락 둥그락ᄒ며 길기와 저르아와
    平生에 이러ᄒ엿스니 무삼 근심 잇스리.(金玉 24)

라고 노래하면서 작품 解說에서

    雲崖 朴先生은 平生 사람과 事物을 대하고 만남에 있어 기쁨만 있고
    노여움이 없다. 매양 기뻐하니 君子의 風度가 있고 근심이 없고 太平하게
    사는 늙은이라 이를 만하다.6)

고 하였으니 그의 인품을 알 수 있다고 하겠다.
그가 정확히 언제까지 生存했었는지는 정확히 알 수 없으나

    弼雲臺 好林園에 詩酒歌琴 八十年을
    喜怒를 不形ᄒ니 君子之風이로다
    至今의 鶴駕鸞驂을오 乘彼白雲 ᄒ민져.(金玉 102)

---

6) 『金玉叢部』作品 24 解說, "雲崖朴先生 平生柳喜無怒 待人接物也 每每悅之 可謂君子
   之風 亦可謂無愁太平翁"

로 미루어 80歲 以上을 살았으며 記錄上에는 81歲가 되는 해까지로 되어 있다.

7) 安玫英

安玫英(1816~?)은 字가 聖武 또는 荊甫 號는 周翁 또는 口圍東人인데 口圍東人은 大院君이 내려준 賜號이다. 純祖 16年(1816) 6月 29日에 태어나서 그보다 16年 年上인 雲崖 朴孝寬에게서 배웠다. 高宗 4年에 大院君을 陪從한 以來 그의 長子인 又石 李載冕의 知遇와 碧江 金允錫을 비롯한 親友와 全國에 많은 妓女들과 더불어 風流를 즐기며 생활하였다. 親友 安敬之가 죽어서 지은 작품의 해설에서 밝힌 年記가 高宗 22年(1885)으로 그의 나이 70歲의 일이니 그가 적어도 70의 나이는 넘겨 살았음은 알겠으나 정확한 沒年은 모르는 실정이다. 그에게는 『金玉叢部』라는 개인 가집이 있고, 가집 『歌曲源流』는 스승 朴孝寬과 더불어 편찬한 것으로 되어 있다.

그의 家族關係나 家系가 밝혀진 것이 없어 어떻게 생활했는지는 자세히 알 수 없으나 夫人이 죽어서 지은

> 니 죽고 그디 살라 使君知我此時悲허세
> 달은 날 黃泉 길에 그 丁寧 만날연니
> 니 엇지 그디의 無限헌 폭빅을 견딀쥴리 잇쓰리.(金玉 105)

를 보면 먼저 죽은 婦人을 다시 黃泉에서 만난다면 生前에 잘 대해주지 못했던 婦人의 暴白을 어찌 감당할 수 있겠는가 하고 말한 것으로 미루어 가정을 원만하게 이끌어 가지는 못한 것이 아닌가 한다. 작품 解說에서

> 나는 南原 室人과 더불어 四十年을 서로 살면서 琴瑟로 벗을 하여 마음으로야 같이 돌아가기로 하였으나 鬼神이 도와주지 아니하여 庚辰年 7月 23日에 宿患으로 문득 가니 이 때의 슬픔이 과연 어떠 하리오.[7)

라 하였으니 庚辰年은 그가 65歲가 되던 해이니 40을 구체적인 것으로 본다면 25歲에 결혼하여 40年을 同居한 것이 된다.

> 我不孝親ᄒ니 子焉孝我 ᄒ랴마ᄂ
> 人情이 제 글너셔 子不孝我를 셔러ᄒ네
> 이 後ᄂ 子不孝我를 셔러 말고 我不孝親 뉘우칠져.(金玉 108)

를 보면 자식들도 부모에게 효도를 제대로 하지 않은 것으로 되어 있어 "悔之何反" 이라 한 것처럼 자식을 잘못 가르친 것이 자기에게 책임이 있다고 한 것으로 미루어 그는 天性이 효성스러웠다고 하겠다.

그의 思想은 다음 작품으로 代辯된다고 하겠다.

> 紅塵을 이믜 下直ᄒ고 桃源을 차자 누엇스니 六十年 世外風浪 꿈이런 듯 可笑롭다
> 이몸이 閑暇ᄒ야 山水의 遨遊헐졔 一小舟의 不施篙鱸ᄒ고 風帆浪楫으로 任其所之 ᄒ올져긔 水涯에 觀魚ᄒ며 沙際에 鷗盟ᄒ야 飛者走者와 浮者 躍者로 形容이 익어스니 疑懼ᄒᄇ 잇슬것가 杏壇의 비을 미고 釣臺에 긔여 올나 고든 낙시 되리우고 石頭에 조으다가 漁夫의 낙근 고기 柳枝에 꿰여들고 興치며 도라올졔 園翁野叟와 樵童牧竪을 溪邊에 邂逅ᄒ야 問桑麻 說秔稻홀졔 杏花村 바라보니 小橋邊 쓴 술집이 靑帘酒 날니거날 緩步로 들어가서 곳으로 籌노으며 酩酊이 醉혼 후의 東皐의 긔여 올나 슈파람 혼마듸을 마음더로 길게 불고 다시금 뫼여 ᄂ려 임청유이부시ᄒ고 무고 송이반환 타가 黃精을 ᄭ여 들고 집으로 돌아 올졔 芳逕의 나는 곳츤 衣巾을 침노ᄒ고 碧樹의 우난 시는 流水聲을 화답혼다 문 압페 다다라ᄂ 막디를 의지ᄒ야 四面을 살펴보니 夕陽은 在山ᄒ고 人影이 散亂이라 紫綠이 萬狀인데 變幻이 頃刻이라 松影이 參差여늘 禽聲이 上下로다 山腰의 兩兩 笛聲 쇠등의 아희로다 俄已오 日落西山ᄒ고 月印前溪ᄒ니 羅大經의 山中이며 王摩詰의 網川인들 여긔와 지날것가 뜰 가온더 드러셔니 셤뜰 밋테 어린 蘭草 玉露의 눌녀 잇고 울가의 셩긘 곳츤 淸風의 나붓긴다 房안의

---

7) 『金玉叢部』作品 105 解說, "余與南原室人 相隨四十年 琴瑟佑之 意欲同歸矣 神不佑之 庚辰七月二十三日 以宿病奄忽 此時悲悼 果何如哉

드러가니 期約둔 黃昏月이 淸風과 함긔 와셔 불거니 비취거니 胸衿이 灑
落ᄒ다 瓦盆의 듯넌 술을 匏樽으로 바다니야 任과 흠긔 마조 안져 드러
셔로 勸할 져게 黃精菜 鱸魚膾는 山水를 가츄미라 嗚嗚咽咽 洞簫聲을 니
能히 부러스니 淸風七月 赤壁勝遊ㅣ 여긔와 彷佛ᄒ다 거문고 잇그러셔
膝上의 빗겨 놋코 鳳凰曲 흔바탕을 任 시겨 불니면셔 興디로 집허스니 司
馬相 鳳求凰이 여긔와 밋츨것가 竹窓을 밀고 보니 달이 거의 나지여널 밤
은 하마 五更이라 솔그림ᄌ 어린 곳의 鶴의 쑴이 깁허거날 딕슈풀 우거진
데 이슬바람 션을ᄒ다 玉手를 잇끌고셔 枕上의 나아가니 琴瑟友之 깁흔
情이 뫼 갓고 물 갓타야 連理예 비취여널 綠水의 鴛鴦이라 巫山의 雲雨夢
이 여긔와 엇덧턴고 문노라 번님네야 安周翁의 悅心樂志 이만ᄒ면 넉넉흔야
　이 後란 離別을 아조 離別ᄒ고 桃源의 길이 슘어 任과 함긔 즐기다
가 元命이 다ᄒ거든 同年冬月 同日時에 白日昇天 ᄒ오리라. (金玉 177)

라고 하면서 해설에서 "古之桃源 亦今之桃源也 我之隱於此行此樂 毋乃
天賜神佑耶"한 것처럼 옛날의 桃源은 이제도 桃源이며 내가 이렇게 즐기
며 사는 것이 하늘이 내려준 것이며 神이 도운 것이니 그의 말처럼 "功名
은 本非願이요 富貴는 初不親이라"고 한 것처럼 현실에 만족하면서 理想
을 그리는 그런 思想의 소유자라 하겠다 다시 말하면 現實에 만족하면서
未來指向的인 건전한 사상을 가진 사람이라 하겠다.

8) 金允錫

金允錫(?~1883)은 字가 君仲이고 號가 碧江인 琴客이다. 周翁과는 아
주 절친한 사이이며 『金玉叢部』에 그와 관련이 있는 작품만도 8首나 된
다. 그를 두고 지은

六月 羊裘 져 漁翁아 낙근 고기 換酒ᄒ세
取適이요 非取魚ㅣ라 고든 낙시 딕리우고
西山에 히 져물러지거든 碧江月을 싯고 놀녀 ᄒ노라.(金玉 94)

는 그가 대상 인물의 雅號를 終章에 넣어서 시조를 짓는 수법의 하나다. 이 작품에 대한 解說에서 "金同樞允錫 字君仲 號碧江"이라 하여 官職이 同知中樞府事를 지낸 것처럼 말하고 있으나 실제와 다르며 閭巷人들 상호 간의 상대방을 좋게 부르는 呼稱이라 생각된다. 그가 琴客인 것은 『金玉叢部』 作品 178의 解說 가운데 "碧江金允錫君仲 是一代透妙名琴也"라 한 것으로 알 수 있다. 그가 죽어 訃音을 듣고 지은

嗟爾 君仲이 길이 가니 琴韻歌聲이 머러거다
我葬를 汝葬홀듸 汝葬을 我葬ᄒ니
네 마닐 알오미 잇슬진딘 늣겨갈가 ᄒ노라.(金玉 115)

의 解說에서

나와 碧江 金允錫 君仲은 三十年을 서로 따라 다녀 情誼가 아교와 옻
과 같아 일찍이 하루라도 잠시 떨어지지 못하더니 癸未年 봄에 君仲과 같
이 술을 마시고 그 이튿날 아침에 訃告를 들으니 이게 꿈이냐 生時이냐?8)

처럼 그의 죽음을 哀悼하고 있는데 癸未年(1883)은 周翁이 63歲가 되던 해이다. 그의 작품이 1首밖에 없는 것은 아마도 琴客이기 때문인가 한다.

9) 扈錫均

扈錫均은 雲崖나 周翁보다 同年輩보다는 얼마간 나이가 적은 後輩일 可能性이 크다고 하겠다. 왜냐하면 그의 작품 16首 가운데 3首만이 國樂院 本에 수록되어 있고 나머지는 一石本 卷 4에 수록되어 있는데 一石本 卷 4는 本編과는 관계없이 追加로 수록된 것이기 때문에 『歌曲源流』와는 상

---

8) 『金玉叢部』作品 115 解說, "余與碧江金允錫君仲 相隨三十年 誼漆情膠 未嘗一日暫離
癸未春 與君仲會飲於壽洞 而翌朝聞訃 眞耶夢耶

관이 없다고 하겠다. 따라서 여기 수록된 작품은 상당히 後代에 지은 작품들이 아닌가 한다. 一石本에서 작자에 대한 설명에서 "前加德僉使"라고 하였으니 僉使는 僉節制使로 武官職이다. 그러나 막연히 僉使라고 한 것과는 달리 구체적인 地名까지 나와 있어 僉使의 벼슬을 한 것이 아닌가도 생각되나 品階가 從3品인 것으로 미루어 信憑性이 없는 것이 아닌가 한다.

> 雲臺上 鶴髮老仙 風流宗師 그 뉠너냐
> 琴一張 歌一曲에 永樂天年 ᄒ단말가
> 謝安의 携妓東山이야 닐러 무슴 ᄒ리요.(源國 295)

> 紅白花 조쟈진 곳에 才子佳人 뫼혀세라
> 有情흔 春風裏에 ᄲ혀간다 淸歌聲을
> 아마도 月出於東山토록 놀고 갈기 가 ᄒ노라.(源國 369. 543)

의 2首는 周翁 以外의 작가가 雲崖에 대해서 또 雲崖山房에서 있었던 일을 노래한 것으로, 뒤의 것은 重複하여 수록되어 있는데 作家名 다음에 "字 號壽竹齋 三月時來遊雲翁道庄製", "字 號 壽 暮春會飮於雲臺山房作" 이라 되어 있어 雲崖山房에 出入한 歌客이라 하겠다.

그러나 늦게는 스님이 되어 入山修道 하여 佛道를 닦은 것이 아닌가 한다. 왜냐하면 그의 작품 가운데 다음과 같은 것이 있기 때문이다.

> 니 나히 半百이라 風流호화 다 더지고
> 盛世에 발인 몸이 入山修道 ᄒ온 뜻즌
> 日後란 蓮花臺上에 놀라볼가 ᄒ노라.(源一 702)

10) 河順一

朝鮮 末期의 歌客으로 一名 淸一 이라고도 하였다. 서울 출생으로 高城 (혹 固城) 郡守를 지냈고 朴孝寬으로부터 歌曲을 배웠고 歌曲만이 아니라

歌詞와 時調, 거문고 연주에도 能했다. 1908年 以後 朝鮮正樂傳習所에서 男女唱 歌曲을 가르쳤다. 河圭一과는 四寸間이다.

11) 河圭一 (1867~1937)

近世 歌曲의 巨匠으로 字는 聖紹 號는 琴下, 崔壽甫 朴孝寬에게서 歌曲을 배워 一家를 이루었다. 1901年에 漢城府少尹과 漢城裁判所判事를 지냈고 1910年에는 鎭安郡守를 역임했다. 合邦後 1911年에 朝鮮正樂傳習所 學監을 거쳐 1926年부터 1937年까지 李王職雅樂部 囑託으로 취임하면서 歌曲, 歌詞, 時調를 傳受하였다. 著書로『歌人必携』가 있다.

4. 作品의 檢討와 內容

1) 李廷藎

六堂本『靑丘永言』에 수록되어 있는 李廷鎭의 작품을 除外하고『歌曲源流』系 가집에서 李廷藎의 記名으로 된 작품만을 대상으로 삼는다. 李廷藎으로 記名된 작품은 모두 9首이나

> 남이 害헐디라도 나는 아니 결울 거시
> 참우면 德이요 결우면 것트려니
> 굽움이 제게 잇거니 굽을 줄이 이시랴.(源國 318)

는 珍本『靑丘永言』에서 六堂本『靑丘永言』에 이르는 가집들이 無名氏로 다룬 것을『歌曲源流』系 가집에 와서 李廷藎의 作品으로 다루는 것은 作者의 信憑性이 문제가 되기 때문에 除外 하였고,

　　玉宇에 나린 이슬 虫聲좃추 젓져 운다
　　金英을 손죠 싼셔 玉盃에 씌웟신들
　　纖手로 勸헐리 듸 업스니 그를 슬허 하노라.(源國 713)

는『協律大成』에서는 李廷藎 作으로 되어 있으나『海東樂章』에서는 安
玟英 作으로 되어 있다. 周翁과『海東樂章』과의 關聯性을 考慮할 때에 이
는 周翁의 작품으로 보는 것이 妥當하리라고 생각되어 除外하면 李廷藎의
작품은 7首가 된다고 하겠다. 河合本에서 雲崖와 周翁의 작품을 無名氏
作으로 다룬 것이 많은 것처럼 "늙어 됴흔 일이……"는 朴氏本과 舊皇室
本에서만 無名氏로 다루었고 반대로 "銀瓶에 찬 물 쓰라……"와 "紅樓畔
綠柳間에……"는 六堂本과 佛蘭西本에서만 李廷藎의 作으로 다루고 있다.

　　자다가 찌어보니 이 어인 쇼리런고
　　入我床下 蟋蟀인가 秋思도 迢迢하다
　　童子도 對答지 아니코 고기 숙여 조으더라.(源河 380)

는 河合本을 비롯하여 六堂本, 朴氏本, 舊皇室本,『海東樂章』,『協律大
成』에서 "此四時歌中秋題" 혹은 "四時歌中秋題"라고 되어 있어 그의 작품
이 더 있음을 示唆해 준다.
　　그의 작품 주제는 白髮嗟歎과 戀慕相思가 各各 3首와 2首로 白髮嗟歎
을 노래한

　　靑春에 보던 거울 白髮에 곳쳐 보니
　　靑春은 간듸 업고 白髮만 뵈는고나
　　白髮아 靑春이 제 갓시랴 네 쫏튼가 하노라.(源國 258)

　　늙어 됴흔 일이 百에서 흔 일도 업늬
　　쏘던 활 못쏘고 먹던 술도 못 먹괘라
　　閣氏네 有味흔 것도 쓴 외 보듯 하여라.(源國 316)

에서 앞의 것은 내용도 내용이지만 靑春과 白髮의 두 낱말을 各 章마다
배치하여 措辭의 妙를 살렸다고 하겠으며 初章과 中章에서는 靑春을 앞에
가져오고 白髮은 뒤에 놓았으나 終章에서는 이를 바꾸어 배치한 것은 한
껏 語辭 運營의 妙를 이루었다고 하겠다. 뒤의 것도 늙음은 한탄하는 작품
에서 흔히 볼 수 있는 표현 같아 보이지만 終章의 절실한 표현으로 한층
돋보이는 작품이 되었다고 하겠다.

> 銀瓶에 찬물 짜라 玉頰을 다스리고
> 金爐에 香을 퓌고 雪月을 對ᄒ야서
> 비는 말 傳ᄒ리 잇시면 님도 슬허 ᄒ리라.(源河 684)

> 紅樓畔 綠柳間에 多情할쏜 뎌 꾀꼬리
> 百囀好音으로 나에 꿈을 놀니느니
> 千里에 그리는 님을 보고지고 傳ᄒ렴은.(源河 685)

는 戀慕相思의 주제를 잘 살린 작품이라 하겠다.
달리『風謠續選』卷 2에 李廷藎의 漢詩가 1首 수록되어 있으나 그는 字
가 敬珍이며 陽城人으로 보아 同名異人이라 하겠다.

2) 金學淵

그의 작품은 3首가 河合本과 國樂院本 및『花源樂譜』에 수록되어 있는
데 1首는 엇시조로 분류된다.

> 落花는 뜻이 이셔 流水를 ᄯ루거늘
> 無情ᄒ 뎌 流水는 落花를 보닉거다
> 落花야 너 언제 너 홀로 보닉더냐 나도 함끠 흐르노라.(源河 428)

는 엇시조의 형식으로 落花와 流水를 初·中章에 배치하고 終章에는 落

花만 있으나 措辭의 妙를 살린 작품이라 하겠다.

> 堯田은 갈던 스룸 水慮를 못 닉엿고
> 湯田을 갈던 스룸 旱憂를 어이후고
> 아마도 無憂無慮헐쏜 心田인가 후노라.(源國 24)

는 敎誨警戒를 주제로 하고 있는 작품으로 여기서도 '田'字를 各 章에 배치하여 措辭에 대해 苦心한 것이 아닌가 한다.

3) 任義直

그의 작품은 6首가 전하고 있는데 1首는 辭說時調다. 朴氏本과 舊皇室 本에는 辭說時調를 除外한 5首만 수록되어 있으나 全部를 無名氏 作으로 다루었고 舊皇室本에서 "金波에 배를 타고……"를 黃喜의 작품으로 다루 고 있으나 작가에 대한 信憑性은 없다고 하겠다.

작품의 主題는 福壽頌祝을 노래한 것이 있기는 하나 江湖에서 閑暇하게 逍遙하며 사는 것을 노래한 것이 있으니

> 金波에 비를 타고 淸風으로 멍에후여
> 中流에 씌워 두고 笙歌를 알욀 격에
> 醉후고 月下에 졋시니 시름 업셔 후노라.(源國 74)

> 洛陽 三月時에 宮柳는 黃金枝로다
> 春服이 旣成커늘 小車에 술을 싯고 桃李園 차쟈 드러 東風을 洒
> 掃후고 芳草로 자리 숨아 鸕鷀酌 鸚鵡盃로 一杯一杯 醉케 먹고
> 吹笙鼓簧후며 詠歌舞蹈헐제 日已西하고 月復東이라
> 兒禧야 春風이 몃날이리 林間에 宿不歸를 후리라.(源國 504)

를 보면 좀 과장된 표현이기는 하지만 江湖에서 悠悠自適하는 생활의 모습을 엿볼 수 있다고 하겠다.

4) 宋宗元

그의 작품은 8首가 전하고 있으나『靑邱歌謠』를 비롯하여『樂學拾零』,
서울大本『樂府』, 六堂本『靑丘永言』에서 金斗性의 작품으로 되어 있는
것을 除外하면 7首가 된다. 이 가운데 4首는 朴氏本과 舊皇室本에서 無名
氏 作으로 다루고 있음은 任義直과 같다.

작품의 주제는 思鄕歸心이나 江湖閑情을 노래한 것이 各各 2首씩 있으나

> 金風이 부는 밤에 나무닙 다 지거다
> 寒天 明月夜에 기럭이 우러 녤졔
> 千里에 집 쩌난 客이야 좀 못일워 ᄒ노라.(源國 210)

> 夕鳥는 나라 들고 暮烟은 니러난다
> 東嶺에 달이 올나 襟懷에 빗최도다
> 兒禧야 瓦樽에 술 걸너라 彈琴ᄒ고 놀니라.(源國 390)

처럼 신선한 감을 느낄 수가 없다고 하겠다.

5) 朴英秀

그의 작품은 5首가 전하는데 朴氏本『詩歌』와 舊皇室本『歌曲源流』에서
는 전부 無名氏 作으로 다루고 있으며 "西廂에 期約ᄒ 님이……"는 河合
本『歌曲源流』에서 王邦衍 작으로 되어 있으나 이는 바로 앞에 수록된 작
품이 王邦衍의 것이기 때문에 轉寫者의 실수라 하겠다.

작품의 주제는 戀慕相思와 空閨怨慕가 各各 2首와 1首로 작품을 引用
해 보면 다음과 같다.

> 西廂에 期約ᄒ 님이 달 돗도록 아니 온다
> 지게ᄃ 문 半만 녈고 밤드도록 기다리니

月移코 花影이 動ㅎ니 님이 오나 넉엿노라.(源國 226)

千里에 글이는 님을 꿈속에나 보려ㅎ고
紗窓을 倚支ㅎ야 午夢을 니루더니
어듸셔 無心흔 黃鶯兒는 나의 꿈을 씨오ㄴ니.(源國 227)

우러셔 나는 눈물 우흐로 솟지 말고
九回 肝腸에 속으로 홀너드러
님글여 다틋는 肝腸을 눅여 볼ㄱ가 ㅎ노라.(源國 343)

6) 朴孝寬

雲崖는 周翁과는 달리 作詩에는 관심이 적었던 것이 아닌가 한다. 周翁은 개인 가집을 가진 정도로 많은 작품을 지었으나 雲崖의 작품으로 전하는 것은 모두 15首이다. 이 가운데 1首는『金玉叢部』에 수록되어 있으니 아무래도 周翁의 작품으로 보는 것이 타당하다고 하겠다. 그것은

洛城西北 三溪洞天에 水澄淸而山秀麗ㅎ듸
翼然佳亭에 伊誰在矣오 國太公之偃仰이시라
비ㄴ니 南極老人 北斗星君으로 享壽萬年 ㅎ오쇼셔.(源國 155)

인데 내용으로 보아 大院君의 長壽를 비는 것으로 雲崖나 周翁 모두가 大院君의 庇護를 받고 있어 그를 위해 이런 작품쯤은 지어 그의 환심을 사기에 충분한 것이라 섣부른 판단을 내리는 것이 어렵겠지만 雲崖와 周翁의 관계에서 보면 周翁이 스승의 작품을 자기의 것이라 하여 자신의 가집에 수록할 수는 없을 것이고, 형식으로 보아 엇시조라 한다면 雲崖에게는 平時調밖에 없으며, 曲調로 보아 이 작품은 騷聳인데 雲崖에게는 騷聳에 해당하는 작품이 없고 周翁에게는 '梅花詞' 8首 가운데 1首가 騷聳임을 勘案한다면 이 작품은 周翁의 것으로 보는 것이 當然하다고 하겠다.

그의 작품 14首 가운데 "文王子 武王弟로……"와 "南極 老人星이……"의 2首는 六堂本과 佛蘭西本에만 수록되어 있어 혹 이 두 異本이 國樂院本보다 나중에 이루진 가집이 아닌가도 생각된다.

그의 작품을 內容別로 나누어 보면

① 空閨怨慕　　3首　　② 感物敍景　　3首
③ 聖世逸民　　2首　　④ 寄托風流　　1首
⑤ 白髮嗟歎　　1首　　⑥ 四季節侯　　1首
⑦ 戀慕相思　　1首　　⑧ 離別哀傷　　1首
⑨ 好色貪花　　1首

로 分類할 수 있다고 하겠다. 그의 작품은 전체적으로 男性 趣向的이기보다는 女性 偏向的이라 할 수 있을 것이다.

그러나 그는 大院君과 그의 長子 又石 李載冕의 덕분에 안정된 생활을할 수 있었고 그들의 후원이 절대적이기 때문에 크게 鼓舞되어 감격하기도 했겠지만 大院君의 次子가 高宗으로 登極하게 되자

南極 老人星이 四教齋에 드리오셔
우리님 壽富貴를 康寧으로 도으셔든
우리도 德蔭을 무르와 太平諛樂 ᄒ노라.(源六 317)

周雖舊邦이나 其命이 維新이라
受天之詔命ᄒ샤 布德宣化 ᄒ오시니
다시금 我東方 生靈이 熙華世를 보리로다.(源國 17)

처럼 興宣君이 興宣大院君의 封號를 받고 高宗을 攝政하는 과정에서 高宗의 登極을 讚揚하기도 하고 大院君의 威嚴을 칭찬하여 高宗의 萬壽無疆과 大院君이 政權을 잡아 새로 내리는 모든 命令들이 백성들에게는 새로운 세상을 가져 올 것이라는 희망적인 사실을 노래한 것으로 抒情性은 적

은 것이다.

> 쑴에 왓던 님이 찌여보니 간듸 업늬
> 耽耽이 괴던 ᄉ랑 날 ᄇ리고 어듸간고
> 쑴ㅁ 속이 虛事이라만졍 져로 뵈게 ᄒ여라.(源國 323)

> 님이 가오실 뎍에 날은 어이 두고 간고
> 陽緣이 有數ᄒ여 두고 갈 法은 ᄒ거니와
> 玉皇게 所志原情ᄒ여 다시 오게 ᄒ시쇼..(源國 294)

> 於臥 니 일이여 나도 너 일 모를노다
> 우리 님 ᄀ오실제 ᄀ지 못ᄒ게 못헐넌가
> 보니고 길고 긴 歲月에 슬픈 싱각 어이료.(源國 293)

처럼 홀로 지내는 여인의 외로운 심정이나

> 님글인 相思夢이 蟋蟀의 넉시되야
> 秋夜長 깁푼 밤에 님의 房에 드럿다가
> 날 닛고 깁히 든 줌을 찌와볼ㄱ 가 ᄒ노라.(源國 306)

처럼 戀人을 짝사랑하는 애뜻한 심정을

> 空山에 우는 뎝동 너는 어이 우지는다
> 너도 날과 갓치 무음 離別 ᄒ엿느냐
> 아무리 피나게 운들 對答이나 ᄒ더냐.(源國 205)

처럼 離別의 아픔을 노래한 것에서 그의 작품의 뛰어난 抒情性을 찾을
수 있다고 하겠다.

그의 노래 전체적인 느낌이나 분위기 또는 語辭에 있어

> 蔽日雲 쓰르치고 熙皞世를 보렷터니
> 닷는 말 서셔 늙고 드는 칼 보뮈엿다

ᄀ지록 白髮이 지촉ᄒ니 不勝慷慨 하여라.(源國 98)

는 南坡의 작품

　　綠駬霜蹄 櫪上에셔 늙고 龍泉雪鍔 匣裡에 운다
　　平生에 먹은 뜻을 俗節 업시 못이루고
　　갓득에 못슬믠 白髮은 좃ᄎ 어이 비안다.(周海 420)

와 작품에서 느끼는 전체적인 느낌에 비슷하고, "어와 니일이여……"와
"꿈애 왔던 님이……"는 各各 妓女 黃眞伊와 明玉의

　　어뎌 니 일이여 그릴줄을 모로던가
　　이시라 ᄒ더면 가랴마ᄂ 제 구ᄐ야
　　보니고 그리ᄂ 情은 나도 몰나 ᄒ노라.(樂學 25)

　　꿈에 뵈ᄂ 님이 信義 업다 ᄒ것마ᄂ
　　貪貪이 그리올졔 꿈 아니면 어이 보리
　　져 님아 꿈이라 말고 ᄌ로ᄌ로 뵈시쇼.(靑六 279)

와 類似하다고 하겠다. 雲崖가 위의 시조들을 모방했다고는 할 수 없겠
지만 男子로서의 氣槪와, 戀人과의 離別을 서러워하고 서로를 그리는 감
정은 남녀가 따로 없고 어디까지나 인간이면 누구나 가지는 감정의 所産
이라 하겠다.

7) 安玟英

그의 작품은 『歌曲源流』系 가집과 개인 가집인 『金玉叢部』애 수록되어
전한다. 『歌曲源流』系 가집에 수록되어 있는 작품들은 그의 작품의 절반
도 안된다. 『金玉叢部』에 수록된 180首 以外에 그의 작품을 보면, 國樂院

本을 비롯하여 奎章閣本, 六堂本, 佛蘭西本, 『海東樂章』과 『協律大成』에는 無名氏 作으로 되어 있으나, 朴氏本과 增補本 『歌曲源流』에 周翁의 作으로 되어 있는

華山道士 神中寶로 獻壽東方 國太公을
靑牛十回 白蛇節의 開封人是 玉泉翁을
이 잔의 천일쥬 가득 부어 만슈무강 비나이다.(源朴 678)

과, 이 작품이 수록되어 있는 다른 異本에는 無名氏 作으로 되어 있으나 『協律大成』에서는 李廷藎 作으로 되어 있는

玉宇의 나란 이슬 虫聲좃ᄎ 뎌뎌 운다
金英을 손죠 ᄯᅥ셔 玉杯의 씌워두고
纖手로 勸홀데 업스니 글올 슬허 ᄒ노라.(海樂 710)

과, 國樂院本과 奎章閣本, 朴氏本, 舊皇室本, 一石本에서는 無名氏 作으로 重複되어 수록되어 있고 河合本에서는 無名氏 作으로도 大院君 作으로 되어 있으며 『花源樂譜』에도 大院君 作으로 되어 있는

揮毫紙面何時禿고 磨墨硏田畢竟無 ㅣ라
뭇노라 뎌 스름아 이 글 뜻을 能히 알다
其人이 莞爾而笑ᄒ고 唯唯而退 ᄒ더라.(海樂 734)

는 『海東樂章』에는 周翁의 作으로 되어 있다. 『歌曲源流』系 가집 가운데 周翁의 작품이 가장 많이 수록되어 있고 周翁의 『金玉叢部』의 序文과 같은 글이 『海東樂章』에만 수록되어 있는 점으로 미루어 作者에 대한 信憑性이 다른 異本들보다는 크다고 보기 때문에 이 작품 2首를 周翁의 것으로 보고자 한다.
또 一石本 『歌曲源流』卷 4에는 周翁의 작품으로 된 것이 4首가 있으나

누구셔 술을 大醉한 後면 온갓 시름을 잇는다던고
望美人於天一方헐제 몃 百盞을 먹어도 寸功이 전여 업니
眞實로 白髮倚門望은 더욱 닛지 못하야.(源一 554)

는 珍本『靑丘永言』을 비롯한 六堂本『靑丘永言』에 이른 가집에 수록되어 있고『歌曲源流』系 다른 가집들도 다 無名氏 作으로 되어 있으면서 一石本에서만 周翁의 작품이라 記名된 것은 信憑性이 없다. 그러나 다음의 3首는 作者名이 安玟英이 아닌 安炯甫로 되어 있으나 그의 字가 荊寶이니 비록 '炯甫'와 다르다 하더라도 이는 아마도 周翁이 적어도『金玉叢部』를 編한 다음에 지은 것으로 나중에 누군가에 의해서 一石本의 追加分인 卷 4에 수록될 당시에는 周翁은 이미 作故한 것으로도 볼 수 있을 것이다. 3首는 다음과 같다.

博學 多聞ᄒ니 聖門에 高弟子라
님사무의 지도력이요 讀書유미 각심한을
至今에 슌슌연 君子之風은 빅파공을 뵈외라.(源一 725)

그려 病드는 자미 病드다가 만나는 자미
만나 질기는 자미 질기다가 써나는 자미
平生의 이 자미 업스면 무삼 자미.(源一 726)

사람이 스람을 그려 싱스람이 病드단 말가
사람이 언마 스람이면 스람 한나 病들일랴
스람이 스람 病들이는 스람은 스람 안인 스람.(源一 727)

以上에서『金玉叢部』에 수록되어 있는 180首 以外의 周翁의 작품으로 朴氏本『歌曲源流』의 1首와『海東樂章』의 2首, 그리고 一石本『歌曲源流』卷 4에 수록되어 있는 3首를 합하여 周翁의 작품은 모두 186首라고 하겠다.『金玉叢部』에 수록되어 있는 180首 가운데

① "洛城西北 三溪洞天에……"는 朴孝寬의 作으로(源國)
② "저건너 羅浮山 눈 속에……"는 孫瑩洙의 作으로(花樂)
③ "豪放헐슨 져 늙그니……"는 李載冕의 作으로(源國)

로 다른『歌曲源流』系 가집의 異本들이 있으나, 3首는 모두『金玉叢部』
에 수록되어 있으니 작가에 대한 信憑性은 異論을 提起할 餘地가 없다고
하겠다.

周翁의 작품도 老歌齋의 경우처럼 수록 가집에 따라 歌詞 내용이 달라
져 있으니 달라진 類型을『金玉叢部』를 기준으로 하여『歌曲源流』系의 가
집들과 對照해 보면 다음과 같다.

① 句가 달라진 경우
　金玉 16
　終章 "飛瀑은 急한 비 形勢 비러 落九天을 하더라"→源國 59 "飛瀑은
　急흔 形勢 비러 濕我衣를 흐더라"
　金玉 159
　終章 "至今에 梅不飄零 月不虧허니 그르 조히 너기노라"→海樂 855
　"至今의 梅不飄 月不虧흐니 그를 죠흐 흐노라"
　金玉 135
　終章 "벽구시 깁푼 우름에 잇싯는 듯 하여라"→海樂 403 "닛다감 벅
　국시 슬푼 소리의 잇긋는 듯 흐여라"

② 章이 달라진 경우
　金玉 1(海樂 24)
　終章 "美哉라 億萬年東方紀數ㅣ 이로좃츠 비로솟다"→源六 21(源佛,
　源東 21) "物物이 春風和氣를 씌여 同樂太平 흐더라"
　金玉 10
　初章 "獜在郊鳳 翔岐하니 이 어인 大吉祥고"→海樂 679 "龍樓의 祥雲
　이오 鳳閣에 瑞靄로다"
　金玉 127
　終章 "오날에 牛나마 검운 털이 마즈 세여 허노라"→海樂 342 "이 後

란 秉燭夜遊ᄒ여 남은 히를 보니리라"

③ 省略의 경우
  金玉 126
終章 "아셔라 이를 써 무엇하리 도로 누어 조는 듯"→海樂 788 "아셔
라 이를 뼈 무엇ᄒ리"
  金玉 165
中章 "風流才子와 冶遊士女들이 구름갓치 모여들어 날마다 風樂이요
ᄯ마다 노리로다"→ 海樂 638 "山水갓치 놉흔 일홈 當世의 들네이니
風流才子와 冶遊士女들이 구름갓치 뫼아들어 날마다 風樂이요 ᄯ마다
술이로다 先生의 넓은 酒量 斗酒롤 能飮커눌 엇디ᄐ 첫 잔붓터 ᄉ양
ᄒ미 眞情인듯 春風花柳好時節의 가쥰 기악 안치고셔 羽界面을 불을
젹의 半空의 ᄯ는 소리 瀏亮淸越ᄒ여 들보틘글 나라들고 나는 구름
멈츄우니 이아니 기특ᄒ냐 노리롤 맛차거든 洗盞更酌ᄒ 然後에 帶月
同歸 을ᄭ마는 編불너 맛친 後의 뭇지안코 니러나셔 걸인 큰옷 벗겨
들고 쪽긴ᄃ시 다라나니 이어인 뜻이런고"

④ 追加의 경우
  金玉 174
中章 "禮樂法度와 衣冠文物이며 旌旄節旗와"→海樂 636 "禮樂法度와
衣冠文物이며 園囿宮室과 府庫倉廩이며 旌旄節旗와"

以上에서 보면 글자나 單語가 바뀐 경우에는 轉寫者의 잘못이나 筆寫者
의 실수로 생각되나, 句나 章이 달라진 경우에는 혹 작자의 意圖的인 改作
이 아닌가 한다. 語句가 追加된 경우는『金玉叢部』의 周翁의 自序 가운데
"國太公石坡大老 躬攝萬機 風動四方 禮樂法度 燦然更張 而至音樂律呂之
事 無不精通 繼而又石尙書 尤皦如也 豈非千載一時也歟"의 내용을 時調化
한 것으로 시조가 먼저인지 序文이 먼저인지는 확인하기 어렵다. 省略의
경우를 보면 '아셔라 이를 써 무엇ᄒ리 도로 누어 조는 듯'이 '아셔라 이
를 써 무엇ᄒ리'처럼 줄어든 것은 轉寫者의 失手로 빠진 것이라 하겠다.

왜냐하면 다른 작품은 終章 末句가 생략된 경우가 없기 때문이다. 그러나 雲崖와 又石尙書의 놀이를 노래한 것은 當初의 작품이 雲崖의 品位와 관계가 있기 때문이다. 그를 불리하게 하는 부분은 후에 意圖的으로 생략한 것이라고 하겠다.

이처럼 周翁의 작품은 작게는 글자 하나에서부터 크게는 章에 이르기까지 차이가 나는 부분이 상당히 많으니 이를 정확히 對照하여 原形을 復原하는 것이 급한 일이라 하겠다.

그의 작품 形式을 長短時調의 구분과 表現法, 素材 等을 중심으로 고찰해 보면 다음과 같다.

현재 그의 작품으로 전해오는 186首 가운데 몇 首의 長短時調가 있느냐 하는 문제부터 밝혀져야 할 것이다. 崔東元은 「長時調의 生成과 그 時代的 展開」란 글에서 沈載完『校本歷代時調全書』에 수록된 3,335首 가운데 이를 長時調(辭說時調) 525首와 旕時調 약 40首를 抽出하고 이 長時調 525首의 작가로 나타난 人名數 약 40名 가운데 가집의 작자 표기 내용으로 미루어 信憑性이 있다고 믿어지는 21名과 없다고 생각되는 약 20名으로 구분하였다. 信憑性이 있는 작가 21名 가운데 작품이 가장 많은 작가는 金壽長의 38首이며, 安玟英은 22首로 그 다음이 된다고 하였다.9)

그러나 이 가운데 1首는 一石本에서는 周翁의 作으로 되어 있으나 이미 珍本『靑丘永言』을 비롯한 여러 가집에도 수록되어 있고 작자가 無名氏로 되어 있는 것으로 周翁의 작품으로 보기 어려운 것이다.

문제는 長短時調를 구분하는 基準인데 徐元燮은 그의 『時調文學硏究』에서 沈載完의『校本歷代時調全書』를 臺本으로 삼아 수록된 시조 3,335首를 平時調 2,759首, 旕時調 326首, 辭說時調 250首로 抽出하고 이를 主題別로 分類하여 一覽表로 만들어 부록으로 싣고 있는데10) 다음의

---

9) 崔東元, 『古時調論』(三英社), pp.71~72.
10) 徐元燮, 『時調文學硏究』 pp.381~391.

　　　푸른 빗치 쪽에 낫스되 푸루기 쪽의셔 더 푸루고
　　　어름이 물노 되야스되 차기 물의셔 더 차다더니
　　　네 엇지 一般靑樓人으로 쎄여나미 이 가트뇨.(金玉 163)

를 崔東元은 辭說時調로, 徐元燮은 平時調로 分類했고

　　　戊寅 二月 初三日에 祥烟瑞靄 繞雲宮을
　　　二老堂 놉흔 樓에 金屛繡筵으로 賀千秋를 허오실졔
　　　玉盤에 靈芝蟠桃는 又石公이 드리더라.(金玉 171)

　　　石坡大老 造化蘭과 秋史筆 紫霞詩는 詩書畵 三絶이요
　　　蘇山竹 石蓮梅는 梅與竹 兩絶이라
　　　其中에 本밧기 어려올슨 石坡蘭인가 허노라.(金玉 175)

　　의 2首를 崔東元은 平時調로 徐元燮은 旕時調로 分類했다. 이처럼 分類
가 일치하지 않는다. 崔東元은 작품에 대한 分類 基準을

　　　이를 통해서 볼 때, '한 句가 길어진다'는 이른바 '엇時調'라는 것이 그
　　數的으로도 얼마나 빈약한가를 알 수 있다. 그리고 이 作品들에서 작자가
　　엇時調라는 中間形態를 의식하고 제작한 것 같은 작품을 거의 볼 수 없으
　　며, 唱의 과정에서, 혹은 訛傳되어, 혹은 작자의 작품 제작에 대한 未熟 등
　　의 이유로써 결과적으로 坡型이 된 것이 대부분을 차지하고 있다. 따라서,
　　이 작품들을 엄밀히 검토할 때, 定型으로 復元될 것이 많으리라 보며, 長
　　時調의 범위에 넣어 다룰 수 있는 작품은 거의 없지 않을까 생각된다.11)

　　고 하여 旕時調를 구분하기란 매우 어려우며 旕時調도 엄밀히 검토하면
결국에 旕時調는 없다고 했으나, 徐元燮은 旕時調라 하여 326首를 들고
있는 것으로 시조를 長短形으로 또는 平時調, 旕時調, 辭說時調로 구분하
는 것이 얼마나 客觀性이 있느냐 하는 점이다.

───────────────────────

11) 崔東元, 前揭書, p.71.

그러나 위의 2首는 분명 平時調보다는 1句가 늘어난 것으로 일반적으로 말하는 旕時調 형식에 附合되므로 이는 旕時調와 長時調의 개념 차이가 있겠지만 平時調가 아니므로 長時調(旕時調와 辭說時調를 포함한)로 다루어야 할 것이다. 이렇게 볼 때 周翁의 長時調 작품은 23首가 된다고 하겠으니, 결과적으로 短形時調는 163首가 되는 셈이다.

그의 작품의 表現手法을 보면 造語에 있어서는 漢文體나 漢文飜譯體의 造語가 많으며, 작품이 186首가 되다보니 나름대로의 즐겨 사용하는 慣用語句가 있고, 특히 終章에서 初句를 보면 '美哉라', '俄已오'나 '以古로'처럼 漢字語 口語體 造語를 사용한 것도 특색 있다고 하겠지만 '至今은(에)'가 20回나 쓰였다고 하는 것은 特異하다고 하겠다. 以外에 5回 以上인 '아마도'를 비롯하여 '우리는', '두어라', '아무리' 와 '夕陽에' 等도 흔히 感歎詞的 의미로만 이해하기 쉬운 과거의 回想이나, 현실의 不滿을 나타내는 否定的인 입장이라기보다는 現實 肯定的이고 積極的인 자세로 살았음을 말해 주는 것이라 하겠다. 다시 말해서 그의 생활 태도는 理想主義나 現實 逃避가 아닌 現實 滿足의 생활을 하였다고 하겠다. 終章 初句에 대해 더 添加한다면

口圃東人 빗난 身勢 알니 적어 病되더니
似韻似閑 兼得味요 如詩如酒 又知音은
石坡公 知己筆端이시니 感激無限 허여라.(金玉 29)

口圃東人은 츔을 츄고 雲崖翁은 노리헌다
碧江은 鼓琴허고 千興孫은 필리로다
鄭若大 朴龍根 稽琴 笛소리예 和氣融濃 허더라.(金玉 92)

처럼 終章 初句에 人名을 가져온 것은 初有의 일로 뒤의 것은 周翁에게 又石 李載冕이 口圃東人을 첫머리로 하여 노래를 지으라는 말에 즉석에서 지은 것이기는 하지만 표현의 미숙으로 보는 것이 좋을 듯하다.

終章 末句에 대해서는 지금까지 누구도 언급한 것이 없다. 終章 末句가 중요한 것인가의 여부를 떠나 時調唱에서 終章 末句는 생략하고 부르지 않는 것도 문제가 되겠지만 관심의 대상이 되지 못했기 때문이라 하겠는데, '하다'系의 末句를 사용한 것이 95回나 되며 '하노라'는 51回나 된다. 末句의 다른 특색이라면 非終結形으로 끝난 경우가 종종 있다고 하겠다.

다음으로 작품 素材를 보면 漢詩를 그대로 가져오거나 飜譯하는 경우가 있고 雅號나 妓女들의 이름을 넣어서 작품은 만드는 경우가 있다.

> 八十一歲 져 늘그니 施何術而更少年고
> 城市山林 구름 속에 藥킈기를 일숨노라
> 글이면 道號를 뉘라허노 雲崖先生 이로다.(金玉 93)

> 石坡에 又石허니 萬年壽를 期約거다
> 花如解笑 還多事요 石不能言 最可人을
> 至今에 以石爲號하고 못닉 즑여 하노라.(金玉 4)

는 雲崖와 石坡, 又石을 두고 지은 것으로 대부분 號를 終章에 넣어 작품은 만들고 있다. 妓女를 대상으로 하여 지은 작품이 많으면서도 나름대로의 표현의 특색을 살렸다고 하겠으니

> 이슬에 눌닌 곳과 발암에 부친 입피
> 春宵 玉階上의 香氣 놋는 蕙蘭이라
> 밤중만 月明庭畔에 너만 사랑 하노라.(金玉 161)

> 桃花如桃花허고 桃花如桃花허니
> 桃花ㅣ勝桃花며 桃花勝桃花아
> 두어라 人中桃花와 花中桃花ㅣ 시워 무슴 허리요.(金玉 84)

> 紅葉은 翠壁에 날고 黃花는 丹崖에 퓐져
> 楚月이 발가는데 玉簫仙娥ㅣ 撫琴來라
> 어즙어 大醉長歌ᄒ고 弄月歸를 ᄒ더라.(金玉 22)

四月綠陰 鶯世界은 又石尙書 風流節를
石想室 놉흔 집의 琴韻이 玲瓏허다
玉階에 蘭花低하고 鳳招梧桐 허더라.(金玉 158)

　는 妓女들을 讚揚하거나 詩題로, 한 사람을 대상으로 하거나 여러 사람을 대상으로 지은 것이다. 처음의 것은 潭陽 出身의 기생 蕙蘭은 찬양하여 지은 것이고, 다음 것은 海州 妓生 桃花를 題材로 삼아 지은 것이다. 나머지 2首는 여러 기생들의 이름을 넣어 지은 것으로 세 번째 것은 解說에서 "丹崖大會之後二 卽九月望日也 更設小酌於山亭 請三妓 盡夜跌宕"이라 했는데 노래 내용으로 보아 妓生으로 楚月과 玉簫仙, 弄月이 그들이었음을 알 수 있으며, 마지막 작품에 대한 解說에서 "又石尙書 廣招妓樂於後園 石想室 盡日娛遊 蘭珠鳳心作主焉"이라 했고, 『海東樂章』에서는 작자 安玫英의 記名 다음에 "玉娘蘭珠鳳心"의 6字를 附記하고 있는데 終章의 "玉階에 蘭花低하고 鳳招梧桐 허더라"에는 그들 妓生들 이름의 첫글자를 넣어서 지은 것으로 그의 詩的 造語力이 뛰어남을 보여 주는 것이라 하겠다.
　끝으로 그의 作品 內容에 대해서 고찰해 보고자 한다. 이제까지 그의 작품에 대해서 언급한 것을 보면 작품을 素材別로 나눈 경우와[12] 主題別로 나눈 경우가 있으니[13], 沈載完은

① 大院君을 爲主로 한 王室・宗親・宮室에 關한 頌禧歌
② 朴孝寬을 中心으로 한 師友
③ 名勝古蹟 遊覽歌
④ 八道 妓女와의 艶情
⑤ 浮雲生涯歌
　㉠ 漢詩飜案

---

12) 沈載完, "金玉叢部(周翁漫筆)研究" 『論文集』靑丘大 第 4輯, 1961.
　　朴乙洙, "安玫英論" 『韓國文學作家論』(螢雪出版社), p.456.
13) 金根洙, "歌曲源流考" 『論文集』(明知大) 第 1輯, 1968.
　　黃淳九, "安玫英論" 『古時調作家論』(白山出版社), p.400.

　　ⓒ 我笑堂 幽趣
　　ⓒ 家庭之樂
　　ⓒ 浮雲生涯

로 分類했으며, 朴乙洙도 이와 비슷하다. 主題別로 나눈 金根洙는 『金玉叢部』 外에 작품까지 포함하여 185首를

① 閑情類 41首	② 賀祝類 27首
③ 人物類 26首	④ 思想類 18首
⑤ 花木類 11首	⑥ 感懷類 11首
⑦ 別離類 10首	⑧ 詠物類 10首
⑨ 哀悼類 5首	⑩ 寄托類 5首
⑪ 雜類 4首	⑫ 尋訪類 3首
⑬ 懷古類 3首	⑭ 祝願類 2首
⑮ 勸學類 1首	⑯ 修養類 1首
⑰ 時節類 1首	

로 分類했다. 黃淳九도 이와 비슷한

① 閑情類 43首	② 賀祝類 20首
③ 人物類 19首	④ 思想類
⑤ 讚揚類 18首	⑥ 別離類 16首
⑦ 花木類 10首	⑧ 詠史類 7首
⑨ 雅號類 8首	⑩ 感懷類 6首
⑪ 哀悼類 5首	⑫ 寄托類 5首
⑬ 雜 賦 4首	⑭ 祝願類 3首
⑮ 尋訪類 2首	⑯ 懷古類 1首

로 分類하여 多少間의 차이가 있다.

이제 그의 작품으로 되어 있는 長短時調 186首의 主題를 分類해 보면 다음과 같다.

① 感物敍景	35首	② 追慕讚頌	27首
③ 福壽頌祝	25首	④ 戀慕相思	17首
⑤ 寄托風流	15首	⑥ 離別哀傷	14首
⑦ 空閨怨慕	8首	⑧ 懷抱述義	7首
⑨ 古事懷古	6首	⑩ 飮酒醉樂	5首
⑪ 敎誨警戒	4首	⑫ 聖世逸民	4首
⑬ 田家閑居	4首	⑭ 逍遙遊覽	3首
⑮ 尋訪招待	3首	⑯ 四季節侯	2首
⑰ 致仕歸田	2首	⑱ 江湖閑情	1首
⑲ 白髮嗟歎	1首	⑳ 感激君恩	1首
㉑ 憂國慨世	1首	㉒ 好色貪花	1首

로 나눌 수 있고, 이를 다시 類似한 主題別로 合하여 보면

① 讚頌系 作品	58首
② 感物系 作品	45首
③ 愛情系 作品	40首
④ 江湖系 作品	17首
⑤ 人倫敎誨系 作品	19首
⑥ 醉樂系 作品	5首
⑦ 戀主系 作品	2首

로 종합할 수 있다고 하겠다.

이처럼 讚頌系의 작품이 많은 것은 大院君을 비롯한 又石과의 交遊와 高宗의 登極, 聖世子의 誕生, 府夫人의 回甲을 비롯한 大院君 주변의 것과, 스승인 雲崖를 素材로 하였기 때문이다. 感物系의 작품이 많다고 하는 것은 그가 抒情性이 풍부한 작품을 많이 남겼음을 보여 주는 것이며, 누구보다도 愛情系 작품이 많은 것은 그가 관계를 맺은 많은 妓生들과의 관계에서 그 原因을 찾을 수 있겠다.

周翁의 작품에서 누가 뭐라 해도 제일 먼저 擧論해야 할 것은 「梅花詞」

일 것이다. 8首의 聯詩調로 된 이것은 그 제작 동기에서14) 볼 수 있는 것 처럼 雲崖山房에서 梅花 盆栽를 보고 지은 것이며, 石坡의 寫蘭을 보고 감 격해서 지은 「蘭草詞」도 있으나 梅花詞보다는 生硬한 漢字語가 많아 아무 래도 梅花詞만 못하다고 하겠다. 追慕讚揚의 작품은 丙寅洋擾를 해결한 大院君을 칭찬하는 것이 있으니 다음과 같다.

> 智謀는 漢相 諸葛武侯요 膽略은 吳侯 孫伯符 ㅣ라
> 舊邦維新은 周文王之 功業이요 斥邪衛正은 孟夫子之 聖學이로다
> 아마도 五百年 幹氣英傑은 國太公이신가 하노라.(金玉 152)

스승인 雲崖를 두고 지은 것이 많이 있지만

> 豪放헐슨 져 늘그니 술 아니면 노리로다
> 端雅衆中 文士貌요 古奇畫裡 老仙形을
> 문느니 雲坮에 숨어 잇슨지 멋멋 히나 되인고.(金玉 37)

는 그 해설에서 "雲崖朴先生景華 平生以詩酒歌琴度日 至於耆老 固一世 之 人傑也"라고 한 것처럼 詩酒와 歌琴으로 일생을 살아온 雲崖先生은 中 章의 내용처럼 端雅한 文士의 모습이요 그림 속의 神仙의 모습이었을 것 이다.

全國의 妓女들과 맺은 갖가지 인연 때문에 서로 사랑하고, 그리워하고, 이별하고 하는 작품이 많으나 다음의 작품

> 이리 알쓰리 살쓰리 그리고 그려 病되다가 萬一예 어느 쩌가 되
> 던지 만나보면 그 엇더할고
> 應當이 두 손길 뷔여잡고 어안벙벙 아모말도 못하다가 두 눈예

---

14) 『金玉叢部』作品 6 解說, "余於庚午冬 與雲崖朴先生景華 吳先生岐汝 平壤妓順姬 全 州妓香春 歌琴於山房 先生癖於梅 手栽新筍 置諸案上 而方其時也 數朵半開 暗香浮動 因作梅花詞 羽調一篇八絶"

물결이 어리여 방울방울 쩌러져 아로롱지리라 이 옷자랄예 일
것세 만낫다 하고
丁寧이 이럴줄 알냥이면 차라리 그려 病되넌이만 못하여라.(金玉 180)

은 江陵 출신의 妓生 紅蓮을 생각하고 지은 것으로 한 여인에 대한 애
뜻한 사랑의 정을 느낄 수 있는 작품이라 하겠다. 利川에 머물면서 閭閻의
젊은 부인과 桑中의 약속을 하고 밤이 되기를 기다리는 심정을 노래한 다
음의 것도 愛情系 작품의 秀作이라 하겠다.

오늘밤 風雨를 그 丁寧 아랏던덜 디사립짝을 곱거라 단단 미엿 슬
거슬
비바람의 불니여 왜각지격 하난 소리여 항연아 오는 양하야 窓 밀
고 나셔보니
月沈沈 雨絲絲한데 風習習 人寂寂을 하더라.(金玉 179)

8) 扈錫均

그의 작품은 16首가 전하는데 "細柳淸風 비긴 後에……"는 國樂院本을
비롯한 奎章閣本, 朴氏本, 舊皇室本,『海東樂章』에는 無名氏 作으로 되어
있고 重複하여 수록된 一石本에는 無名氏 作과 扈錫均 作으로『花源樂譜』
에는 扈錫均 作으로 되어 있다.
"雲垝上 鶴髮老仙……"과

紅白花 즈쟈진 곳에 才子佳人 뫼혀셰라
有情한 春風裏에 뾰혀간다 淸歌聲을
아마도 月出於 東山토록 놀고 갈ㄱ가 ㅎ노라.(源國 369)

의 2首는『歌曲源流』系 가집 가운데 國樂院本과 奎章閣本, 一石本,『花

源樂譜』에만 수록되어 있는데 뒤의 것은 重複하여 수록하였고 一石本에는 3番이나 重複되었는데 歌番 704에는 終章이 "져님 히진다 앗겨마소야 이게일"로 되어 있다. 나머지는 모두 一石本 卷 4에만 수록되어 있는 것으로 보아 雲崖나 周翁보다는 어느 정도의 後輩라 雲崖보다도 오히려 作品 數가 많으면서도 여러 가집에 작품이 수록되지 않은 것이라 하겠다.

그의 작품은 主題를 보면 다음과 같다.

① 空閨怨慕	3首		② 戀慕相思	3首
③ 離別哀傷	2首		④ 人生行樂	2首
⑤ 江湖閑情	2首		⑥ 古事懷古	1首
⑦ 白髮嗟歎	1首		⑧ 四季節侯	1首
⑨ 學問修德	1首			

위에서 보는 것처럼 愛情系 작품과 江湖系 작품이 많은 것이 특색이라 하겠다. 작품을 몇 수 들어보면 다음과 같다.

꿈에나 님을 볼려 잠 일울가 누엇드니
시벽달 지스 l도록 子規聲을 어이 ᄒ리
두어라 斷腸春心은 너와 니나 달으리.(源一 708)

半時들 글려 보며 一刻인들 이졋스랴
春江 細雨中에 鴛鴦시도 우셔드니
밤 中만 孤枕冷淚을 님이 어이 알이요.(源一 710)

玉갓치 고흔 님과 눈과 갓치 발은 달에
金樽에 술이 잇고 물읍 우희 거문고라
平生에 風流主人되여 百年安樂.(源一 705)

9) 河順一·河圭一

이들은 從兄弟間으로 順一이 年上이나 정확한 生沒年代를 모르고 圭一

(1867~1934)은 1885年부터 崔壽甫와 朴孝寬에게서 歌曲을 배웠다고 하니 아마도 周翁과도 交遊가 있었을 것이다. 韓日合邦 以前에 順一은 高城(固城)郡守를 圭一은 漢城府少尹과 漢城裁判所判事를 거쳐 合邦되기 얼마 전에 鎭安郡守를 역임했으니 둘 다 官職에 나간 일이 있다.

　順一의 작품 3首가 一石本『歌曲源流』卷 4에 수록되어 있고 "前府使"라고 되어 있고, 圭一의 작품은 2首가 梧堂 咸和鎭(1884~1949)이 編한 增補『歌曲源流』에 수록되어 있다. 增補『歌曲源流』의 作者氏名에 "字聖詔 號琴下 高宗時漢城少尹 善歌"라고 紹介되어 있다. 順一의 작품 3首 가운데 2首는

> 滿窓雪月 요적헌데 斷腸心懷 가득ᄒ여
> 前前에 지니든 일 쇼연이 싱각이라
> 至今에 알들리 병되는 줄 임이 어이.(源一 718)

처럼 終章 末句가 생략된 것으로 미루어 唱의 臺本으로 사용되었던 것을 수록한 것이라 생각된다. 背信의 아픔을 노래한 것과 연꽃을 두고 노래한 것이 있으나 표현이 前代의 것들을 보는 듯하여 새로운 감이 없다. 圭一의 작품은 세월이 덧없음과 세상이 바뀌어 가자 새삼스럽게 聖恩을 생각하고 지은 것이니 다음과 같다.

> 正月이 도라오면 새해라고 賀禮한다
> 年年歲歲 새해라나 歲歲年年 옛해로다
> 우리도 저 해와 갓치 萬古不變 하여라.(增歌)

> 偶然이 鼇頭에 올나 長安을 굽어 보니
> 古殿은 堅閉하고 新屋은 層起한다
> 다시금 聖恩을 生覺하니 垂淚不覺 하여라.(增歌)

5. 作品의 評價와 性格

이 時機의 시조는 文學史的인 面에서 볼 때 분명히 歌詞나 小說과 마찬가지로 밀려오는 西歐 文物의 영향을 받아 차츰 衰退하여 가는 것이 當然한 趨勢로 여겨졌다. 그러나, 특이한 현상이 일어났다고 하겠으니 그것은 작품의 文學性의 有無를 떠나 量的인 面에서 身分이 비록 王族이긴 하지만 李世輔를 비롯해 安玟英, 趙榥과 같은 작가들이 등장하여 朝鮮朝의 最多 작품을 남기는 기록을 세웠다. 이는 비록 唱曲의 발달로 시조의 창작에 관심을 가진 사람들이 적어 새로운 작가의 등장은 기대하기가 어렵지만 唱曲의 臺本이 아닌 순수 문학으로서의 시조의 脈을 이어가려는 意志가 작용한 것으로 볼 수 있을 것이다.

憲宗에서 甲午更張까지의 期間은 前代의 正祖·純祖朝와 마찬가지로 唱曲의 발달로 歌唱에만 관심을 가져 가집도 珍本『靑丘永言』처럼 曲調別로 되어 있으면서도 작가에 대한 關心度가 높았기 때문에 작품에 관련되는 문헌들의 기록도 같이 수록하고 閭巷人의 경우에는 南坡의 跋文도 수록했다. 그러나 六堂本『靑丘永言』에 와서는 작가에 대한 관심보다는 歌唱에로 기울어져 曲調에 관심을 가지다 보니 자연 羽調와 界面調가 구별이 되는 등 曲調別로 가집을 만들게 되었다. 六堂本『靑丘永言』과『歌曲源流』系 가집들 사이에『南薰太平歌』라는 가집이 이루어졌으나 이는『歌曲源流』와 같이 唱曲의 臺本用으로 만들어진 가집이지만 작가에 대한 관심은 전혀 없었기에 작가를 밝히지 않았다.

이 時期를 대표하는 작가는 아무래도 雲崖와 周翁의 두 사람인데 이들의 작품에 대한 評價는 거의 없다고 해도 좋을 정도이다.

다만 周翁의 작품에 대해서는 陶南이

이밖에도 봄을 자랑하고 鶯歌蝶舞를 노래한 것도 있으나, 모다 이와 같아 實로 即興的이고 도 淸雅한 맛이 있다. 作法을 朴孝寬에 배우고 그의 批評을 받았다 하나 確實히 時調만에 있어서는 그를 凌駕하였다. 뿐만 아니라 그의 時調는 前代 作家의 作品에 比하여도 過히 遜色이 없는 것 같지 않으니 李朝 最後의 時調界는 그로써 有終의 美를 이루었다는 느낌이 있다.15)

라고 하여 即興的이고 技巧가 없으나 淸雅한 맛이 있어 朝鮮時代 時調文學을 마감하는데 遜色이 없다고 評價했으나, 가람은 비록 周翁 개인만을 評한 것은 아니지만

이 近世에는 松桂烟月·翼宗·金敏淳等과 名歌요 『歌曲源流』의 撰者인 朴孝寬과 『周翁漫錄』이라는 自作 歌詞集인 『金玉叢部』를 著作한 安玟英과 『三竹流詞』를 지은 趙槻과 같은 많은 作家가 있었으나, 그들의 作品은 그저 模倣, 踏襲, 套語, 爛調로서 何等 創意 創作이 없었다. 좀더 甚하게 評하면 이들은 모두 옛사람들의 그것을 되풀이만한 極히 陳腐한 수작들이라 할 것이다. 이처럼 近世 末葉의 時調作壇이 不振한 탓은 事大主義的인 痼疾도 있었으려니와 時調의 本來의 機能이 이미 다 되었다는, 그 歷史性을 如實히 보여주는 하나의 證據가 아닐 수 없었다.16)

라고 하여 朝鮮朝 末期의 시조는 唱의 創作이 없고 단순히 前代의 그것을 模倣 踏襲한 것밖에 없는 陳腐한 수작이라 評했다.

金思燁은 純祖朝 以後의 文學을 論하는 자리에서

國末의 作家로서는 前期와 마찬가지로 委巷人이 大部分이며, 그들의 作品은 한결같이 好色, 艶情, 滑稽, 諷刺 等이 主題가 되어 있어, 肅宗朝까지의 上層官僚의 作品과는 風格이 全然 다른 것이었다. 이 中에서도 朴孝寬 安玟英은 이 새로워진 風格이 整齊되고 均衡지워져서 作品 中에는 藝術的 芳香이 드높고, 時調의 韻

---

15) 趙潤濟, 『韓國詩歌史綱』, p.442.
16) 李秉岐, 『國文學全史』, p.149.

致에 一大轉換期를 짓는 作品이 보인다. 安玟英이 大院君과 妓女
를 主題로 한 個人歌集인 『金玉叢部』에 所錄된 梅花詞는 淸雅
한 氣品이 서린 逸作이다. 그러나 몇몇 作品을 除外하고는 모두
가 多作인 代身에 旣成作品의 再生版에 지나지 않는 駄作이 많
을 뿐이다.17)

라고 하여 周翁의 작품은 梅花詞 以外에는 駄作이라 보잘 것이 없다고
하였으나,

安玟英의 短歌는 마지막의 香氣를 풍기며 새로운 꽃을 피운 듯
한 存在였다. 朴孝寬에 作詩法을 배웠지마는 스승을 넘어 詩想
技巧 모두 奇拔 嶄新하니 靑出藍의 譽를 칭송할만하며, 만일 그
가 오로지 作詩 一面에만 精進 하였던들 그는 이 方面에 秀作
을 많이 남겨 놓았을 것이다.18)

라고 하여 앞의 言及과는 矛盾된 評價를 하고 있다. 李能雨는

최근세의 인물이지만 安玟英에 이르르면 이들의 노래는 가위 현대적인
감각과 표현에 접근하고 있는 바를 볼 수 있다. 마치 저 16세기에서 한 번
黃眞伊가 들어낸 그 最美의 時調 根幹을 다시 한 번 들어내며 이 시조의
역사 최후의 線을 장식하고 있는 것이다.19)

라고 하여 그가 現代的 感覺과 表現에 접근하게 된 것은 近世人인 것도
그렇지만 무엇보다도 市民的인 사람이었기 때문이라 했다.

雲崖보다도 周翁이 關心의 對象이 된 것은 歌唱보다 작품의 創作에 있
었기 때문이라 여겨지니 雲崖의 작품이 14首에 불과하지만 周翁의 작품은
186首나 되니 아무래도 量的으로 優勢하다 보니 秀作도 駄作도 있으며 사

---

17) 金思燁, 『改稿國文學史』, p.511.
18) 金思燁, 前揭書, p.512.
19) 李能雨, 『李朝時調史』, p.188.

람들의 관심은 秀作에 머물러 자연 人口에 膾炙되고 名聲이 藉藉하게 되는 것이라 하겠다.

이제 이 時期 작가들의 작품의 主題를 종합 검토하여 어떤 性格을 가졌는지를 고찰해 보고자 한다.

작품의 주제는

① 感物敍景	39首	② 追慕讚頌	27首
③ 福壽頌祝	26首	④ 戀慕相思	25首
⑤ 離別哀傷	29首	⑥ 空閨怨慕	18首
⑦ 寄托風喩	17首	⑧ 懷抱述義	8首
⑨ 江湖閑情	7首	⑩ 古事懷古	7首
⑪ 白髮嗟歎	7首	⑫ 四季節侯	6首
⑬ 聖世逸民	6首	⑭ 敎誨警戒	5首
⑮ 飮酒醉樂	5首	⑯ 逍遙遊覽	4首
⑰ 田家閑居	4首	⑱ 人生行樂	4首
⑲ 思鄕歸心	3首	⑳ 尋訪招待	3首
㉑ 人生無常	2首	㉒ 憂國慨世	2首
㉓ 致仕歸田	2首	㉔ 好色貪花	2首
㉕ 感激君恩	1首	㉖ 學問修德	1首

등으로 分類할 수 있다고 하겠는데 다시 이를 類似한 것끼리 綜合하면

① 愛情系 作品	55首
② 感物系 作品	53首
③ 讚頌系 作品	50首
④ 江湖系 作品	25首
⑤ 人倫敎誨系 作品	23首
⑥ 醉樂系 作品	15首
⑦ 戀主系 作品	3首

와 같다. 愛情系 作品과 讚頌系 作品이 많은 것은 周翁의 작품이 妓女들

과 연관된 것과 大院君과 그 주변 사람들을 讚揚한 것도 이유가 되겠지만 그의 작품을 除外한 다른 작가들의 작품도 戀慕相思나 空閨怨慕, 離別哀傷이 江湖閑情이나 白髮嗟歎과 같이 많은 것을 보더라도 愛情系의 작품은 이 시대에 관심이 많은 主題라 하겠다. 感物系 작품이 많은 것은 正祖·純祖朝와 마찬가지로 작가들의 個性이 작품에 두드러지게 나타난 것으로 旣存의 儒敎的 思想의 굴레에서 벗어나려는 노력이 보이는 것이라 하겠으며, 상대로 戀主系 작품이 적은 것은 계속되는 疾病이나 水害에다 三政의 紊亂에서 비롯된 民生苦, 그칠 새 없이 일어나는 民亂 等으로 국가의 장래나 임금에 대한 충성은 관심이 없기 때문이라 하겠다.

6. 小 結

朝鮮朝 500餘年의 歷史 가운데 마지막에 해당하는 이 時期는 어린 나이에 登極한 純祖 以後에 계속되는 天災와 疾病과 三政의 紊亂으로 인한 民生苦에 시달리던 백성들은 마침내는 民亂으로 발전한다. 여기에 勢道政治에 王權은 제대로 行使되지 못하여 宗親들도 勢道家의 눈치를 보기에 급급하고 잘못하면 생명마저 위협받는 일이 非一非再했다. 이러한 환경에서는 시조의 창작이 활발할 수도 없었고, 唱曲의 발달도 여기에 그 原因의 一部로 작용했을 가능성은 충분히 있다고 하겠다.

이 기간에 시조 작품을 남긴 閭巷人 작가는 11人으로 남긴 작품은 信憑性이 없다고 생각되는 것을 除外하고 모두 250首가 된다고 하겠다. 그러나 周翁의 186首를 제외하면 결코 많은 작품이 창작되었다고 하기는 어렵다.

이 기간에 나온 가집은 개인 가집으로 趙櫬의 『三竹流詞』와 李世輔의 『風雅』가 있고, 周翁의 『金玉叢部』까지 합하여 개인 가집은 다 이 期間에 나왔다. 반면에 일반 가집은 『南薰太平歌』와 『歌曲源流』系 가집에 있어 조선시대의 시조문학을 마무리하는 구실을 하였다고 하겠다.

唱曲의 성행으로 시조의 창작은 소홀한 것이 이미 오래 전의 일이니 周氏本『海東歌謠』에 있는 '古今唱歌諸氏'를 보아도 시조를 작품을 가지고 있는 사람보다는 없는 사람이 더 많으며 이런 현상은 以後에도 계속되어 朝鮮朝 末葉에까지 이어진다.

長時調의 발생이 언제부터냐 하는 것도 아직 해결된 것은 아니지만 英祖朝에 크게 성행했던 長時調는 그 후에는 간간이 나와서 純祖朝 以後의 알려진 작가로는 사대부 출신 작가인 金敏淳을 비롯하여 李廷藎, 任義直, 金尤錫과 周翁이 있어 이 가운데 閭巷人의 작품을 보면 李廷藎과 任義直, 金尤錫이 各各 1首와 周翁의 23首의 26首밖에 없어 周翁이 없다면 正祖·純祖朝와 다를 것이 없다고 하겠다.

작품의 내용은 愛情系 작품과 感物系 작품이 많이 증가한 것은 많은 작품을 남긴 周翁이 八道에 산재한 妓生들과의 관계 때문에 愛情系 작품이 많은 것도 사실이지만 周翁이 아니라 하더라도 愛情系 작품이 늘어나고 感物系의 작품이 늘어난 것은 이제껏 儒教的 思想의 굴레에서 차차 벗어나 人間 本然의 感情을 아무런 制約 없이 그대로 나타내려는 心情과 西歐의 文物을 受容하는 과정에서 자연스럽게 변해 가는 時代的 趨勢의 産物이라 여겨진다. 이렇게 하여 새로운 시대를 준비하는 과정을 빠르게 겪어 가게 된다.

Ⅴ. 結 語

지금까지 閭巷時調를 가집을 중심으로 하여 肅宗에서 景宗에 이르는 시기에는 珍本『靑丘永言』을, 英祖朝에는 『海東歌謠』를, 正祖와 純祖朝에는 『樂學拾零』과 六堂本『靑丘永言』을, 그리고 이후에는 『歌曲源流』를 중심으로 하여 시대를 구분하고 그 시기에 어떤 특징이 있나를 通時的으로 고찰하여 보았다. 이를 요약하면 다음과 같다.

第 1期는 珍本『靑丘永言』을 중심으로 하여 肅宗·景宗朝를 다루면서 珍本『靑丘永言』의 '閭巷六人'의 6人을 다루었는데 이 時期에 長時調는 아직 지어지지 않았고 내용도 閭巷人의 性向이나 風貌를 볼 수 있는 작품은 本格的으로 창작되지 않았다. 그 理由는 당시에 歌唱의 曲調가 古今의 二調가 있어 새로운 曲調인 '時調'가 流行하기 시작하여 漁隱이나 南坡는 時調를 金裕器는 古調의 傳統을 이어 갔고, 형식이나 내용에 있어 閭巷人의 성격을 대변할 수 있는 작품은 英祖朝에 가서야 활발하게 창작되었다고 하겠다.

第 2期는 英祖朝 52年間으로 老歌齋의『海東歌謠』를 중심으로『海東歌謠』와『靑邱歌謠』에 수록된 작품과 '古今唱歌諸氏'에 나오는 작가들의 작품을 대상으로 하여 고찰한 결과를 종합하면 우선 이들의 몇몇은『昭代風謠』나『風謠續選』에 漢詩가 수록되어 있어 어느 정도의 漢文에 대한 素養도 갖추고 있다고 하겠으며, 作家數도 제일 많으며 작품도 형식에 있어 長時調 창작이 활발했으며 내용도 士大夫 작품의 主題와는 다르게 感物系의 작품이 많고, 많지는 않지만 愛情系의 작품이 있으며 長時調에서는 好色的인 내용의 작품이 등장하는 것은 儒敎的인 因習에 얽매인 朝鮮朝 社會에서 여간해서는 보기 어려운 일이었다.

第 3期는 正祖·純祖朝의 약 60年間이 되지만 英祖朝의 활발했던 창작 활동이 唱曲의 발달로 歌唱에 더 관심을 가졌고 老歌齋 以後에 時調界를 대표할 指導者나 時調文學을 발전시킬 어떤 求心點이 없었기 때문에 시조는 沈滯期를 맞았고 六堂本『靑丘永言』이나『樂學拾零』과 같은 가집이 나왔으나 새로운 시조 작가는 적었고 지은 작품도 겨우 10首 미만 밖에는 없다. 형식에 있어 長時調의 창작이 극히 부진했고 내용도 閭巷人의 性向을 보일만한 그런 것이 없다. 다만 이 시대 작가 가운데 이제까지 同一人

으로 취급되어 왔던 金煥과 金鍈, 李廷鎭과 李廷蓋은 各各 다른 인물로 다루어야 할 것이다.

第 4期는 憲宗·哲宗에서 高宗의 甲午更張까지 약 60年間으로

이 기간에 중심이 된 가집은 『歌曲源流』系 가집과 周翁의 개인 가집 『金玉叢部』이다. 이 期間도 正祖나 純祖朝에 발달했던 唱曲의 餘波가 계속하여 어쩌면 더 활발해져서 시조 창작에 관심이 적었던 것은 마찬가지나 몇몇 사람들에 의해서 창작에만 專念하여 개인 가집이 이루어졌으니, 趙槻의 『三竹詞流』, 李世輔의 『風雅』와 周翁의 『金玉叢部』가 그것들이다. 형식에 있어 長時調의 창작이 활발하지 못했으나, 內容面에서는 感物系 작품과 愛情系 작품이 量的으로 많이 增加하고 있음이 特徵이라 하겠다.

結論的으로 말해 閭巷人들의 시조는 形式上이나 內容上 英祖朝에 와서 本格的으로 발달했으며 이후에는 雲崖와 周翁에 이르기까지 겨우 命脈을 이어 왔을 따름이라고 하겠다.

參考文獻

1. 權斗煥, 『朝鮮後期 時調歌壇研究』(서울大 博論)

2. 金根洙, "歌曲源流考" 『論文集』(明知大) 第 1輯

3. 金思燁, 『改稿 國文學史』

4. 朴魯春, "朴氏本 海東歌謠의 資料的 價値" 『國會圖書館報』 第 137,8號

5. 朴乙洙, "安玟英論" 『韓國文學作家論』

6. 徐元燮, 『時調文學研究』

7. 沈載完, 『校本歷代時調全書』

8. ———, 『時調의 文獻的 研究』

9. ———, "金玉叢部(周翁漫筆) 研究" (靑丘大 論文集)

10. 李能雨, 『李朝時調史』

11. 李秉岐・白鐵, 『國文學全史』

12. 李泰極, 『古典文學論攷』

13. 鄭炳昱, 『한국고전의 재인식』

14. 趙潤濟, 『韓國詩歌史綱』

15. 趙芝薫, "數闘牋考" 『民族文化研究』 第 2輯

16. 秦東赫, 『古時調文學論』

17. ———, "南坡와 老歌齋와의 關係 考察" 『국어국문학』 第 81號

18. 黃淳九, "安玟英論" 『古時調作家論』

19. 拙　著, 『海東歌謠에 관한 研究』

20. 拙　著, 『歌曲源流에 관한 研究』

21. 拙　著, 『韓國閭巷時調研究』

22. 拙　稿, "閭巷六人考" 『語文研究』 第 46.7合併號

23. ———, "金壽長論" 『국어국문학』 第 96號

24. ──────, "朴氏本 海東歌謠에 대하여" 『語文研究』 第 23號

25. ──────, "安玟英論" 『時調學論叢』 第 5輯

26. ──────, "正祖·純祖代의 平民時調" 『時調學論叢』 第 8輯

結論

朝鮮時代 後期에 들어와서 時調는 그 創作의 주체만이 아니라 歌唱과 가집의 편찬에 이르기까지 모두가 士大夫가 아닌 閭巷人들이 주관하게 되었고, 더구나 英祖朝는 시조에 있어 閭巷人들의 全盛期라 불러도 좋을 만큼 作家의 數에 있어서도 작품의 數에 있어서도 가장 興盛했던 시기라고 불러도 좋을 시기였다. 이런 상황에서 여항인들의 시조만을 따로 독립하여 '閭巷時調'라는 用語를 사용하여 그 개념을 設定하고 이를 史的으로 고찰함으로써 이런 용어를 사용해도 국문학을 이해하고 연구하는데 도움이 될 것이라는 前提下에 이 글을 쓰게 되었다. 여항시조라는 개념을 이해하는 것에 보탬이 되고자 먼저 閭巷과 閭巷人, 閭巷文學과 閭巷時調에 대한 개념을 설정하였고, 다음으로 여항시조를 史的으로 고찰하기 위해 肅宗朝부터 甲午更張에 이르는 약 220년간의 시조를 4時期로 구분하여 이 사이에 편찬된 歌集을 중심으로 하여 그 시대에 활동한 작가들과 작품을 통하여 그 시대의 특색을 밝혀 보았다.

閭巷論에서는

1. 從來의 平民이란 용어 대신에 閭巷이나, 委巷이란 것으로 부르는 요즈음의 趨勢인 것을 勘案하여 문학도 平民文學이란 용어 대신에 閭巷文學이란 용어를 사용할 것을 주장한다.

2. 閭巷人이란 中人과 庶孼 및 胥吏 階層을 합하여 부르는 명칭으로 閭巷時調 작가는 이 가운데 胥吏 계층이 많은 것이 특징이다.

3. 閭巷文學이란 양반 사대부 와 相對되는 개념을 가진 여항인들이 지은 文學作品과 그들의 文學活動의 全般에 대해 가리키는 것이다.

4. 閭巷文學이 발달하게 된 原因은 文學 外的인 것으로, 평민의 自覺과 상공업의 발달로 인한 경제적인 여유, 그리고 정책적인 것과 높아진 교육열을 꼽을 수 있다. 文學 內的인 原因으로는 재능을 발휘하기 위한 突破口로, 직업적인 처지에서 문학과 가까이 할 수 있었으며, 사대부들의 後援이 컸음을 들 수 있다.

5. 閭巷時調의 대상은 肅宗朝부터 甲午更張까지의 약 220여년 동안의 40여명이 지은 650餘首의 작품을 그 대상으로 삼았다.

時調史論에서

우선 閭巷人들의 등장과 더불어 그들의 詩史的 발전 과정은

1. 가집을 검토해 보면 肅宗과 景宗朝에는 珍本『靑丘永言』을 비롯하여, 英祖朝에『海東歌謠』가, 正祖와 純祖朝에는『樂學拾零』과 六堂本『靑丘永言』이, 그리고 憲宗 이후 甲午更張까지는『歌曲源流』가 각각 그 時期를 대표할 가집이라고 하겠으며, 이들 가집을 중심으로 이 시대의 閭巷時調를 논하였다.

2. 시조의 내용을 分類하는 기준은 일정할 수는 없겠지만 여기서는 徐元燮의 주장을 우선으로 하였다.

3. 閭巷人의 시조는 肅宗朝부터 甲午更張에 이르기까지 4期로 나누어, 第1期를 肅·景宗朝의 50年間(1675~1724), 第2期를 英祖朝 52年間(1725~1776), 第3期를 正·純祖朝 58年間(1777~1834), 그리고 第4期를 憲宗朝부터 甲午更張까지의 59年間(1835~1894)로 나누었다.

第1期는

1. 이 시기를 대표하는 여항인들은 珍本『靑丘永言』의 '閭巷六人'을 들 수 있다. 이들은 어떤 集團이나 有機的인 관계가 있는 것은 아니다. '閭巷六人'이란 다만 가집 편자인 南坡가 가집 편찬시에 붙인 명칭이다.

2. 이들의 작품에는 形式上 長時調도, 內容上 여항인의 情緖와 風貌를 느낄 수 있는 작품이 없다.

3 이들 시조에서 형식상 장시조도 내용상 여항인 나름의 특색을 찾을 수 없는 것은 文學的인 것보다 音樂的인 것에 더 관심이 가기 때문이라 하겠다.

4. 진정한 의미의 閭巷時調는 肅宗朝가 아닌 英祖朝에서 시작되었다고 하겠다.

第2期의 시조는

1. 老歌齋를 중심으로 하여『海東歌謠』와『靑邱歌謠』에 수록되어 있는 여항인들의 작품을 대상으로 하였다.

2. '古今唱歌諸氏'에 들어 있는 사람들 가운데 시조를 가지고 있는 사람들이 많은 것으로 미루어 歌唱人들이 시조의 창작에도 관심을 가졌다고 하겠다.

3. 이들 가운데는『昭代風謠』나『風謠續選』에 漢詩가 수록되어 있는 것으로 보아 한시에 대한 素養도 가졌다고 하겠다.

4. 여항인 작가들의 수도 肅宗朝보다 훨씬 많고 형식도 장시조의 창작이 활발했으며, 내용도 感物敍景系와 愛情系의 작품이 많은 것으로 미루어 名實相符한 閭巷時調가 활발하게 이루어진 시기라 하겠다.

第3期의 시조는

1. 이 시기는 英祖朝 이후의 어떤 求心點도 없고 이 시기의 시조 창작을 이끌어갈 지도자도 없으며, 한창 발달하는 다양한 歌曲으로 인해 시조의 창작이 萎縮되는 沈滯의 시기라 하겠다.

2. 이 시기를 대표할 수 있는 가집은『樂學拾零』과 六堂本『靑丘永言』및『東歌選』이 있으나, 여항인 작가는 겨우 12명에 49首의 작품이 있을 뿐이다.

3. 이 시기의 작가로 金煐과 金鍈, 李廷鎭과 李廷藎은 이제까지 동일한 작가로 다루고 있으나 이들은 각각 다른 인물이라 생각된다. 金煐은 金相玉의 아들로 사대부이며 李廷藎은 李廷鎭보다 後代의 작가이다.

4. 이제까지『靑丘永言』과『海東歌謠』및『歌曲源流』를 三大歌集이라 부르고 있는데 六堂本『靑丘永言』이나『樂學拾零』의 하나를 넣어 四大歌集이라 부를 필요가 있다.

第4期의 시조는

1. 이 시기의 唱曲의 발달은 먼저처럼 계속되고 있으나 달리 창작만을

위한 작품활동도 두드러져 비록 閭巷人은 아니지만 李世輔나 趙榥과 安玟英은 각각 개인 가집인『風謠』와『三竹詞流』및『金玉叢部』가 있고, 李世輔의 300여수의 작품을 비롯해 安玟英의 180여수, 趙榥의 100여수로 多量의 作家群을 이루고 있다.

2. 그러나 여항인 작가는 11인에 250여수의 작품이 있으나 安玟英의 186수를 제외하면 아주 영성한 편이다.

3. 장시조의 창작은 활발한 편은 아니나 安玟英은 장시조 작품 23수를 남겼으며 1수의 분량이 12歌詞 보다도 더 긴 것이 특색이라 하겠다.

4. 작품의 내용으로 보아 愛情系나 感物系의 작품이 상당히 많아 閭巷時調의 面貌를 계승하였다고 하겠다.

閭巷時調와 關聯된 論著目錄

作家와 關聯된 것

姜賢模 "南坡 時調에 나타난 思想的 趣向"『한양어문연구』(漢陽大) 第 7
　　輯 1989

고미숙 "조선후기 평민가객의 문학적지향과 직품세계의 변모양상" (碩論;
　　高麗大) 1986

──── "안민영의 작품세계와 그 예술사적 의미"『韓國學報』1991年 봄號

──── "19세기 시조의 전개양상과 그 작품세계 연구"(博論, 高麗大)
　　1993

權斗煥 "金天澤의 身分에 대하여"『靑坡文學』(淑大) 第 13輯 1980, 9

──── "金壽長 研究"『駱山語文』第 2輯 1970, 11

──── "金壽長 研究"(碩論; 서울大) 1974, 2

──── "18세기의 성립과 시조집"『白江徐首生先生華甲紀念論叢』1981

──── "金聖器論"『白影鄭炳昱先生還甲紀念論叢』1983, 1

──── 『朝鮮後期 時調歌壇 研究』(博論; 서울大) 1985, 1

金楊憲 "歌客들의 長型時調"『嶺南語文學』嶺南語文學會 第 13輯 1986

김용찬 "여항육인의 작품세계와 18세기초 시조사의 일국면"『時調學論
　　叢』第 12輯 1966

──── "<靑丘永言 珍本>의 작가 및 작품의 수록양상"『時調學論叢』第 14
　　輯 1999

──── "김유기의 작품세계와 18세기 가곡전승의 양상"『時調學論叢』第
　　17輯 2001

金潤弘 "老歌齋의 詩歌 研究"(碩論; 延世大) 1981, 8

金義淑 "金敏淳論"『續古時調作家論』白山出版社 1990

김전수 "안민영의 시조 연구" 大邱大 教育學碩士論文 1989, 2

김　종 "時調集撰者의 文學意識(1)"──南坡 金天澤의 경우──『張泰鎭博士

回甲紀念國語國文學論叢』1988, 1

류준형 "安玟英의 梅花詞論"『韓國古典詩歌作品論』1990, 2

朴魯埻 "安玟英 時調의 基本'틀'과 志向世界"『古典文學硏究』第 5輯 1990, 12

———— "靑丘永言 閭巷六人의 現實認識과 그 克服樣相"—朱義植 등 四人의 作品을 중심으로—『林下崔珍源博士停年退職紀念論叢』 1991, 11

———— "김천택시조와 위항적인 삶의 갈등"『연민학지』第 1輯 (연민학회) 1991

————"김수장 시조의 장르 혼효현상과 유락적취향"『韓國學硏究』(高麗大) 제 5집 1993

———— "안민영시조의 기본'틀'과 지향세계"『古典文學硏究』第 5輯 (한국고전문학연구회) 1990

———— "<청구가요>의 문학적 몇 양상과 시조사적의의"『한양어문연구』第 13輯 1995

朴乙洙 "安玟英論"『韓國文學作家論』螢雪出版社 1977, 10

朴鎭泰 "南坡時調의 時調史的 位置"『先淸語文』(서울大) 第 16,17合倂號 1988, 8

———— "南坡와 老歌齋의 時調史的 位置"『人文科學硏究』(大邱大) 1989

成範重 "金天澤과 金壽長의 關係"『韓國文學史의 爭點』(集文堂), 1986, 11

申東源 "安玟英의 時調 硏究"『청람어문학』韓國敎員大 第 6輯, 1961, 12

沈榮求 "歌客時調 性格考" 仁荷大 敎育大學院 1984, 2

沈載完 "韓維信과 永言選"『慕山學報』第 3輯 1992

梁熙讚 "時調集 詩歌考"『時調學論叢』第 9輯 1993

吳靈錫 "時調作家의 語彙分析"—三洲와 老歌齋 時調를 中心으로—『慶熙語文學』(慶熙大) 第 5輯 1982, 7

尹榮玉　"朴孝寬論"『續　古時調作家論』1990

尹海玉　"敬亭山　歌壇硏究"『국어국문학』第　77號　1978, 6

─────　"敬亭歌壇　硏究"（碩論;首都師大）1977

李愼成　"金天澤의　時調硏究"『國語國文學論文集』東亞大　第　2輯, 1978

이창식　"金聖器論"『續古時調作家論』1990

李泰極　"南坡時調의　內容考"『국어국문학』第　49～50合併號, 1790, 10

─────　"老歌齋　時調의　內容考"『論叢』（梨花女大）第　17輯, 1971, 2

李花寧　"金壽長의　時調　硏究"（碩論;明知大）1974, 2

鄭琦鎬　"時調作家　身分考"─歌客作家를　中心으로─『論文集』仁荷大　1982, 7

鄭武龍　"安玟英　時調　硏究(1)"─생애를　중심으로─『龍淵語文論集』경성
　　　　대　第　4輯　1988

─────　"歌客들의　時調意識"『坡田金戊祚博士回甲紀念論叢』, 1988

鄭炳昱　"金壽長論"『韓國古典의　再認識』（弘盛社）1979, 5

鄭尙均　"金壽長　詩歌　硏究"『國語敎育』第　59,60　合併號　1989, 9

鄭在晧　"平民時調의　一考察"『語文論集』（高麗大）第　14,15合輯, 1973

曺圭益　"金天澤論"『韓國文學作家論』1991

─────　"金壽長論"『時調學論叢』第　7輯　1991

─────　"靑丘永言所載의　閭巷六人論"『崇實語文』（崇實大）第　10輯　1993

─────　"朴孝寬의　노래"『歌曲唱詞의　國文學的　本質』1994

─────　"安玟英의　노래"　　　　　　　〃

─────　"閭巷六人의　노래"　　　　　　〃

趙東一　"金天澤論"『韓國文學思想史試論』1978, 1

秦東赫　"周翁　安玟英의　時調와　生活"『군자어문학』（首都師大）1975, 5

─────　"南坡와　老歌齋의　關係　考察"『國文學論文集』（檀國大）第　19輯
　　　　1979, 12

─────"金天澤論"『도솔어문』檀國大　第　2輯　1986, 12

崔東元 "海東歌謠의 古今唱歌諸氏에 대한 考察"『睡蓮文學』(釜山女大) 第
　　　4輯 1976, 11

───── "敬亭山歌壇과 老歌齋歌壇에 대하여"『荷西金鍾雨博士華甲紀念論
　　　叢』1977, 2

───── "南坡時調와 老歌齋時調의 性格"『韓國文學論叢』(韓國文學會)
　　　1978, 12

───── "金壽長의 老歌齋 經營에 대하여"『陶南學報』第 2輯, 1979, 12

───── "海東歌謠의 張福紹序文에 대한 考察"『白影鄭炳昱先生還甲紀念
　　　論叢』1983, 1

───── "金振泰論"『古時調作家論』(1) 1986, 9

崔勝範 "南坡時調考"─庶民時調論을 위한 試圖─『論文集』全北大, 第 6輯
　　　1964, 12

黃淳九 "安玟英의 時調文學考"『无涯梁柱東博士古稀紀念論文集』1972, 12

───── "安玟英論"『現代時調』1984年 봄號

───── "安玟英論"『古時調作家論』1988

黃忠基 "閭巷六人攷"『語文硏究』第 46,47合倂號

───── "金壽長論"『국어국문학』第 96號 1986, 12

───── "安玟英論"『時調學論叢』第 5輯 1989

───── "正祖·純祖代의 平民時調"『時調學論叢』第 8輯 1992

───── "朴孝寬論"『歌曲源流에 관한 硏究』1997, 10

歌集과 關聯된 것

姜銓燮 "金玉叢部에 對하여"『語文硏究』(忠南大) 1971

───── "海東歌謠의 形成過程"『語文論志』(忠南大) 1972,1

──── "松谷編 古本靑丘永言의 復原問題"『국어국문학』第 47 號

──── "古本 靑丘永言의 編者에 대한 管見"『延岩玄平孝博士回甲紀念論叢』1980

──── "瓶窩歌曲集의 形成年代"『千峰李能雨博士七旬紀念論叢』1990

權純卓 "海東歌謠 硏究"(碩論;嶺南大) 1974, 2

奎章文化社『海東歌謠 附 永言選』(影印本) 1979

金根洙 "海東歌謠"『國會圖書館報』1967,5

──── "東歌選考"『杏丁李尙憲先生回甲紀念論文集』1968, 4

──── "歌曲源流考"『論文集』(明知大) 第 1輯 1968, 7

──── "靑丘永言 解題"『新東亞』別冊附錄 1969, 1月號

──── "海東歌謠 解題"『國會圖書館報』第 6號 1969, 5

──── "歌曲源流 解題"『韓國의 名著』(玄岩社) 1970, 11

金東俊 "樂學拾零攷"『樂學拾零』(影印本) 1978

金三不『海東歌謠』(正音社) 1950, 3

金英云 "『珍本靑丘永言』의 編纂年代에 關한 一考察"『時調學論叢』第 14輯 1999

김용찬『18세기의 시조문학과 예술사적 위상』(月印) 1999,1

──── "瓶窩歌曲集의 形成年代에 대한 검토"『한국학연구』(高麗大) 第 7輯 1995, 12

──── "청구영언(육당본)의 성격과 편찬의식"『19세기시가문학의 탐구』1995

──── "청구영언 진본의 성격과 편찬의식"『語文論集』(高麗大) 1996

──── "18세기 가집편찬과 시조문학의 전개양상"(博論, 高麗大) 1997

김종화 "이한진과 그의 청구영언 연구"(碩論;高麗大) 1994

金學成 "朝鮮後期 時調集의 編纂과 國文詩歌의 動向" 제22회동양학학술회의강연초 1992

朴魯春 "海東歌謠의 資料的 價値性"『國會圖書館報』第 137,138合併號
　　　1979

朴相洙 "時調文獻 詩歌에 대한 考察"『梁柱東博士華甲祈念論文集』1963, 12

朴晟義 "靑丘永言 解題"『新東亞』1968, 1月號 附錄

朴永孹 "海東歌謠 異本의 書誌小考와 因緣記"『韓國文學』63號 1979

朴貞圭『靑丘永言 研究』大田日報社 1971, 7

方鍾鉉 "靑丘永言跋"『靑丘永言』(朝鮮珍書刊行會) 1948

――― "靑丘永言과 靑丘永言跋"『一簑國文學論文集』1963

徐元燮 "慶大本 時調集의 文獻的 研究"『語文論叢』(慶北大) 1986, 12

신경숙『19세기 가집의 전개』(啓明文化社) 1994

申在春 "海東歌謠의 終止法 類聚"『國學』(國民大) 第 1輯 1957.10

沈載完 "歌曲源流系 歌集 研究"『論文集』(靑丘大) 第 10輯

――― "金玉叢部(周翁漫筆) 研究"『論文集』第 2輯 1961, 12

――― "李漢鎭編 靑丘永言에 대하여"『語文學』第 7輯 1961

―――『時調의 文獻的 研究』世宗文化社 1972, 7

梁熙讚 "時調集의 編纂 系列 研究"(博論;高麗大) 1993, 12

――― "時調集의 編纂 性格考"『時調學論叢』第 10輯 1994

――― "金天澤의 海東歌謠錄과 金壽長의 海東歌謠의 關係"『우리文學研
　　　究』第 9輯 1995, 12

劉昌德 "歌集 序跋의 考察" 嶺南大 大學院 1985, 2

尹榮玉 "『靑丘永言』의 序・跋과『昭代風謠』"『時調學論叢』第 16輯 2000

李秉岐 "靑丘永言과 海東歌謠"『國語文學』(全北大) 第 2輯 1952 9

李相寶 "海東歌謠 및 永言選 考察"『韓國文學』第 63號 1979

李能雨 "歌曲源流의 現代的 解釋" 朝鮮日報 1955, 11, 15

李泰極 "靑丘永言 解題"『韓國의 名著』

鄭武龍 "三大時調集의 編纂考"『龍淵語文論執』第 3輯 1986

鄭炳昱 "三大時調集의 傳承體系 小考"『時調研究』第 1輯 1953, 1

――― "海東歌謠의 編纂過程 小考"『一石李熙昇先生頌壽紀念論叢』1957, 4

――― "海東歌謠 解題"『韓國의 名著』

鄭在晧 "靑丘永言의 編纂意識考"『師大論叢』(高麗大) 第 8輯 1983

曺圭益 "『永言選』의 정체와 가집 편찬사적 의미"『時調學論叢』第 15輯
1999

趙潤濟 "靑丘永言 解題"『朝鮮語學會報』第 2號 1931, 10

――― "海東歌謠 解題"『朝鮮語學會報』 第 3號 1932, 2

――― "靑丘永言과 海東歌謠의 解題"『朝鮮語文會報』第 4號 1932, 4

――― "歌曲源流 解題"『朝鮮語學會報』第 5號 1932, 9

――― "東歌選 解題"『朝鮮語學會報』第 6號 1933, 2

――― "南薰太平歌 解題"『朝鮮語學會報』第 7號 1933, 7

――― "歷代歌集 編纂意識에 대하여"『震檀學報』第 7號 1935, 7

――― "歌集 解題"『朝鮮詩歌의 研究』1948, 4

――― "海東歌謠의 複稿"『現代文學』第 104號 1963, 8

蔡鍾寬 "海東歌謠 研究"(碩論;友石大) 1969, 2

――― "海東歌謠 編纂者에 對한 考察"『研究月報』第 58號(全北敎聯)
1969, 4

崔南善 "歌曲源流小叙"『歌曲源流』1927

崔東元 "朴氏本 海東歌謠攷"『論文集』(釜山大) 第 18輯 1979

黃淳九 "海東歌謠 研究"『論文集』(瑞一工專) 第 2輯 1980

――― 『靑丘永言 研究』금방울社 1980

――― "歌曲源流 研究"『論文集』(瑞一工專) 1982

――― "原本 歌曲源流 補遺"『月河李泰極博士古稀紀念論文集』1982, 9, 25

――― "海東歌謠의 異本考"『現代時調』1983年 여름號

――― "靑丘永言復原試圖"『覓南金一根博士華甲紀念論叢』1985, 10

──── "靑丘永言 海東歌謠 歌曲源流 解題"『時調資料叢書』(韓國時調學會)1987

──── "海東歌謠 再考"『한실이상보박사회갑기념논총』1987, 9

──── "歌曲源流 硏究"『時調生活』第 10號 1991

黃忠基 "海東歌謠錄考"『국어국문학』第 62,63合倂號 1973

──── "海東歌謠 一石本에 대하여"『국어국문학』第 64號 1974

──── "三代歌集과 甁窩歌曲集의 對比考察"『국어국문학』第 70號 1976

──── "朴氏本 海東歌謠에 대하여"『語文硏究』第 23號 1979

──── "海東歌謠錄 再考"『語文硏究』第 28號 1980

──── "樂學拾零攷"『국어국문학』第 87號 1982, 5

──── "歌曲源流 編者에 대한 異見"『語文硏究』第 50號 1986

──── "歌曲源流 編者에 관한 再檢討"『국어국문학』第 97號 1987, 5

──── "海東歌謠 解題"『校注 海東歌謠』(泰和出版公社) 1988

──── 『校注 海東歌謠』(泰和出版公社) 1988

──── "靑丘永言과 海東歌謠"『時調學論叢』第 7輯 1991, 12

──── "歌曲源流 編者에 대한 異見"(Ⅱ)『語文硏究』第 76號 1992, 12

──── "歌曲源流에 대하여"『蠶新』(蠶新高) 第 1號 1992

──── "歌曲源流 編者에 대한 異見"(Ⅲ)『語文硏究』第 81,82合倂號 1994, 7

──── 『海東歌謠에 관한 硏究』(國學資料院) 1996

──── "海東歌謠 名稱에 대하여"『海東歌謠에 관한 硏究』(國學資料院)1996

──── 『歌曲源流에 관한 硏究』(國學資料院) 1997

──── "歌曲源流 編者에 대한 異見"(Ⅳ)『歌曲源流에 관한 硏究』1997, 10

多田正知 "靑丘永言과 海東歌謠"『小田先生頌壽紀念朝鮮論集』1934

閭巷時調 一覽

張鉉(炫)

1

鴨綠江 히진 後에 에엿분 우리 님이
燕雲萬里롤 어듸라고 가시는고
봄풀이 푸르고 푸르거든 卽時 도라 오쇼서.(珍靑 221)

2

나니 져 ᄋᆞ히를 멀이 짜하 길너쩌니
歲月이 덧업셔 어이 글이 잘아건고
그 ᄋᆞ히 玉燈에 불 혀 들고 님을 좃차 단니거다. (靑가 239)

朱義植

3

하늘이 놉다하고 발져겨 셔지말며
짜희 두텁다고 ᄆᆞ이 붉지 마를 거시
하늘 짜 놉고 두터워도 내 조심을 ᄒᆞ리라. (珍靑 222)

4

窓밧긔 아히 와셔 오늘이 새힌오커놀
東窓을 열쳐보니 녜 돗든 히 도닷다
아히야 萬古 흔 히니 後天에 와 닐러라. (珍靑 223)

5

말하면 雜類라 ᄒ고 말 아니면 어리다 ᄒ니
貧寒을 눔이 웃고 富貴를 새오ᄂᆞᆫ듸
아마도 이 하ᄂᆞᆯ 아레 사롤 일이 어려왜라. (珍靑 224)

6

늙고 病든 몸이 가다가 아ᄆᆞ듸나
절로 소슨 뫼헤 손조 밧가로리다
結實이 언매리마ᄂᆞᆫ 連命이나 ᄒ리라. (珍靑 225)

7

荊山에 璞玉을 어더 世上 사람 뵈라가니
것치 돌이여니 속 알니 뉘 이시리
두어라 알닌들 업스랴 돌인드시 잇거라. (珍靑 226)

8

人生을 혜여ᄒ니 ᄒᆞᆫ바탕 꿈이로다
죠흔 일 구즌 일 꿈속에 꿈이여니
두어라 꿈 ᄀᆞ튼 人生이 아니 놀고 어이리. (珍靑 227)

9

주려 주그려 ᄒ고 首陽山에 드럿거니
헌마 고사리를 머그려 키야시랴
物性이 구븐줄 믜워 펴보려고 키미라. (珍靑 228)

10

屈原 忠魂 비에 너흔 고기 釆石江에 긴 고래 되야
李謫仙 등에 언쬬 호놀 우희 올느시니
이제는 새고기 낫거니 낙가 숨다 엇더리. (珍靑 229)

11

忠臣의 속모음을 그 님금이 모로므로
九原千載에 다 스러 흐려니와
比干은 모음을 뵈야시니 므슴 恨이 이시리. (珍靑 230)

12

唐虞도 죠커니와 夏商周ㅣ 더옥 죠희
이제를 혜여ㅎ니 어늬적만 흐거이고
堯天에 舜日이 볼가시니 아모젠줄 몰래라. (珍靑 231)

13

天心에 도든 둘과 水面에 부는 브람
上下 聲色이 一中에셔 갈렷느이
사룸이 中을 타나시니 어질기는 흐가지라. (朴海 229)

14

仁心은 터히 되고 孝悌忠信 기棟이 되야
禮義 廉恥로 マ즉이 녜여시니
千萬年 風雨룰 만난들 기울줄이 이시리. (朴海 230)

15

無道ᄒ기로뻐 陰陵에 길을 일코

드디여 갈 짜 업서 할늘보기 붓그러워

烏江을 건너지 아녀 어이 슬허 ᄒ리오. (朴海 234)

16

오늘을 每樣 두어 겸으도 새도 말아

만고 홀린이 一日新을 어이 홀이

百刻에 ᄒ 番씩 싯서 몸을 족케 홀이라. (一海 264)

余嘗得見朱公道源所製 新翻二三関 惟恨未得其全調也 一日
卞君和叔 爲我得全篇以示之 余三復遍閱 其辭正大 其旨微婉
皆發乎情而實有風雅之遺韻 使古之觀民風者采之 其亦得徹於
陳詩之列矣 盖玩其詞而想其人 必非烟火中人也 噫 公非徒能
於此也 持身恭儉 處心恬靜 逡逡有君子之風焉 歲戊申夏五月
上澣 南坡老圖書(珍靑)

金三賢

17

늙기 셜은줄을 모로고나 늘것는가

春光이 덧이 업서 白髮이 절로 낫다

그러나 少年쩍 ᄆ음은 감ᄒ 일이 업세라. (珍靑 232)

18

綠楊 春三月을 자바민야 둘거시면
셴머리 뽀바내여 츤츤동혀 두련마는
올히도 그리 못ᄒ고 그저 노화 보내거다. (珍青 233)

綠楊春三月을 잡아민야 둘양이연
셴마리 뽀바내여 츤츤동혀 두련마는
힉마다 내 졔게 되뽁아 그저 노하 보내거다 (朴海 240)

19

松壇에 선줌 찌야 醉眼을 드러보니
夕陽 浦口에 나드ᄂ니 白鷗ㅣ로다
어즈버 이 江山風景이야 어니 그지 이시리. (珍青 234)

松壇에 선줌 찌야 醉眼을 여러보니
夕陽 浦口의 나드나니 白鷗ㅣ로다
아마도 이 江山 님자는 내 혼잰가 ᄒ노라 (朴海 241)

20

功名을 즐겨마라 榮辱이 半이로다
富貴롤 貪치 마라 危機를 볿ᄂ니라
우리ᄂ 一身이 閑暇커니 두려온 일 업세라. (珍青 235)

21

크나큰 바회 우희 네 사롬이 閑暇롭다
紫芝歌 훈 曲調롤 오늘이야 드를런가

이 後는 나 ᄒ나 더ᄒ니 五皓ㅣ 될가 ᄒ노라. (珍靑 236)

22

내 精靈 술에 섯겨 님의 속에 흘러드러

九回 肝腸을 다 추자 ᄃᆞ닐만졍

　날 닛고 ᄂᆞᆷ 向ᄒᆞᆫ ᄆᆞᄋᆞᆷ을 다스로려 ᄒ노라. (珍靑 237)

　내 精靈술에 섯겨 님의 쏙에 흘너드러

　九曲 肝腸을 寸寸이 ᄎ즈가셔

　날닛고 ᄂᆞᆷ向ᄒᆞᆫ ᄆᆞᆷ을 다 슬오려 ᄒ노라.(朴海 243)

金聖器

23

江湖애 ᄇᆞ린 몸이 白鷗와 벗이 되야

漁艇을 흘리 노코 玉簫를 노피 부니

아마도 世上興味는 잇분인가 ᄒ노라. (珍靑 238)

24

겨월이 다 지나고 봄節이 도라오니

萬壑 千峰에 푸른 빗치 새로왜라

아희야 江湖에 비ᄭᅴ오고 낙대 推尋 ᄒ여라.(珍靑 239)

25

이몸이 홀일 업서 西湖롤 츠자가니
白沙淸江에 ᄂᆞ니ᄂᆞ니 白鷗ㅣ로다
어듸셔 漁歌一曲이 이내 興을 돕ᄂᆞ니. (珍靑 240)

26

蓼花에 좀든 白鷗 선좀ᄭᅵ야 ᄂᆞ지마라
나도 일 업서 江湖客이 되엿노라
이 後ᄂᆞᆫ 츠즈리 업스니 너를 조차 놀리라. (珍靑 241)

27

塵埃에 무친 分니 이 내말 드러보소
富貴 功名이 됴타도 ᄒᆞ려니와
갑업슨 江山風景이 긔 죠흔가 ᄒᆞ노라. (珍靑 242)

　塵埃에 뭇친 분니 이 내말 드러보소
　富貴 功名이 죠타도 ᄒᆞ려니와
　말업슨 風月江山이야 긔 죠흔가 ᄒᆞ노라. (朴海 245)

28

紅塵을 다 썰치고 竹杖芒鞋 집고 신고
玄琴을 두러메고 洞天을 드러가니
　어듸셔 짝을흔 鶴唳聲이 구룸밧긔 들린다. (珍靑 243)

　紅塵을 다 썰치고 竹杖芒鞋 집고 신고
　검은고 두러메고 西湖로 드러가니

蘆花에 뼈만흔 굴먹이는 녯 벗인가 ᄒ노라.(朴海 246)

29

玉盆에 심근 梅花 흔柯枝 것거내니

곳도 됴커니와 暗香이 더옥 죠타

두어라 것근 곳이니 ᄇ릴줄이 이시랴. (珍靑 244)

30

구레 버슨 千里馬를 뉘라셔 자바다가

조죽 슬믄콩을 슬지게 머겨둔들

本性이 왜양ᄒ거니 이실줄이 이시랴. (珍靑 245)

余嘗癖於歌 裒集 國朝以來名人里巷之作 獨漁隱金聖器之譜 往往傳誦 而知其全譜者鮮故 廣求而莫之得 心常恨焉 乃者遇西湖金君重呂於文郁哉許君卽漁隱知己也 余謂之曰 子嘗從漁隱 其所爲永言 想多記藏者 爲我示諸 曰吾與漁隱 十數年 同遊江湖 其平日叙懷寓興者 盡記而有之 其中有多油然感人者 聾俗不知故 藏諸巾笥 以待好事者久矣 子言如是 茲曲將行于世也 遂歸其全篇 三復諷詠 其得於跌宕山水之趣者 自見於辭語之表 瓢瓢然有遐擧物外之意矣 盖漁隱 逍遙天地間一閑人也 凡於音律 莫不妙悟 性好江山 構屋于西江之上 號漁隱 晴朝月夕 或拊琴坐柳磯 或吹簫弄烟波 狎鷗而忘機 觀魚而知樂 以自放於形骸之外 此其所以自適其適 而善鳴於歌曲者歟 歲戊申暮春旣望 南坡老圃書 (珍靑)

金裕器

31

내 몸에 病이 만하 世上에 ㅂ리이여
是非榮辱을 오로다 니저마는
다만지 淸閑一癖이 매부르기 죠해라. (珍靑 246)

32

丈夫로 삼겨나셔 立身揚名 못홀지면
출하리 썰치고 일 업시 늘그리라
이밧긔 碌碌한 營爲에 걸릴길 줄 이시랴. (珍靑 247)

33

百歲를 닷 못사라 七八十만 살지라도
벗고 굼지 말고 病업시 누리다가
有子코 有孫ㅎ오면 긔 願인가 ㅎ노라. (珍靑 248)

34

春風 桃李花들아 고온 양ㅈ 쟈랑 말고
長松 綠竹을 歲寒에 보려므나
亭亭코 落落한 節을 고칠줄이 이시랴. (珍靑 249)

35

唐虞는 언제 時節 孔孟은 뉘시런고
淳風 禮樂에 戰國이 되야시니
이몸이 서근 션븨로 擊節悲歌 ㅎ노라. (珍靑 250)

36

泰山에 올라안자 四海를 구버보니
天地 四方이 훤츨도 ᄒ져이고
丈夫의 浩然之氣를 오늘이야 알괘라. (珍靑 251)

37

不忠不孝ᄒ고 罪 만흔 이내 몸이
苟苟히 사라이셔 ᄒ온 일 업거니와
그러나 太平聖代에 늙기 셜워 ᄒ노라. (珍靑 252)

38

오날은 川獵ᄒ고 來日은 山行가시
곳다림 모릐ᄒ고 降神으란 글픠ᄒ리
그글픠 邊射會ᄒ올제 各持壺果 ᄒ시소. (珍靑 253)

39

欄干에 지혀 안자 玉笛을 빗기 부니
五月 江城에 훗듯ᄂ니 梅花 ㅣ로다
ᄒ 曲調 舜琴에 섯거 百工相和 ᄒ리라. (珍靑 254)

40

景星出 慶雲興ᄒ니 日月이 光華 ㅣ로다
三王 禮樂이오 五帝 ㅣ 文物이로다
四海로 太平酒 비저 萬姓同醉 ᄒ리라. (珍靑 255)

金君大哉 以善歌鳴於世 曾於丙申間 余嘗造其門 叩其篋得一編 開卷而閱

之 乃自家所爲新翻也 仍要余訂正 余曰 觀其詞 說盡情境 諧合音律 信樂譜
之絶調也 以余不才 奚容贅焉 遂相與問答而歸 一二年間 已成陳迹 曺子建存
沒之感 至是極矣 余於是掇拾其遺曲 以布于世 傳之不朽也 歲戊申暮春旣望
南坡老圃書 (珍靑)

金天澤

41

榮辱이 竝行ᄒ니 富貴도 不關툰라
第一 江山에 내 혼자 님자되야
夕陽에 낙싯대 두러메고 오명가명 ᄒ리라. (珍靑 256)

42

白鷗ㅣ야 말무러보쟈 놀라지 마라스라
名區 勝地를 어듸어듸 ᄇ렷ᄃ니
날다려 仔細히 닐러든 네와 게가 놀리라. (珍靑 257)

43

蘆花 기픈 곳에 落霞를 빗기씌고
三三 五五히 섯거 노는 져 白鷗ㅣ야
므서세 줌착ᄒ엿관디 날온 줄을 모로ᄂ니. (珍靑 258)

44

南山 ᄂ린 골에 五穀을 ᄀ초 심거
먹고 못 나마도 굿지나 아니ᄒ면

그밧긔 녀나믄 富貴야 ᄇ랄줄이 이시랴. (珍靑 259)

南山 나란 골에 五穀을 갓초 심어
먹고 못 남아도 굿지나 아니ᄒ면
아마도 니 집의 밥이야 그 맛신가 ᄒ노라 (周海 402)

45
울밋 陽地ㅅ 편에 외삐를 쪄혀두고
ᄆ|거니 붓도도와 빗김에 달화내니
어즈버 東陵瓜地ᄂ 예야 건가 ᄒ노라. (珍靑 260)

46
田園에 남은 興을 젼나귀에 모도 싯고
溪山 니근 길로 흥치며 도라와셔
아희야 琴書를 다스려라 나믄 히를 보내리라. (珍靑 261)

47
雲宵에 오로젼들 ᄂ래 업시 어이ᄒ며
蓬島로 가쟈ᄒ니 舟楫을 어이ᄒ리
출하리 山林에 主人이 되야 이 世界를 니즈리라. (珍靑 262)

48
知足이면 不辱이오 知止면 不殆라 ᄒ니
功成名遂ᄒ면 마ᄂ 거시 그 올ᄒ니
어즈버 宦海 諸君子ᄂ 모다 조심ᄒ시소. (珍靑 263)

49

綠駬霜蹄 櫪上에셔 늙고 龍泉雪鍔 匣裏에 운다
丈夫의 혜온 뜻을 속졀업시 못 이로고
귀밋테 흰털이 눌니니 글을 셜워 ᄒ노라. (珍靑 264)

50 ?

長劒을 ᄲᅡ혀 들고 다시 안자 혜아리니
胸中에 머근 뜻이 邯鄲步ㅣ 되야괴야
두어라 이 ᄯᅩ한 命이여니 닐러 므슴 ᄒ리오.(珍靑 265)

51

生前에 富貴키ᄂᆞ 一杯酒만 혼 것 업고
死後 風流ᄂᆞ 陌上花ᄲᅮᆫ이여니
므스일 일이 죠흔 聖世에 아니 醉코 어이리. (珍靑 266)

　　生前에 富貴홈은 一杯酒만 ᄒ니 업고
　　死後 風流ᄂᆞ 陌上花 ᄲᆫ이어니
　　人生이 一場春夢이라 아니 놀고 어이리.(朴海 283)

52

내 부어 勸ᄒᄂᆞ 盞을 덜 머그려 辭讓마소
花開 鶯啼ᄒ니 이 아니 죠흔 ᄲᅢᆫ가
엇더타 明年 看花伴이 눌과 될줄 알리오. (珍靑 267)

53

혼달 셜흔 날에 醉홀 날이 멋날이리

盞자븐 날이야 眞實로 내 날이라
그날곳 지나간 後ㅣ면 뉘집 날이 될줄 알리. (珍靑 268)

54

사름이 흔번 늘근 後에 다시 져머 보는 것가
更少年ㅎ닷 말이 千萬古에 업슨 말이
우리는 그런줄 알므로 미양 醉코 노노라. (珍靑 269)

55

人生을 혜아리니 아마도 늣거웨라
逆旅 光陰에 시름이 半이여니
므스일 멋 百年 살리라 아니 놀고 어이리. (珍靑 270)

56

世上 사름들아 이내 말 드러보소
靑春이 미양이며 白髮이 검는것가
엇덧타 有限흔 人生이 아니 놀고 어이리. (珍靑 271)

57

梅窓에 月上ㅎ고 竹逕에 風淸흔제
素琴을 빗기 안고 두세 曲調 홋트다가
醉ㅎ고 花塢에 져이셔 夢羲皇을 ㅎ놋다. (珍靑 271)

58

午睡를 느지 끼야 醉眼을 여러보니
밤비에 굿핀 곳이 暗香을 보내ᄂ다.

아마도 山家에 물근 맛시 이 죠흔가 ᄒ노라. (珍靑 273)

59

泰山에 올라 안자 天下를 두로보니
世路ㅣ 多岐ᄒ여 어이 져리 머흔게고
阮籍이 이러홈으로 窮途哭을 ᄒ닷다. (珍靑 274)

60

堯日月 舜乾坤은 녜대로 잇것마는
世上 人事는 어이 져리 달란는고
이몸이 느저난 줄을 못내 슬허 ᄒ노라. (珍靑 275)

61

人間 번우한 일을 다 주어 후리치고
康衢 烟月에 일 업시 노닐며서
어즈버 聖化千載에 이러구러 지내리라. (珍靑 276)

62

尼山에 降彩ᄒ샤 大聖人을 내오시니
繼往聖 開來學에 德業도 노프실샤
아마도 群聖中 集大成은 夫子ㅣ신가 ᄒ노라. (珍靑 277)

63

遏人慾 存天理는 秋天에 氣象이오
知言 養氣는 古今에 긔 뉘런고
아마도 擴前聖所未發은 孟軻ㅣ신가 ᄒ노라. (珍靑 278)

64

杜拾遺의 忠君愛國이 日月로 爭光홀로다
間關 劍閣에 뜻둘듸 전혀 업서
어즈버 無限丹衷을 一部詩에 부치도다. (珍靑 279)

65

岳鵬擧의 一生肝膽이 석지아닌 忠孝ㅣ로다
背上 四字는 무어시라 ㅎ엿돈고
南枝上 一片宋日이 耿耿丹衷에 비최엿다. (珍靑 280)

66

北扉下 저믄 날에 에엿불슨 文天祥이여
八年 燕霜에 검든 머리 다 희거다
至今히 從容就死를 못내 슬허 ㅎ노라. (珍靑 281)

67

沃野千里 긴담 안헤 阿房宮을 노피 짓고
當年에 어린 뜻은 萬歲計를 ㅎ려트니
어닌덧 陳迹이 되도다 긔 뉘 타슬 사므리. (珍靑 282)

68

莊生에 ㅎ난 일이 아마도 多事ㅎ다
斥鷃大鵬을 비겨 므슴 ㅎ렷돈고
두어라 物之不齊를 견훌줄이 이시랴. (珍靑 283)

69

賀季眞의 鏡湖水는 榮寵으로 어덧거니
비록 말고젼들 므슴 핑계 ᄒᆞ려니오
엇덧타 내의 이 江山은 걸닌 곳 업세라. (珍靑 284)

70

叩馬諫 不聽커눌 首陽山에 드러가셔
周粟을 아니 먹고 므츰내 餓死키는
千秋에 賊子의 므음을 것거보려 홈이라. (珍靑 285)

71

世事롤 다 썰치고 江湖로 드러가니
水光 山色이 녯ᄂᆞᆾ출 다시 본 듯
어즈바 平生夢想이 오라ᄒᆞ야 그럿탓다. (朴海 276)

72

霞鶩은 섯거눌고 水天이 혼빗친제
小艇을 글러 ᄐᆞ고 여홀목에 ᄂᆞ려가니
隔岸에 삿갓 쓴 늘근이 홈ᄭᅴ 가쟈 ᄒᆞ더라. (朴海 278)

73

索居閑處 깁흔 곳에 츠자 오리 뉘 이시리
花逕도 쓸리 업고 蓬門을 다닷ᄂᆞᆫ듸
다마지 날과 有信키는 明月淸風 쑌이로다. (朴海 279)

74

花檻에 月上ᄒ고 竹窓의 밤든 적의
冷冷 七弦琴을 靜聽에 빗기 ᄐ니
庭畔에 셧ᄂ 鶴이 우즑우즑 ᄒ더라. (朴海 280)

75

淸風 北窓下에 葛巾을 젓게 쓰고
羲皇 벼개 우ᄒ 픗ᄌᆷ을 씨야보니
夕陽에 牛背笛聲이 兩兩歸來 ᄒ다. (朴海 282)

76

紅塵에 醉ᄒ 分네 暫間 씨야 내말 들어
一時 榮耀ᄂ 죠혼 法 잇것만은
희겸은 宦海風浪을 어이ᄒ려 ᄒᄂ니. (朴海 284)

77

春秋에 日暗ᄒ고 戰國에 雲擾ᄒ니
萬古 長夜ᄂ 어니 째에 붉아질고
어즈바 唐虞ㅣ 世遠ᄒ니 갈곳 업셔 ᄒ노라. (朴海 285)

78

榮辱은 關數ᄒ고 富貴ᄂ 在天ᄒ니
求ᄒ다 곁에 오며 더져두다 어듸가랴
眞實로 내 길을 닷그면 自然 有時 ᄒᄂ니. (朴海 287)

79

孔孟과 楊墨 사이 方寸인둧 ㅎ것마는
나둉 어든 거슨 楚越이 되엿거니
眞實로 이즈음 싱각ㅎ여 브디 操心 ㅎ시소. (朴海 288)

80

濂溪에 비롤 씌여 伊川을 건너가셔
明道께 길흘 무러 가는대로 가쟈스라
가다가 졈믈거든 晦菴의 가 자리라. (朴海 289)

81

靑藜杖 힘을 삼고 南畝로 ᄂ려가니
稻花난 훗늘니고 小川魚 슬젼난듸
遠近에 즑이난 農歌는 곳곳이셔 들닌다. (朴海 290)

82

箕山에 늙근 사롬 귀눈 어이 씃도던고
박소리 핑계ㅎ고 操壯이 놉거니와
지금히 潁水淸波ᄂ 더러온재 잇ᄂ니. (朴海 291)

83

易水寒波 졈은 날에 荊卿의 擧動보소
一劍 行裝이 긔 안이 齟齬흔가
어즈바 未講劍術을 애돌올샤 ㅎ노라. (朴海 292)

84

春窓에 느디 닐어 緩步ᄒ여 나가보니
洞門 流水에 落花ㅣ ᄀ득 ᄯ이셰라
져 곳아 仙源을 눔 알니라 ᄯ러나가지 마롸라. (朴海 293)

85

眞實로 검고져 ᄒ면 머리는 희난게고
眞實로 희고져 ᄒ면 ᄆ음은 검는게고
이 두일 셔르 밧고면 無老無慾 ᄒ리라. (朴海 294)

86

어화 우리 님금 疾病이 업스신가
濟濟 群生이 즑김이 남앗도다
저마다 戴己를 願ᄒ니 太平인가 ᄒ노라. (朴海 295)

87

風塵에 얽미이여 ᄯ치고 몰 갈ㅅ 지라도
江湖 一夢을 ᄭ원지 오릭던이
聖恩을 다 갑픈 後은 浩然長歸 ᄒ리라. (周海 400)

88

江山 죠흔 景을 힘셴이 타톨 양이면
닉 힘과 닉 分으로 어이 ᄒ여 엇들쏜이
眞實로 금ᄒ리 업쓸씌 나도 두고 논이노라. (周海 403)

89

松林에 客散호고 茶鼎에 烟歇커늘
遊仙 一枕에 午夢을 느지 씬이
어즙어 義皇上世를 다시 못본 듯 호여라. (周海 405)

90

漁歌 牧笛 소리 谷風에 셧거 불쎄
午睡를 갓씨야 醉眼을 열어본이
지넘어 현암은 벗이 와 携壺欵扉 호노미. (周海 406)

91

世上이 煩憂호니 江湖로 나가즈슬아
無心한 白鷗야 오라호며 가라호랴
암아도 닷토리 업스문 다만인가 호노라. (周海 407)

92

春服이 旣成커든 冠童 六七 건으리고
風乎 舞雩호야 興을 타 돌아온이
어즙어 泗水尋訪을 불을 쑬이 이시랴. (周海 408)

93

옷 버서 아희 주어 술쎱의 볼모호고
靑天을 울어러 달드려 물은말이
어즙어 千古 李白이 날과 엇더 흐든요. (周海 409)

94

이 盞 잡으시고 이닉 말 곳쳐 들어
一樽酒 긋쳐 갈쩌 니을 일만 分別ᄒ시
이밧긔 是非憂樂을 나는 몰라 ᄒ노라. (周海 410)

95

한 番 죽은 後ㅣ면 언의 날에 다시 오며
深山 길 아리 제 뉘라 ᄎᄌ와셔
술 부워 저 잡고 날 勸ᄒ며 노시ᄒ리 잇시리. (周海 411)

96

내 부워 勸ᄒ는 盞을 덜 먹으려 辭讓마소
花開 鶯啼ᄒ이 이 안이 죠흔 썬가
어즈버 明年 看花伴이 눌과 될쑬 알리오. (周海 412)

97

어화 世上 스람 이닉 말 들어보소
靑春이 每樣이며 白髮이 검듯것가
꿈갓튼 人世를 가지고 가 업시 살랴 ᄒ는이. (周海 413)

98

人生을 혀여ᄒ이 암아도 늣거웨라
逆旅 光陰에 시름이 半이로다
므스 일 이 조흔 聖世에 안이 놀고 어이리. (周海 414)

99

三萬 六千日을 每樣만 넉이지 마소
夢裏 靑春이 어슨 듯 지나느니
두어라 四時風景에 醉코 놀미 엇더리. (周海 415)

100

浮生이 꿈이여늘 功名이 아랑곳가
賢愚 貴賤도 죽은 後ㅣ면 다 흔 가지
암아도 살아 흔 盞 술이 즐거온가 ᄒ노라. (周海 416)

101

功名이 긔 무섯고 辱된 일 만흔이라
三盃酒 一曲琴으로 事業을 삼아두고
이 죠흔 太平烟月에 이리절이 늙으리라. (周海 417)

102

朱문에 벗님네야 高車駟馬 죳타 마소
톡기 죽은 後ㅣ면 기마즈 삼기는이
우리는 榮辱을 모른이 둘여온 일 업세라. (周海 418)

103

書劍을 못 일우고 쓸띄 업쓴 몸이 되야
五十 春光을 히옴 업씨 지너연져
두어라 언의곳 靑山이야 날 씰쑬이 잇시랴. (周海 421)

104

初生에 잇즌 달도 보름에는 둘엿거든
盈虛 否泰는 天道ㅣ 自然 글어컨이
두워라 無往不復인이 기들신 ᄒ노라. (周海 422)

105

人間 언의 일이 命 밧긔 삼겻시리
吉凶 禍福은 하늘에 붓쳐 두고
그밧긔 녀남은 일으란 되는디로 ᄒ리라. (周海 423)

106

古今에 어질기야 孔夫子만 홀신만혼
轍環 天下ᄒ여 木鐸이 되엿신이
날갓튼 셕은 선븨야 닐러 무슴 홀이오. (周海 425)

107

安貧을 슬히 넉여 손 혜다 물러감며
富貴룰 불어ᄒ여 손 치다 나아오랴
암아도 貧而無怨이 긔 올흔가 ᄒ노라. (周海 426)

108

잘 가노라 닷지 말며 못 가노라 쉬지 말라
브디 긋지 말고 寸陰을 앗겻슬아
가다가 中止곳ᄒ면 안이 갈만 못 흔이라. (周海 427)

109

엇그제 덜 괸 술을 질동희예 가득 붓고
설데친 무우남을 淸麴醬에 씻쳐닌이
世上에 肉食者들이 잇 맛슬 어이 알리오. (周海 430)

110

어와 王昭君이여 생각썬디 가련홀싼
漢宮粧 胡地妾에 薄命홈도 긔지 업다
至今히 死留靑塚을 못닉 슬허 ᄒᆞ노라. (周海 437)

111

玉河關 졈은 날에 에엿불손 三學士여
忠魂 義魄이 어들어로 간거이고
암아도 萬古綱常을 네 부든가 ᄒᆞ노라. (周海 438)

112

天地 飜覆혼이 日月이 無光이로다
皇極殿 놉흔 집에 老單于ㅣ 안짠말가
어즙어 一部 春秋를 닑을 곳이 업세라. (周海 439)

113

昏飮 不省키는 養性함이 안이연이
衆人이 醉ᄒᆞ여도 닉 어이 흔ᄌ 씨리
암아다 與世推移함이 긔 올흔가 ᄒᆞ노라. (周海 440)

114

紅塵이 멀어진이 世上 일을 어이 알리
江湖 勝地에 一漁翁이 되어 잇셔
平生을 滄浪에 쓴 白鷗와 벗을 삼아 놀리라. (周海 441)

115

씨면 다시 먹고 醉ᄒ여 누엇신이
世上榮辱이 엇텃튼동 나 몰리라
平生을 醉裏乾坤에 씔 날 업시 먹으리라. (周海 442)

116

農人이 告余春及ᄒ이 西疇에 일이 만타
漠漠 水田을 뉘라셔 독미야 줄이
암아도 躬耕稼穡이 니 分인가 ᄒ노라. (周海 443)

117

섭 시른 千里馬를 알아 볼이 뉘 잇시리
十年 櫪上에 속절 업시 다 늙ㅅ거다
어듸셔 살진 쇠양馬는 외용지용 ᄒ는이. (周海 444)

118

人心은 惟危ᄒ고 道心은 惟微ᄒ야
漢唐宋 千百年來에 鷄犬 ㅅ치 더져두고
至今희 ㅊ즐이 업쓴이 그를 슬허 ᄒ노라. (周海 445)

119

흰 구름 푸른 니는 골골이 잠겻는듸
秋風에 물든 丹楓 봄곳도곳 더 죠홰라
天公이 날을 爲ᄒ야 뫼빗츨 꿈여 니도다. (周海 447)

120

가을밤 치 긴격의 님 生覺 더욱 깁다
먹귀 션건 비에 남은 肝腸 다 석놈이
암아도 薄命ᄒ 人生은 니 ᄒ진가 ᄒ노라. (周海 448)

121

權然後에 知輕重ᄒ고 度然後에 知長短이니
萬物은 오히려 다 글어 ᄒ건이와
암아도 甚홀쓴 마음이니 브듸 삼가 ᄒ리라. (周海 449)

122

父兮 生我ᄒ시고 母兮 鞠我ᄒ신이
父母의 恩德은 昊天罔極 이읍ㅅ 건이
眞實로 白骨이 靡粉인들 此生 어이 갑ㅅ오리.(周海 450)

金君履叔 以善唱 名國中 一洗下里之陋 而能自爲新聲 瀏喨可聽 又製新
曲數十関 以傳於世 少年習而唱之 余觀其詞 皆艶麗有理致 音調節腔 淸濁高
下 自叶於律 可與松江公新翻 後先方駕矣 履叔 非特能於歌 亦見其能於文也
嗚呼 使今之世 有善觀風者 必采是詞而列於樂官 用之鄕人 用之邦國 不但爲
里巷歌謠而止爾 奈何徒使履叔 爲燕趙悲慨之音 以鳴其不平也 且是歌也 多
引江湖山林放浪隱遯之語 反覆嗟歎而不已 其亦衰世之意 歲戊申暮春 黑窩

書(珍靑)

伯涵所製歌曲 其數最多 而或有所貴者 或有所賤者 吾旣修正作譜 以傳於
後 則祛滓極眞 必事識者開眼 終至道直然後 乃可立其名 語之眞實淳厚 淸廉
孝忠者採之 輕忽不重 脈絡絶間者去之 後之全篇考之者 獵略首未 幸勿訝惑
焉 庚辰蒼龍杜鵑矜艶杏花之節六九翁老歌齋金壽長書(海周)

鄭來僑

123

梧桐에 月上ᄒ고 楊柳에 風來로다
瑤琴을 빗기 안고 玉階로 지나오니
이곳에 一般淸意味을 알리 져거 ᄒ노라. (樂高 231)

124

朱欄을 지혀 안자 玉簫를 놉피 부니
明月 淸風이 갑 업시 절로 온다
아희야 盞 ᄀ득 부어라 長夜飮을 ᄒ리라. (樂高 232)

韓維信

125

我東方 億萬 蒼生 우리 님금 은덕이여
父生母育라 어디 다혀 갑홀스니

이 몸의 一日榮養도 쏘흔 君恩 이샷다. (朴海 313)

126

平生의 痼癖濃情 山水間의 淸遊 ㅣ러니
世事 ㅣ 蹉跎ㅎ니 白髮이 쟝춧 누르럿다
두어라 有志者 事成이라 늙다 져롤 어이리. (박해 314)

127

動鶴山 느린 岩巒 有情도 홀셰이고
大德山 鳥足峰이 龍虎롤 논화 잇다
이 듕애 風景 님자는 나 쑨인가 ㅎ노라.(朴海 315)

128

山間 幽閑흔 景을 내 혼자 님재어니
四時 佳興을 드토리 뉘 이시리
世上이 숨쑤지 너기나 논화볼 줄 이시랴. (朴海 316)

129

山中이 每樣이랴 江湖로 가쟈스라
蓮臺에 모든 麋鹿 못 가게 섯도놋다
煙浦의 多少白鷗는 곳곳마다 기드리느니. (朴海 317)

130

春風의 곳이 일고 秋霜에 닙피 딘다
人生도 물이어니 너와 ㄳ치 좃니고져
슬프다 至極한 公道 ㅣ라 낸돌 져롤 어이리. (朴海 318)

131

風塵의 모돈 分니 暫間 내 말 드러 보오
百千 萬行이 다 쓰러 正心이니
다시금 (모음)工夫 긔 願인가 ᄒ노라. (朴海 319)

132

城南 少年드라 存心ᄒ여 드러스라
忠孝 操行을 恭儉 섯거 ᄒ려니와
그러나 危亡이 갓가올 손 酒色인가 ᄒ노라. (朴海 320)

133

功名도 念 밧기오 富貴 쪼흔 在天이라
竹杖 芒鞋로 無限江山 노니더니
仙牷이 月色을 즈으니 힝혀 옛가 ᄒ로라. (朴海 321)

134

七十이 古來稀ㄴ디 八十들히 거의로다
人世를 다 썰치니 鶴唳靑田 벗이로다
松關에 山果든 蒼猿이 못내 즐겨 좃ᄂ다. (朴海 322)

135

東嶺에 月上ᄒ니 萬壑이 一色이라
琴書를 겻틔 두고 層巖의 올나가니
北天의 紫微星 光名ᄒ니 聖代太平 이로다. (朴海 323)

余少而好歌 殆忘寢食 或從泉石間 聽其自然 或就琴二家 和大小絃 自謂

若有得　思欲一質於大方君子　以進其所不及　而顧世無能言者　每按曲徘徊　徒
有水遠山高之思　乙未春　金公裕器　適自京師來　公卽今代之獨步也　余往省之
試以時譜叩之　公輒笑而不應　夜久　始吟數闋　聲出金石　若下不影響焉　余乃窅
然自喪　私語深曰　正聲在是矣　厥明　延公置別館　遂與二三同志　盡棄舊學而請
敎焉　公曰　不亦善乎　歌有古今二調　哀而促者　衰世之音　而時人之所取也　和
而緩者　太平之聲　而吾之所取也　我國歌謠雜以方言　雖與古樂府有異　而亦風
化之一端　歌不可不審　仍出囊中所藏永言選　及公之所自製新翻數十餘闋　以
示曰次白雪歌路脈也　遂以平調等諸曲　日課而授之　不妄等　專心學習　閱累年
而始能效顰　公曰　調成矣　所美境者　獨有尋方曲　中中大葉兩調　此聖門所謂終
條理也　了此　可卒業矣　是夕　因唱尋方曲一闋　始與天女散花洞庭無波　其終也
惝怳若緩棹沂月　而逍遙乎蓬海　與水仙子語　而將軍銅鐵罩板　不覺喪其雄也
蓋公之敎人也　必先唱明日所授者　俾有感發興起之意　而階級甚嚴　不敢爲躐
等計也　一日　密城士人　沈生者　以騎來邀　沈是湖海間奇士　而密之嶺南樓　久
在公魂夢中矣　遂並轡飄然而逝　不妄等　旣留之不可　惟以式過其歸　爲祖道之
祝　祝訖　登子城以望之　居無何工遭毒癘卒客官　嗚呼　廣陵散　終此絶矣　不妄
等　相弔于舊舍　悵悵然無所與歸　而邇來五十年　便作隣笛中過客　雖絲竹盈堂
四座盡歡　而及其酒後話舊　則喉吻輒喀喀焉　噫　余老矣　年逾七十　氣促聲短
不復作依永之音　獨其土炭一癖　猶不能盡消　每見人有歌譜　必求之不倦　客有
遺以海東歌曲一部　乃金君天澤所裒集　諸君子所製者也　末附國朝名唱　及其
所自製　而公之新翻七八闋　亦在其中矣　三復諷詠　心目俱明　凄然有秋水蒹葭
其人宛在之懷　而益不禁涕潛之下也　遂謄一本　與永言選　並藏之篋笥　又以野
人語　作短詞十餘闋　錄之卷末　不妄　非敢自列於古人之次也　盖出於附驥之意
而亦不負我公　傳授之勤云爾　崇禎三壬午孟春　後學　上黨　韓維信　謹書(永言
選序;朴海)

金壽長

136

父兮 날 나흐시니 恩惠밧긔 恩惠로다
母兮 날 기르시니 德밧긔 德이로다
아마도 하늘ㄱ튼 이 恩德을 어디 다혀 갑스오고. (朴海 296)

137

니 몸 삼긴 후에 聖代를 만나오니
堯天舜日이 大東에 붉가셰라
雨露에 萬花ㅣ 方暢ㅎ니 太平인가 ㅎ노라. (朴海 297)

138

이제야 다 늙거다 므스거슬 내 아더냐
花階에 곳이 피고 酒樽에 술이이셰
이 中에 靑丘永言이야 틈업순가 ㅎ노라. (朴海 298)

139

絶頂에 오르다 ㅎ여 ㄴ즌 디를 욷지말아
雷霆 된 ㅂ람에 失足이 怪이ㅎ랴
우리는 平地에 안자시니 分別 업서 ㅎ노라. (朴海 299)

140

物外에 벗님네야 風景은 죠타ㅎ나
내몸이 國民이라 님금을 니즐쎳가
어늬곳 莫非王土ㅣ니 그룰 혜여 보시소. (박해 300)

141

孔夫子 가신 後에 道德이 어두웨라

滄海에 비롤 틱니 날 조츠리 뉘이시리

白鷗야 閑暇키 날ズ틱니 네나 갈가 ᄒ노라. (朴海 301)

142

傑紂ㅣ 죽이다 ᄒ고 比干아 셜워마라

傑紂 안이면 比干인줄 뉘 아ᄂ냐

傑紂와 比干을 내여 後世人을 勸홈이라. (朴海 302)

143

百花ㅣ 爛漫開ᄒ여 色色이 쟝랑홀쎄

端正ᄒ 石竹花ᄂ 可憐도 ᄒ져이고

風霜이 섯거친 날에 鶴翎禁醉 君子ㅣ러라. (朴海 303)

144

天地 開闢 後이 하늘이 말이 업셔

人神이 雜揉ᄒ여 不可方物이러니

어스바 尼丘山 一人에 義理明正 ᄒ거다. (朴海 304)

145

父母 되신 分니 이내 말 굿게 드러

大舜曾參을 부디 스승 삼으시소

비혼 後 子孫에 傳ᄒ여 굿지 말게 ᄒ시소. (朴海 305)

146

功名도 貪치 마소 富貴도 브러 마소
人生 窮達이 ᄒᆞᄂᆞᆯ에 미엿ᄂᆞ이
天地間 千百萬事롤 되ᄂᆞᆫ대로 ᄒᆞ리라. (朴海 306)

147

먹으나 못 머그나 酒樽으란 뷔우지 말고
ᄒᆞ거나 못 ᄒᆞ거나 絶代佳人 겻틔두워
어즈바 逆旅光音을 慰勞코져 ᄒᆞ노라. (朴海 307)

148

歷代 憂樂事롤 文墨으로 記錄ᄒᆞ나
이몸이 느저 나매 내눈으로 못 보완쟈
아마도 斯世風流야 이 죠흔가 ᄒᆞ노라. (朴海 308)

149

天君이 泰然ᄒᆞ니 百體從令이라
ᄆᆞ음을 定한 後니 分別이 업거고야
꿈ᄀᆞᆺ튼 世界를 가지고 져다지 奔走ᄒᆞᆯ줄이. (朴海 309)

150

貧賤을 厭치 마소 일업스면 긔 죠ᄒᆞ니
벗 업다 한치 마소 말업스면 이 죠ᄒᆞ니
아마도 守分安拙이 내거신가 ᄒᆞ노라. (朴海 310)

151

검은고 다스림ᄒ니 노래 몬져 깃츰이로다
中大葉 긴 腔이 굽의굽의 龍이로다
臺바침 첫ᄌ즌한닙흔 如意珠ㅣ ᄒ노라. (朴海 311)

152

無極翁은 긔 뉘런고 하늘ᄯ 님지런가
언제 언의 ᄺ예 어드러서 낫거이고
처음도 나죵도 모른이 無極일씨 올토다. (周海 452)

153

나니 나든 적에 天地를 처음 보왜
하늘은 놉호시고 ᄯ히 두루 크시들아
生前에 놉고 큰 德을 니즐쑬이 잇시랴. (周海 453)

154

父母ㅣ 사라신제 시름을 뵈지 말며
樂其心 養其體ᄒ야 萬歲를 지닌 後에
맛춤닌 香火不絶이 긔 올흔가 ᄒ노라. (周海 455)

155

淸晨에 일닐어서 말이 빗고 洗手ᄒ고
衣冠을 整히 ᄒ고 養親堂에 뵈온 後에
도라와 卷讀終日이 알음다온 일이라. (周海 456)

156

詩書를 묵고 들어 義理를 일치 말며
生產 作業ㅎ야 蒸嘗을 긋치 마라
이밧긔 泛濫혼 뜻으란 부디 먹지 말와라. (周海 458)

157

堯舜은 엇더ㅎ여 德澤이 놉ㅎ시며
傑紂는 엇더ㅎ여 暴虐이 甚톳던고
이러코 절어혼 줄을 듯고 알게 ㅎ노라. (周海 459)

158

趙高ㅣ 欲專秦權ㅎ려 ᄉ슴을 말이라 ㅎ니
滿庭 縉紳이 다 가론 말이라 ㅎ니
其君이 精一執中則 鹿其鹿 馬其馬ㄹ신 ㅎ노라. (周海 461)

159

孔夫子 니오심은 하늘이 입을 빌어
어득혼 人事를 義理로 붉키신이
엇덧타 天地人 三字는 至重至大 ㅎ도다. (周海 464)

160

大學山 남글 베어 明德船을 무워너여
臣民江 거네 저어 至善所희 미야 두고
어즙어 三綱領 八條目을 낙가불신 ㅎ노라. (周海 465)

161

孝悌로 비를 무워 忠信으로 돗글 달아
顔淵 子路로 櫓 주어 세워 두고
우리도 孔夫子 뫼옵고 學海中에 놀이라. (周海 466)

162

孝悌로 갓을 겯고 忠信으로 옷을 지어
禮義 廉恥로 신 삼아 신어신이
암으리 千百歲 지난들 히여질쭐 잇시랴. (周海 467)

163

天地는 父母ㅣ여다 萬物은 妻子로다
江山은 兄弟여늘 風月은 朋友ㅣ로다
이중에 君臣大義야 니즌 적이 잇시랴. (周海 469)

164

뒷집은 土堦三等 이우지는 搆木爲巢
衣草衣 食木實에 스롬이 다 엇이던이
엇덧타 肉食大廈에 용치 말려 흐는이. (周海 470)

165

花開洞 北麓下에 草菴을 얽어신이
바람비 눈설이는 글렁졀엉 지니여도
언어제 다亽흔 히빗치야 쬐야 볼쭐 잇시랴. (周海 471)

166

草菴이 寂寥훈디 벗 업시 혼즈 안즈
平調 한 닙히 白雲이 절로 존다
언의 뉘 이 죠흔 뜻을 알리 잇다 ᄒ리오. (周海 472)

167

慶會樓 萬株松이 눈 알픽 벌러 잇고
寅王 鞍峴은 翠屛이 되엿는듸
夕陽에 翩翩 白鷺는 오락가락 ᄒ노믹. (周海 473)

168

蝸室은 不足ᄒ나 十景이 버러 잇고
四壁 圖書는 主人翁의 心事로다
이밧긔 군마은 업스니는 낫분인가 ᄒ노라. (周海 474)

169

봄비 긴 앗츰에 잠씨여 닐어 보니
半開 花封이 닷토와 픠는고야
春鳥도 春興을 못 익의여 놀리 춤을 ᄒ는야. (周海 475)

170

寒食 비 긴 後에 菊花움이 반가왜라
곳도 보런이와 日日新이 더 죠왜라
風霜이 섯거칠쩌 君子節을 뛰온다. (周海 476)

171

天朗氣淸 ᄒᆞ온적의 惠風和暢 죠흘씨고
桃李는 紅白이요 柳鶯은 黃綠이로다
이 죠흔 太平聖世에 안이 놀고 어이리. (周海 477)

172

어화 벗님네야 花柳감여 川獵가시
귀밋틔 흰털럭을 이제 임의 못 禁커든
압길이 긴 동졀은동 글를 몰라 ᄒᆞ노라. (周海 478)

173

一二三月 桃李花 죠코 四五六月 綠陰芳草
七八九月은 黃菊丹楓 더 죠홰라
十一二月에 雪中梅香이 最多情이 죠홰라. (周海 479)

174

初旬 念晦間에 못 논은 날 언의 날고
바람비 눈올쎄면 군소리 消日이라
발 붉고 風淸ᄒᆞᆫ 날이면 걸을 쏠이 잇시랴. (周海 480)

175

長安 甲第 벗님네야 이 말ᄉᆞᆷ 들으시소
몸치례 홀연이와 마음치례 ᄒᆞ여보소
솔 直領 쟝도리 風流에란 브듸 즑여 말으시. (周海 481)

176

伏더위 薰蒸훈 날에 淸溪를 초조가셔
옷 버서 남게 걸고 風入松 로릐호며
玉水에 一身塵埃를 蕩滌홈이 엇더리. (周海 482)

177

人間이 꿈인 줄을 나는 발셔 아랏노라
一樽酒 잇고 업고 每樣 모다 노소이다
塵世에 難逢開口咲라 긋지 말고 노옵시. (周海 483)

178

곳지조 봄이 졈을고 술이 盡초 興이 난다
逆旅 光陰은 白髮을 비야는듸
어듸셔 妄伶의 것드른 노지 말나 호는이. (周海 484)

179

앗츰 안기 다 것어진이 遠近江山 글림이요
柳幙에 니 훗튼이 明月淸風 절로 온다
어즙에 輞川別業이 엇덧튼고 호노라. (周海 485)

180

보리밥 문쥰치에 비불은이 興이로다
弄筆葡萄 노러혼이 神仙인들 브를쏜야
암아도 雨露恩澤이 깁고 큰가 호노라. (周海 486)

181

늙고 病든 情은 菊花에 붓쳐두고
실갓치 헛튼 愁心 墨葡萄에 붓쳐노라
귀밋틔 훗나는 白髮은 一長歌에 붓첫노라. (周海 487)

182

豪華도 거즛 것시요 富貴도 꿈이오레
北邙山 언덕에 搖鈴소리 긋쳐지면
암을이 뉘웃고 이다라도 밋츨 길이 업는이. (周海 489)

183

綠楊도 죠컨이와 碧梧桐이 더 죠홰라
굴근 비 듯는 소리 丈夫의 心事 ㅣ로다
年深코 累經風霜後 ㅣ면 舜帝琴이 되리라. (周海 490)

184

蒼松은 엇지ᄒ여 白雪을 웃는고야
桃李는 엇더ᄒ여 淸靄를 둘이는고
암아도 四時不變ᄒ이 君子節을 가졋다. (周海 491)

185

淸秋節 ᄴ 죠흔적의 楓岳에 놉피 올라
笛童 歌客은 싀로온 소리로다
胸中에 희 묵은 시름이 어듸로 니거다. (周海 492)

186

功名도 좃타 ᄒᆞ아 閑暇홈과 엇더ᄒᆞ며
富貴를 불어 ᄒᆞ아 安貧에 엇더ᄒᆞ료
이 百年 져 百年 즁음에 언의 百年이 달을리. (周海 493)

187

功名에 눈쓰지 말며 富貴에 心動말아
人生 窮達이 하늘에 미엿는이
平生에 德을 닥그면 享福無彊 ᄒᆞ는이. (周海 495)

188

靑雲은 네 죠화도 白雲은 니 죠홰라
富貴는 네 즑여도 安貧은 니 죠홰라
얼인줄 웃건이 쓴여 고칠쑬이 잇시랴. (周海 496)

189

人間에 ᄒᆞ는 말을 하늘이 다 듯는이
暗室에 ᄒᆞ는 일을 鬼神이 다 본은이
天老도 鬼老도 안엿신이 마음 놋치 말와라. (周海 497)

190

검음연 희다ᄒᆞ고 희면 검다ᄒᆞ네
검거나 희거나 올타 ᄒᆞ리 專혀 업다
출ᄒᆞ로 귀막고 눈감아 듯도 보도 말리라. (周海 499)

191

七竅는 혼가지로되 一片心은 다 各各이
길면 젺다ᄒ고 절으면 기다ᄒ니
암아도 올곳은 마음은 孔夫子ㄴ가 ᄒ노라. (周海 500)

192

하늘을 둘럿ᄒ고 짜흔 어이 모나건이
陰陽 理氣를 뉘라셔 상기신고
암아도 놉고 널음이 언믠줄 몰리라. (周海 501)

193

宦慾에 醉혼 分니 압길 生覺ᄒ소
옷벗은 얼인 아희 陽地쎳만 넉엿짜가
西山에 희넘어 가거든 엇지ᄒᄌ ᄒ는다. (周海 502)

194

글도 病된 일 만코 칼도 險혼 일 잇세
이 두 일 마ᄌᄒ여 이몸이 便츠ᄒ면
聖主 至極혼 恩德을 어이 갑ᄌ ᄒ리요. (周海 503)

195

곳도 픠려 ᄒ고 버들도 프르려 혼다
비즌 술 다 닉엇니 벗님네 가시그려
六角에 두렷시 안ᄌ 봄마지 ᄒ리라. (周海 504)

196

神仙이 긔 무엇시라 못너 불어 흣듯든고
無君에 不忠이요 無父에 不孝로다
어즙어 秦漢方士를 虛妄ᄒ다 ᄒ노라. (周海 505)

197

長城을 굿이 쓰고 和氏璧을 엇덧시면
客卿을 스승삼아 從諫如流 ᄒ엿시면
萬世에 傳홀 외스슴을 일흘쑬이 잇시랴. (周海 506)

198

諸葛 忠魂 蜀魄되야 그 님금을 못너 글려
피나게 우는 소리 이제도록 슬프도다
平生에 劉皇叔 모르는 날을 어이 울리는이. (周海 507)

199

三軍을 諫戒ᄒ야 北狄南蠻 破ᄒ 後에
더러인 칼을 싯고 洗劍亭 지은 뜻은
威嚴과 德을 셰오셔 四海安寧 홈이라. (周海 508)

200

君恩도 다 못갑고 어버이 죽으신이
忠孝 事業이 오로다 虛事 ㅣ로다
두어라 四時佳興에 남은 희를 보너ᄌ. (周海 509)

201

風霜이 섯거친 날에 草木이 성긔여다
희건이 눌으건이 禁醉鶴翎 휘들럿다
어즙어 淵明愛國이 날과 엇더 ᄒ든이. (周海 511)

202

닉 스리 淡薄ᄒ 中에 다만 깃쳐 잇는 것슨
數莖 葡萄와 一卷歌譜 ᄲ니로다
이 中에 有信ᄒ 것슨 風月인가 ᄒ노라. (周海 513)

203

니집에 兩耳黃狗 잇셔 獅子 갓치 상겻는디
愛主 情誠은 즘生이라 못 홀로다
글어나 黃飯이 絶食多時ᄒ니 可憐感愴 ᄒ여라. (周海 514)

204

丹楓은 軟紅이요 黃菊은 吐香홀쎄
新稻酒 맛들고 錦鱗魚膾 別味로다
아희야 거문고 닉여라 自酌自歌 ᄒ리라. (周海 515)

205

積雪이 다 녹아지되 봄소식을 모르드니
歸鴻은 得意天空闊이요 臥柳는 生心水動搖 ㅣ로다
아희야 싀 술 걸러라 싀봄마지 ᄒ리라. (周海 516)

206

彭祖는 壽一人이요 石崇은 富一人을
群聖中 集大成은 孔夫子ㅣ 一人이시라
이 中이 風流狂士는 吾ㅣ 一人인가 ᄒᆞ노라. (周海 517)

207

北斗星 기울러지고 更五點 ᄌᆞ저갈쩌
귀 닉은 曳履聲이 이 分明ᄒᆞᆫ 님이로다
出門看 含笑相喜ᄂᆞᆫ 금 못칠짜 ᄒᆞ노라. (周海 518)

208

心性이 게여름으로 書劍을 못 일우고
稟質이 迂疎ᄒᆞᆷ으로 富貴를 모르거다
七十載 이우려 어든 거시 一長歌인가 ᄒᆞ노라. (周海 519)

209

터럭은 희엿셔도 마음은 푸르럿다
곳은 날을 보고 態업시 반기건을
閣氏네 므슨 타스로 눈흙윔은 엇쎼요. (周海 520)

210

어화 어릴시고 이 ᄂᆡ 일 어릴시고
ᄂᆡ 靑春 누를 주고 뉘 白髮 맛다는고
이졔야 아모리 ᄎᆞᄌᆞ련들 물을 곳이 업세라. (周海 451)

211

聲音은 各各이연이 節腔高低을 일지 말고
五音은 치 몰라도 律呂를 찰ᄒᆞ슬라
眞實혼 妙理를 모르면 일홈셔기 쉬우야. (周海 522)

212

升堂을 못혼 젼에 入室을 어이 ᄒᆞ리
모로는 曲節을 무르려도 안이 ᄒᆞ고
靑天에 ᄯᅥᆫ는 구름을 검다 희다 ᄒᆞ는다. (周海 523)

213

長城을 굿이 쓰고 阿房宮을 놉히 지여
當年에 어린 ᄯᅳᆺ은 萬歲計를 ᄒᆞ렷ᄐᆞ니
어느덧 陳迹이 되야 남 우일만 ᄒᆞ도다. (周海 524)

214

天生我才 쓸듸 업다 世上榮辱 나 몰리라
春夏 秋冬 好時節에 白髮風流 되엿노라
두어라 已矣已矣니 너 ᄯᅳᆺ듸로 놀리라. (周海 525)

215

東野에 親耕ᄒᆞ오시고 北宮에 手蠶ᄒᆞ시니
愛民 恩德이 宇宙에 드리웟다
우리도 華封祝聖으로 壽富多男 ᄒᆞ오쇼셔. (周海 526)

216

歷山에 東壇이샷다 景福宮이 養蠶이시라

赤子의 艱難을 덜고져 ᄒ신 德은

山之高 海之深이라도 못 밋츨싸 ᄒ노라. (周海 527)

   (奉賀 親耕 親蠶 二章 丁亥三月九日)

217

牧丹은 花中王이요 向日花는 忠孝ㅣ로다

梅花는 隱逸士요 杏花는 小人이요 蓮花는 婦女요 菊花는 君子요 冬柏花

는 寒士요 朴곳은 老人이요 石竹花는 少年이요 海棠花는 갓나희로다

  이 中에 梨花는 詩客이요 紅桃碧桃 三色桃는 風流郎인가 ᄒ노라.

  (周海 528)

218

山村에 客不來라도 寂寞든 안이 ᄒ여

花笑鳥能言이요 竹喧人相語라 松風은 검은고요 杜鵑聲이 노리로다

암아도 나의 이 富貴는 눈흙의리 업는이. (周海 529)

219

터럭은 거무나 희나 世事는 갓고 짤코

거문고 한닙 우희 니 노리 긋지 말고 우리의 벗님네와 잡쩌니 勸ᄒ거니

晝夜長常 노ᄉ이다

百年이 꿈갓다 ᄒ들 혓마 어이 ᄒ리오. (周海 530)

220

눈셥은 그린 듯ᄒ고 닙은 丹砂로 직은 듯ᄒ다

날 보고 웃눈 樣은 太陽이 照臨ᄒᆞᆫ더 이슬 밋친 碧蓮花로다
네 父母 너 삼겨 니올쎄 날만 괴게 ᄒᆞ도다. (周海 531)

221

七年旱 九年水에도 人心이 淳厚커든
國泰民安하고 時和歲豊ᄒᆞ되 人情은 險陂千層浪이요 世事는 危登百尺竿이고
엇덧타 古今이 다른 줄을 못니 슬허 ᄒᆞ노라. (周海 532)

222

시름을 쓰드러 니여 얽어믜야 붓동혀셔
碧波 江流에 풍덩 드릿쳐 씌워 두면
自然이 東西瓢泊ᄒᆞ다가 절로 삭아 질이라. (周海 533)

223

臥龍岡前 草廬之中에 諸葛孔明 낫잠 들어
大夢을 誰先覺고 平生에 我自知라 草堂에 春睡足ᄒᆞ니 窓外에 日遲遲로다
門밧긔 性急한 張翼德은 失禮홀 쎤 ᄒᆞ괘라. (周海 534)

224

늙기 셜웨란 말이 늙은이의 妄伶이로다
天地江山은 無限長이요 人之定命은 百年間이니 셜웨라 ᄒᆞ는 말이 아모려도 妄伶이로다
두어라 妄伶엣 말은 우어 무슴 ᄒᆞ리오. (周海 535)

225

이 시름 저 시름 여러가지 시름 防牌鳶에 細細成文ᄒ여

春正月 上元日에 西風이 고이 불쎄 을白絲 흔 얼레를 ᄉ가지 풀어 씌울

쎄 큰 盞에 술을 부어 마즘막 餞送ᄒᄌ 둥게둥게 둥둥 쩌셔 놉고 노피 소

ᄉ 올라 白龍의 구븨 갓치 굼틀 뒤틀 뒤틀어져 굴음 속에 들거고나 東海

바다 건너가셔 외로이 셧는 남게 걸엇다가

風蕭蕭 雨落落홀쎄 自然 消滅 ᄒ여라. (周海 536)

226

池塘에 月白ᄒ고 荷香이 襲衣홀쎄

金樽에 술 잇고 絶代佳人 弄琴커늘 逸興을 못 익의여 界面調를 읇퍼니

이 松竹은 휘들오며 庭鶴은 춤을 춘다 閑中 이 興味에 늙을 뉘을 모를노다

이 中에 悅親戚 樂朋友로 以終天年 ᄒ리라. (周海 537)

227

天皇氏 一萬八千歲에 功德도 놉ᄒ실ᄲ 日月星辰 風雲雷雨 四時變態ᄒ

고

地皇氏 一萬八千歲業은 山川草木 禽獸魚鼈로 萬物을 내오시고

人皇氏 主人 되오ᄉ 人傑을 비져니여 五行 精氣를 알고 붉게 ᄒ여라.

　(周海 538)

228

箕子ㅣ 朝周ᄒ라 갈쎄 殷虛를 지나든이

傷宮室 毁壞生禾黍여늘 欲哭에 不可ᄒ고 欲泣에 近婦人ᄒ야 麥秀歌를

닐은 말이 麥秀ㅣ 蔪蔪兮여 木黍ㅣ 油油로다 彼狡童혜여 不與我好兮로다

殷民이 듯고 눈물 안이 질이 업더라. (周海 539)

229

書房님 病들여 두고 쓸 것 업셔

鐘樓 져지 달린 파라 비 스고 감 스고 榴子스고 石榴 삿다 아츠아츠이 저고 五花糖을 니저 발여고즈

水朴에 술 꼬즈 노코 한숨계워 ᄒᆞ노라. (周海 540)

230

神仙과 道士들은 長生不死ᄒᆞ는 術을 어더

餐朝霞而 療飢ᄒᆞ며 飮月露而 洗心이로다

우리는 風塵間 百歲人生이라 玉食 魚肉湯이 긔 分인가 ᄒᆞ노라.

 (周海 541)

231

太白이 豪氣 잇는 者 ㅣ레 天子呼來 不上船ᄒᆞ고

高力士 楊國으로 脫靴奉硯하고 采石에 弄月ᄒᆞ다가 긴 고린 타고 飛上天ᄒᆞ니

風塵에 位高金多를 草芥갓치 넉이들아. (周海 542)

232

바독이 검동이 靑揷沙里 中에 죠 노랑 암키 갓치 얄믜오랴

뮈온 님 오면 반겨 니닷고 고은 님 오면 캉캉 지져 못 오게 흔다

門밧긔 기장스 가거든 찬찬 동혀 주이라. (周海 543)

233

丙子丁丑 亂離時예 訓練院垈 건너 붉은 복닥이 쓴 놈 간다

압픠는 蒙古요 뒤히 可達이 白馬 탄 眞達이는 사슈리 살츠고 騸月乃馬

탄 놈 兩鼻裂이 탄 놈 아라마 쵸쵸 마리 베히라 가즈

어즙어 崔瑩곳 잇똣쓰면 석은 풀치듯 흘랏다. (周海 544)

234

道詵이 碑峰에 올라 國都를 定호올쎄

子坐午向으로 城闕을 일윗는듸 左靑龍 右白虎와 南朱雀 北玄武는 貴格으로 벌어 잇고 南帶河 漢江水는 與天地 根源이라 太廟는 可左호고 社壇은 可右로다 三峰이 秀麗호니 人傑이 豪俊호고 臥牛山 有德하니 民食이 豊足이라 聖繼神承호야 億萬年之無彊 이샷다

하늘이 주오신 뜻을 밧들어 萬萬歲를 누리소셔. (周海 545)

235

削髮爲僧 앗가온 閣氏 이니 말을 드러보소

어득 寂寞 佛堂 안희 念佛만 외오다가 즈네 人生 죽은 後ㅣ면 홍독기로 탁을 괴와 柵籠에 入棺호야 더운 불에 찬지 되면 空山 구즌비에 우지지는 鬼써시 너 안인가

眞實로 마음을 둘으혐연 子孫 滿堂호여 헌 멀이에 니 끠듯시 닷는 놈긔는 놈에 榮華富貴로 百年同樂 엇더리. (周海 546)

236

夏四月 첫 여드릿날에 觀燈호려 臨高臺호니

夕陽은 빗겻는듸 遠近高低는 魚龍燈 鳳鶴燈과 둘움이 남싱이며 鐘磬燈 북燈 懸燈에 水朴燈 만을燈과 蓮곳 속에 仙童이요 鸞鳳 우희 天女ㅣ로다 비燈 집燈 산듸燈과 欄干燈 影燈 알燈 瓶燈 壁欐燈 駕馬燈과 獅子 탄 體适이요 虎狼이 탄 亢良哈과 七星燈 벌엇는듸 東嶺에 月上호고 곳곳이셔 불을 현다 於焉忽焉間에 燦爛도 흔져이고

이 中에 月明 燈明 天地明ᄒ니 大明본 듯 ᄒ여라. (周海 547)

237

노리 갓치 죠코죠흔 줄을 벗님네 아둣든가

春花柳 夏淸風과 秋明月 冬雪景에 弼雲 昭格 蕩春臺와 漢北 絶勝處에 酒肴 爛漫ᄒ듸 죠흔 벗 가즌 稽笛 아름다온 아모 가희 第一名들이 次例로 벌어 안ᄌ 엇결어 부를 쩍에 中한닙 數大葉은 堯舜 禹湯文武 갓고 後庭花 樂時調는 漢唐宋이 되엿는듸 騷聳이 編樂은 戰國이 되야이셔 刀槍劍術이 各自騰揚ᄒ야 管絃聲에 어릐엿다

功名도 富貴도 나 몰리라 男兒의 이 豪氣를 나는 죠화 ᄒ노라.

(周海 548)

238

바독 걸쇠 갓치 얽은 놈아 졔발 비즈 네게 물가의란 오자 말라

눈 큰 쥰치 헐이 긴 갈치 두룻쳐 메육이 츤츤 감을치 文魚의 아들 落蹄 넙치의 쏠 가잠이 비부른 올창이 공지 결레 만흔 권장이 孤獨흔 비암장魚 집치 갓튼 고리와 바늘 갓흔 숑스리 눈 긴 농게 입 쟉은 瓶魚가 금을만 넉여 풀풀 씌여 다 달아나는듸 열업시 상긴 烏賊魚 둥기는듸 그 놈의 孫子 骨獨이 이쓰는듸 바소 갓튼 말검어리와 귀纓子 갓튼 장고아비는 암으란 줄도 모르고 줏들만 흔다

암아도 너곳 겻틔 셧시면 곡이 못 자바 大事 ㅣ로다. (周海 549)

239

李謫이 집을 叛하여 노시 목에 金돈을 걸고

天台山 層巖絶壁을 넙어 방울시 삭기 치고 鸞鳳孔雀이 넙는 골에 樵夫를 만나 麻姑할믜 집이 어듸민나 ᄒ고

저 건너 數間茅屋 디스립 밧긔 靑삽스리 츠즈소셔. (周海 550)

240

神仙이 즈최 업쓰되 呂洞賓은 眞仙이레

朝遊北海 暮蒼梧요 神裡靑蛇 膽氣粗ㅣ라 三入岳陽홀쎄 사람이 알이 업데

洞庭湖 七百里 平湖에 浪吟飛過 ᄒ니라. (周海 551)

241

或先 或後ᄒ야 가는 져 구름아

襄王의 잔칙의 가는 힝혀 더듸 가면 夢雲雨 느즐쎠라

楚臺예 巫山仙女會를 네 다 알ᄭ ᄒ노라. (周海 552)

242

바람이 집이 업스되 어이 그리 잘 부는고

節槪는 孤竹淸風이요 義氣는 黑旋風이요 德澤은 舜帝南薰風이요 義禮는 夫子遺風 이로다

암아도 數多ᄒ 風中에 量키 어려울쏜 冬至쏠 甲子日에 東南風인가 ᄒ노라. (周海 553)

243

갓나희들이 여러 層이오레 松骨믜도 갓고 줄에 안즌 져비도 갓고

百花叢裡에 두루미도 갓고 綠水波瀾에 비오리도 갓고 싸히 퍽 안즌 쇼로기도 갓고 석은 등걸에 부헝이도 갓데

그려도 다 各各 님의 ᄉ랑인이 皆一色인가 ᄒ노라. (周海 554)

244

속적우리 고은 쩌치마 밋머리예 粉씨 민 閣氏

엇그제 날 속이고 어듸가 쏘 눌을 소길려 ᄒ고

夕陽에 곳柯枝 것거 쥐고 가는 허리를 ᄌ늑ᄌ늑 ᄒ는다. (周海 555)

245

曹仁의 八門 金鎖陣을 潁川 徐庶 ㅣ 아돗던지

趙雲을 귀예 다혀 生死門을 살펴라 挺槍出馬 나라들어 東面을

  헷치는 듯 西面을 號令ᄒ고 南面을 즛치는 듯 北面을 廝殺ᄒ

  는 趙子龍이 한아 져 분 이로다

  一身이 豹의 머리 곰에 등에 일희 허리 진납의 팔에 白邊 업쓴 純 膽쎵

이라 제 뉘라셔 當ᄒ리. (周海 556)

246

머귀 여름은 桐實桐實 ᄒ고 보릿 불희는 麥根麥根

풋나뭇동과 쓰든 수셤이요 졈은 老松에 ᄌ근 大棗 ㅣ로다

이 中에 鷄鳴花竹處는 곳덧곳이라 ᄒ들아. (周海 557)

247

將帥ㅣ 將帥ㅣ라 ᄒ되 趙子龍 갓튼 將帥ㅣ 업다

  金鎖陣 魚腹浦를 舍廊 出入ᄒ듯 浙江에 쩟는 비예 흔번 쮜여 나라 올라

靑釭劍 鱐쏫 ᄒ며 朱宣의 머리 업다 幼主를 아스 오고 七星壇 바람 쑷티

一葉片舟에 諸葛丞相 싯고 갈제 徐盛이 쏘로거늘 一箭으로 쏘와 돗줄 쑷

느니는 千萬古에 ᄒ나히로다

  암아도 이 將帥ㅣ 니옵쎄는 劉皇叔의 搔癢子ㄴ가 ᄒ노라.

  (周海 558)

248

折衝將軍 龍驤衛 副護軍 날을 아는다 모로는다

니 비록 늙엇시나 노리 춤을 추고 南北漢 놀이 갈쎄 쩌러진 적 업고 長安 花柳 風流處에 안이 간 곳이 업는 날을

閣氏네 그다지 숙보와도 ㅎ롯밤 격거보면 數多흔 愛夫들에 將帥ㅣ될 줄 알이라. (周海 559)

249

琵琶琴瑟은 八大王이요 魑魅魍魎은 四小鬼로다

東方朔 西門豹와 南宮适 北宮黝는 東西南北之人이요 前朱雀 後玄武 左靑龍 右白虎는 前後左右之山이요 司馬相如 藺相如는 姓不相如 名相如로다

이 中에 黃絹幼婦外孫杵臼는 絶妙好辭ㄴ가 ㅎ노라. (周海 560)

250

文讀 春秋 左氏傳이요 武習 兵書 孫武子ㅣ로다

머리예 金冠이요 몸에 綠袍銀甲이요 坐下에 赤兎飛로다 三角鬚를 훗붓치며 臥蠶을 거스리고 鳳目을 부릅쓰고 靑龍이 飜뜻ㅎ며 賊頭ㅣ秋風落葉이로다

千古에 忠膽義肝은 壽亭侯 關公이신가 ㅎ노라. (周海 561)

251

꿈에 謫仙을 만나 岳陽樓에 올나간이

高朋이 滿座흔디 杜牧 蘇子瞻과 魯眞君 呂洞賓과 劉伯伶 白樂天과 崔孤雲 賈壽富에 一隊群仙 모닷는듸 美酒는 盈樽ㅎ고 肴核는 滿盤이라 女班을 도라보니 月宮姮娥 洛浦仙과 李夫人 趙飛燕과 絶代佳人 다 왓는듸 香臭는 擁鼻ㅎ고 佩玉이 鳴浪이라 徐氏의 韻和瑟과 王子晋의 風簫聲과 宋玉의

玉洞籬요 石蓮士의 거문고에 郭處士의 竹杖鼓와 楊太眞의 羽衣舞요 蔡文姬의 胡歌聲과 張定元의 採蓮曲과 秦青의 긴노리로다 酒半에 醉興을 못 이긔여 不知何處弔湘君을 太白이 읊허니니 吳楚東南日夜浮는 杜甫의 和答이요 浪吟飛過洞庭湖는 呂東賓의 仙語로다 洞庭月落孤雲歸는 崔孤雲의 絶作 이로다

우리의 仙分이 엇덧튼지 꿈애 求景 ᄒ괘라. (周海 562)

252

陽春이 布德ᄒ니 萬物이 生光輝라

우리 聖主 長壽無彊ᄒᄉ 億兆ㅣ 願戴己ᄒ고 群賢은 忠孝ᄒ야 愛民 至治ᄒ고 老少에 벗님네도 無故 無恙커늘 名妓歌伴 期會ᄒ야 細樂을 前導ᄒ고 水陸珍味 五六駄에 金剛山 도라들어 絶代 名勝 求景ᄒ고 醉흔 즘에 꿈을 꾸니 꿈에 흔 늙은 중이 遊我引導ᄒ야 吳楚東南景과 齊州九點烟을 歷歷히 盤廻ᄒ며 其間에 英雄豪傑들의 ᄌ최를 무를 쩍에 夕鍾聲에 끼거고나 朝飯을 지촉ᄒ야 望月 懷陵으로 正菴齋室 霽月光風 水落山寺 玉流川에 塵纓을 씨슨 後에 文殊菴 中興寺에 軟泡 杯酒ᄒ고 晴日에 登臨白雲峰ᄒ니 咫尺 天門을 手可摩ㅣ라 萬里江山 遠近 風景이 眼底에 森羅ᄒ야 丈夫의 胸襟에 雲夢을 삼켯는 듯 브른 비 나려오니 簫鼓는 喧天ᄒ야 洞壑이 울히는 듯 山映樓 올라 안자 花煎에 點心ᄒ고 伽倻ㄱ 鼓 검은고에 가즌 稽笛 섯겻는 듸 南歌 女唱으로 終日토록 노니다가 扶旺寺 긴 洞口에 軍樂으로 드러간 이 左右에 섯는 長丞 分明이 반기는 듯 往來遊客들은 못니 부러 ᄒ둧드라.

암아도 壽域春臺에 太平閑民은 우리론가 ᄒ노라. (周海 563)

253

나는 指南石이런가 閣氏네들은 날반을인지

안ᄌ도 붓고 셔도 ᄯᅳ르고 누워도 붓고 숩쩌도 ᄯᅡ라와 안이 쩌러진다

琴瑟이 不調혼 分네들은 指南石 날바늘을 달혀 日再服을 ㅎ시소.
(周海 564)

254

長孫無忌 魏無忌는 古無忌요 今無忌로다
司馬相如 藺相如는 姓不相如 名相如로다
암아도 相如無忌니 그를 부러 ㅎ노라. (周海 565)

255

非龍非彲 非熊非羆 非虎非貔 는 渭水之陽 姜呂尙이요
非人非鬼 亦仙은 水簾洞中 孫悟空이로다
이 中에 非眞似眞 似狂非狂은 花谷 老歌齋ㄴ가 ㅎ노라. (周海 566)

256

蘇秦이 行過洛陽홀시 車騎輜重이 擬於王者ㅣ러라
三寸舌을 놀려 佩六國相印ㅎ니 千萬古之辯士로다
암아도 사람 달리기는 利口ㅣ런가 ㅎ노라. (周海 567)

257

花果山 水簾洞中에 千年 묵은 진납이 神通이 거록홀쏘
大鬧 天宮ㅎ고 龍宮에 作亂ㅎ야 神震鐵을 엇고 三藏의 弟子되야 八戒沙
僧을 다리고 西域國에 가는 길에 妖孼을 剿蕩ㅎ고 大藏經을 가져온이
世上에 測量키 어려올쏜 孫悟空인가 ㅎ노라. (周海 568)

258

九仙王 道糕라도 안이 먹는 날은

冷水에 붓친 粃旨煎餠을 먹으라 지근 絶代佳人도 안이 결연ᄒᆞ는 날을
코 업슨 년 결연ᄒᆞ라고 지근거리는다
　하늘히 定ᄒᆞ신 配匹밧긔야 것ᄅᆞᆱ쩌 볼 쑬 이시랴. (靑謠 78)

259

孔夫子ㅣ 사람이시되 依然ᄒᆞᆫ 하늘이시라
　義理를 프러ᄂᆞ녀 五倫을 볼키시니 至愚ᄒᆞᆫ 民氓이 졀로서 어질거다 國太
平 民安樂이 오로다 聖德이로다
　千載後 이 ᄀᆞᆺᄐᆞᆫ 大仁君子ㅣ ᄯᅩ 업슬ᄼᆞᆫ ᄒᆞ노라. (靑謠 79)

260

物色은 三春興이요 朋友는 五倫載라
　解銅符 도라오면 戀戀홈이 病될연이
　암아도 이 늙은의 말이 良藥 일까 ᄒᆞ노라. (靑謠 80)

261

꼿보고 춤츄는 나븨와 나븨보고 방긋 웃는 꼿치
　져 思郞 ᄒᆞ기는 造化翁의 일이로다
　우리의 思郞ᄒᆞ기도 져 나븨 져 꼿 갓도다. (靑가 285)

262

가마귀 열두소리 ᄉᆞ람마다 ᄭᅮ지서도
　그 솟기 밥을 물어 그 어미를 먹이ᄂᆞ니
　아마도 鳥中 曾子는 가마귄가 ᄒᆞ노라. (靑洪 237)

263

孝子의 히올 일을 曾子씌 뭇즈온대
曾子ㅣ フ른샤대 事親은 敬之而已矣라
敬之ᄒ고 餘力이 잇거든 學問ᄒ라 ᄒ시더라. (樂서 204)

264

글읽어 政承을 ᄒ고 활 쏘아 大將이 되면
(中章 缺)
(   ) 輔國安民을 ᄒ염즉 ᄒ도다. (樂서 207)

金友奎

265

늙도록 有信키는 암아도 南草로다
秋夜長 月五更에 이 ᄀᆮ튼 벗이 업다
암아도 내 마음 알리는 너ᄲᆫ인가 ᄒ노라. (靑謠 1)

266

功名을 모르노라 江湖에 누어 잇셔
瀬洲에 狎鷺ᄒ고 柳岸에 聞鶯이로다
ᄯᅵᄯᅵ로 往來漁笛은 나의 興을 돕는다. (靑謠 2)

267

土爐瓦盆 魯酒를 未劚라도 惟可飮數斗여라
白骨 靑苔에 蜀魄이 啼血홀쎄

뉘라셔 이 술 흔 盞을 勸흐오리 잇시리. (靑謠 3)

268

織女의 烏鵲橋를 어이 굴어 헐어다가
우리 님 계신 곳에 것네노하 두고라자
咫尺이 千里 곳튼이 그를 슬허 흐노라. (靑謠 4)

269

처음에 모로듬면 모로고나 잇실꺼슬
어인 思郞이 싹남여 움돗는가
언제나 아몸에 열음 열어 휘둘거든 볼연요. (靑謠 5)

270

江湖에 비 갠 後ㅣ니 水天이 흔 빗친제
小艇에 술을 싯고 낙대 메고 날여간이
蘆花에 느니는 白鷗는 날을 보고 반긴다. (靑謠 6)

271

漁父의 生涯 보소 이 안이 虛浪흔가
風帆 浪楫으로 萬頃波에 씌여두고
낙시예 절로 문은 고기 긔 分인가 흐다. (靑謠 7)

272

늙고 病든 중에 家貧흐니 벗이 업다
豪華로이 둣닐쎄는 올이 갈이 하도할쌰
이져는 三尺 靑藜杖이 知己론가 흐노라. (靑謠 8)

273

아희들 지促ᄒ야 밥먹여 건을이고
논둑에 잘이ᄒ고 벼 뷔임여 누엇는듸
겻자리 날 ᄀᆺ튼 벗님네는 將碁두ᄌ ᄒ들아. (靑謠 9)

274

富貴를 뉘 마다ᄒ며 貧賤을 뉘 즑이리
壽悠를 뉘 厭ᄒ며 壽短을 뉘 貪ᄒ리
眞實로 在數天定이라 恨ᄒ올ᄯᅩᆯ이 업는이. (靑謠 10)

275

世上 富貴人들아 貧賤을 웃지마라
寄食於漂母ᄒᆯ쎄 設壇拜將을 뉘 아든야
두어라 돌쏙에 든 玉은 博物君子ㅣ 알리라. (靑謠 11)

金君聖伯 與我交道深密 聖伯自小韻氣豪放 學歌於朴君尙建未過一歲 能
摸抑客 又有繡飾之態 世皆謂明揚矣 我亦有歌癖而卓君大哉 李君舜卿之歌
每於欽羨矣 過客光陰之間 此輩已沒 只有聖伯與我矣 聖伯年令辛未 我庚午
日迫桑楡 餘暉無多 良可寒心 一日聖伯自家所製十一章示余 歷觀之 辭志竊
實 附載黃卷 傳後不滅 甲申臘梅之節 老歌齋金壽長書(靑邱)

276

벼 뷔여 쇠게 싯고 고기 건져 ᄋᆞ히 쥬어
이 소 네 모라가셔 슐을 몬져 걸너스라
늘낭은 아직 醉ᄒ김에 興치다가 가리라.(靑가 271)

277

뷘 손으로 나와짜가 뷘 손으로 들어가내

죽은 後 錦衣玉食 不如生前 一盃酒ㅣ로다

ㅎ믈며 壽夭長短을 뉘 아더냐 살아신제 놀니라.(靑가 272)

278

東嶺에 둘 올으고 草堂에 손니 왓다

으히야 씨닭 잡아 안쥬 밧비 쟝만ㅎ고

엇그제 쥐비져 괴온 슐을 어서 걸어 내여라. (靑가 273)

279

江湖에 님재 되니 이 몸이 閑暇롭다

濱洲에 狎鷗ㅎ고 柳岸에 聞鶯홀제

夕陽에 고기 낙는 비는 오명가명 흔다. (靑가 274)

280

졈어서 지닌 일을 이졔로 비겨보니

ᄆᆞ옴이 豪放ㅎ여 노리로 일삼더니

어듸셔 모로는 벗님네는 죠홀시고 ㅎᄂᆞ니. (樂學 369)

281

靑天에 떳는 구름 萬疊峯巒 되엿고나

수루록 소사 올나 져 구름에 안고라쟈

世上이 物態에 奔走홈을 허허 웃고 다니리라. (樂學 370)

282

天不生無祿之人오 地不生無名之草 ㅣ라
天地間 이니 몸은 무슴ㅎ라 나왓는고
두어라 太平聖代에 風流郞이 되도다. (樂學 371)

金兌錫

283

本性이 虛浪ㅎ야 世事에 쯧이 업셔
忠孝 事業을 이룬 일이 비히 업다
두어라 四時佳興에 남은 히나 보너자. (靑謠 12)

284

오늘은 비 개건야 삿갓세 호믜 메고
뵈잠방이 것오추고 큰 논을 다 민 後에
쉬다가 點心에 濁酒먹고 새논으로 가리라. (靑謠 13)

285

花山에 有事ㅎ야 西岳寺에 올라 보니
十里 江山이 限 업쓴 景槪 ㅣ로다
아희야 盞 즈로 부어라 놀고 가자 ㅎ노라. (靑謠 14)

286

지 넘어 싀앗을 두고 손쎽치며 애써 간이
말만흔 삿갓집에 헌덕셕 펼쳐 덥고 년놈이 흔듸 누어 얽지고 틀어졌다

이졔는 얼이북이 叛奴軍에 들거곤아

　두어라 모밀쩍에 두 杖鼓를 말려 무슴 ㅎ리요. (靑謠 15)

　287

늙고 病든 몸이 功名에 뜻지 업셔

田廬에 도라오니 이몸이 閑暇ㅎ다

是非와 榮辱을 모르니 그를 죠화 ㅎ노라. (樂學 364)

　288

시별 놉히 쩟다 지게 메고 쇼 니여라

압논 네 믜여든 뒷밧츠란 니 믜리라

힘가지 지거니 시러 노코 이라 wu라 모라라. (樂學 366)

金君德而 性本騷雅 好風景 樂朋友 熟知景能筆法(靑邱)

朴熙錫

　289

꾀꼬리 눌려슬아 柯枝 우희 울릴셰라

계우 든 줌을 네 소리예 씰짝이면

암아도 遼西一夢을 못 일울까 ㅎ노라. (靑謠 16)

　290

새볏거울 봄왼 後 1니 白髮도 하도하다

春槽에 瀉酒聲이 늙도록 더 죠화라

두어라 光明이 덧업쓰니 안이 먹고 어이리. (靑謠 17)

291

殘灯은 耿耿ᄒ야 殘夢의 벗이 되어
楚國 天涯에 님금이는 情이로다
돌 지고 子規 굿첫신이 滿庭花落 쑨이로다. (靑謠 18)

292

紅蓼花 븨여닉아 白鷗를 날여스라
物外에 벗님네야 날을 외다 ᄒ려니와
이 江山 이리 죠흔 줄을 世上 알가 ᄒ노라. (樂學 357)

293

言約이 느져가니 碧桃花도 다 지거다
아춤에 우는 가치 有信타 ᄒ랴마는
그러나 鏡中娥眉를 다스려나 보리라. (樂學 562)

金振泰

294

北溟에 有魚ᄒ이 일홈이 鯤이로다
化而 爲鳥ᄒ이 이 닐온 大鵬이라
千萬里 瞬息만 넉이기는 너쑨인가 ᄒ노라. (靑謠 19)

295

靑天에 썻는 구름 오며가며 쉴쩍 업셔
無心훈 흰빗체 萬狀千態 무슴 일고
굿타여 世上人事를 쓰롤쓸이 엇졔오. (靑謠 20)

296

졔 우는 져 꾀꼬리 綠陰芳草 興을 계워
雨後 淸風에 碎玉聲 죠타만은
엇덧타 一枕江湖夢을 끼올쓸이 엇졔요. (靑謠 21)

297

夏雲이 多奇峰ᄒ니 金剛山이 일어훈가
玉갓튼 芙蓉이 眼中에 잇다만은
암아도 보고 못 오른이 그를 슬허 ᄒ노라. (靑謠 22)

298

뭇노라 太華山아 너는 어이 默重ᄒ다
世上 人事는 朝夕變 ᄒ거니와
아마도 容顔不改는 너쑨인가 ᄒ노라. (靑謠 23)

299

龍갓틋 져 盤松아 반갑고 반가왜라
雷霆을 격끈 後에 네 어이 프럿는
누구셔 成學士 죽닷튼고 이졔 본 듯 ᄒ여라. (靑謠 24)
　(掌苑署卽成三問舊宅也 松은 卽 成三問種種也)

300

어화 벗님네야 착ᄒ로라 자랑 마소
是非 長短이 오로다 文章習氣
世上에 不敏聾瞽는 나 쑨인가 ᄒ노라. (靑謠 25)

301

東籬에 傲霜花는 禁醉鶴翎 휘들어다
酒中仙 陶淵明의 놉흔 벗이 네로고나
우리도 聖恩을 갑파든 너를 좃차 놀리라. (靑謠 26)

302

歲月이 如流ᄒ니 白髮이 절로 난다
쑵고 ᄯ 쑵아 졈고져 ᄒ는 뜻은
北堂에 親在ᄒ시니 그를 두려 홈이라. (靑謠 27)

303

宦海가 滔滔ᄒ이 人生待足何時足고
功名이 誤人이라 찌득를이 뉘 잇실이
自古로 江山風月이 님재 격다 ᄒ더라. (靑謠 28)

304

博古通今ᄒ이 크기도 ᄀ장 크다
以盛 萬物ᄒ니 斤重이 ᄀ이 업다
두어라 宦海에 씌워 以濟不通 ᄒ리라. (靑謠 29)

305

清風이 習習ᄒ니 松聲이 冷冷ᄒ다
譜 업고 調 업쓰니 無絃琴이 절엇튼가
至今에 陶淵明 간 後ㅣ니 知音홀 재 업도다. (靑謠 30)

306

長空에 쩟는 소로기 눈솝픰은 무슴 일고
석은 쥐를 보고 盤廻不去 ᄒ는고여
萬一에 鳳凰을 만나면 우임됨가 ᄒ노라. (靑謠 31)

307

平生에 부럽씨는 글짓기 술먹기로다
李太白 劉伶 後에 詩酒風流 쏘 뉘런고
어즙어 我不同時를 不勝慨然 ᄒ여라. (靑謠 32)

308

져 總角 말 듯거라 少年光景 자랑말아
光陰이 덧 업쓴이 綠髮이 卽 白髮 이로다
우리도 少年을 밋다가 비혼 일이 업세라. (靑謠 33)

309

神仙이 잇단 말이 아마도 虛浪ᄒ다
秦皇漢武는 씨다롤쑬 모로던고
암아도 心淸身閑ᄒ면 眞仙인가 ᄒ노라. (靑謠 34)

310

牧丹花 죳타커늘 빗김에 옴겻더니
春風 一夜에 滿院花開 富貴春이라
어듸셔 貧賤을 厭ㅎ야 가지고져 ㅎ는이. (靑謠 35)

311

니러나 쇼 먹인이 曉星이 三五ㅣ로다
들으을 불아보니 黃雲色도 죠코죳타
암아도 農家의 興味는 이 쑌인가 ㅎ노라. (靑謠 36)

312

初生에 빗친 달이 낫갓치 ㄱ으다가
보름이 돌아오면 거울갓치 둘엿ㅎ다
암아도 人之盛衰 졀이흔가 ㅎ노라. (靑謠 37)

313

壁上에 걸린 칼이 보믜가 낫다말가
功 업시 늙어가니 俗節 업시 믄지노라
어즙어 丙子國恥를 씨서 볼가 ㅎ노라. (靑謠 38)

314

平生에 願ㅎ기를 어의 일 무스 것고
鳳凰의 文章과 蜘蛛의 經綸 이로다
너희는 쓸듸 업썬이 나를 준들 엇더리. (靑謠 39)

315

藥이 靈타 하되 效驗이 바히 업다
淸心 節慾ᄒ면 이 안이 仙藥인가
암아도 藥일홈은 四君子」가 ᄒ노라. (靑謠 40)

316

耳聾과 目瞽홈을 웃지마소 벗님네야
靑山에 눈 열리고 綠水에 귀가 붉에
암아도 곳치기 쉽기는 이 病인가 ᄒ노라. (靑謠 41)

317

한을이 놉흐시되 人間私語 들어시고
暗室에 欺心일들 神目이 번개로다
암아도 둘엽씨는 天雷신가 ᄒ노라. (靑謠 42)

318

지죄기는 져 가마괴 암수를 어이 알며
지나는 져 구름에 비올쏭 말쏭 어이 알리
암아도 世事人情도 다 이런가 ᄒ노라 (靑謠 43)

319

냇가에 셧는 버들 三月東風 만나거다
꾀꼬리 노리ᄒ이 우즑우즑 춤을 춘다
암아도 柳幕風流를 立春에도 썻더라. (靑謠 44)

余年少心閒 素有歌癖者久矣 裒集古今作歌 群賢輩及名妓與無名氏

自製長短歌百餘章 氄爲歌謠之際 得見金君獻之作 意旨超越 馨韻
淸絶 不染俗態 巫峽之蕭森 琦語瓊辭 蓬瀛之仙語 恨不增相識也
丙辰夏六月 七七翁老歌齋金壽長書(靑邱)

文守彬

320

淸泠浦 둘 붉은 밤에 어엿분 우리 님금

孤身 隻影이 어드러로 거신거고

碧山中 子規의 哀怨聲이 날을 절로 울린다. (靑謠 45)

李德涵

321

晴窓에 낮줌 씨여 物態를 둘러보니

花枝에 자는 시는 閑暇도 흔져이고

암아도 幽居趣味를 알리 젠가 ᄒ노라. (靑謠 46)

322

잇브면 줌을 들고 씨엿심연 글을 보새

글 보면 義理 잇고 줌들면 실음 닛에

百年을 일러틋 ᄒ면 榮辱이 總浮雲인가 ᄒ노라. (靑謠 47)

323

空庭에 吏退ᄒ고 印匣에 잇기 쎳다
太守 政淸ᄒ니 詞訟이 아죠 적다
두어라 聽訟이 猶人ᄒᆫ들 無訟홈만 ᄀᆞ트랴. (靑謠 48)

金默壽

324

蜀帝의 죽은 魂이 蝶蛛새 되야 잇셔
밤마다 슬피 울어 피눈물노 긋치는이
우리의 님글인 눈물은 언의 쩌에 긋칠쪼. (靑謠 49)

325

天運이 循環ᄒ사 胡風을 쓰릿침에
堯天 舜日이 大明이 되엿던이
오늘눌 神州陸沈을 不勝慷慨 ᄒ여라. (靑謠 50)

326

蜀鏤劒 드는 칼 들고 白馬를 號令ᄒ야
吳江 潮頭로 밤마다 둘리는 뜻은
지금히 鴟夷憤氣를 못내 계워 홈이라. (靑謠 51)

327

鐵驄馬 타고 보라매 밧고 白羽長箭 허리에 쯰고 千斤角弓 풀에 걸고
산넘어 굴음 진아 쩡山行 가는 져 閑暇흔 사롬

우리도 聖恩을 갑파든 너를 좃차 놀리라. (靑謠 52)

328

千古 離別 설운 中에 누구누구 더 셜운고

明皇의 楊貴妃와 項羽의 虞美人은 劍光에 늘아나고 漢公主 王昭君은 胡地에 遠嫁ᄒ야 琵琶絃 鴻鵠歌의 遺恨이 綿綿ᄒ고 石崇의 金谷繁華로도 綠珠를 못 잇엿시되

우리는 連理枝 並蔕花를 님과 나와 것거 쥐고 元央枕 翡翠衾에 百年同樂 ᄒ리라. (靑謠 53)

329

님글인 膏肓之疾을 무슨 藥으로 곳쳐닐고

太上老君의 草還丹과 西王母의 千年蟠桃 眞元子의 人蔘果와 十洲 三山不老草를 아모만 먹다 홀일쏜야

암아도 님을 만나봄연 홀일 法이 잇는이. (靑謠 54)

330

落葉聲 춘ᄇ롬의 기러기 슬피 울지

夕陽 江頭의 고온님 보ᄂ니오니

釋迦와 老聃이 當ᄒᆫ들 아니 울고 어이리. (樂學 525)

331

白雲 깁흔 골에 靑山 綠水 둘러ᄂᆫ듸

神龜로 卜築ᄒ니 松竹間에 집이로다

每日에 靈菌을 맛드리며 鶴鹿 홈긔 놀니라. (靑六 262)

右時慶者 卽故人爾淑之子也 年少學高 志氣豪邁 善歌
能筆法 長短歌六章 音調節腔 極其豪爽 吾以此愛敬焉
歲癸未流頭之節 老歌齋書(靑邱)

金重說

332

閒中에 홀로 안자 玄琴을 빗쎄 안고
宮商 角徵羽를 주줄이 집혓시니
窓밧긔 엿든느 鶴이 우즑우즑 ᄒ더라. (靑謠 55)

333

九龍沼 묽은 물에 이 내 마음 싯쳐 닌이
世間 榮辱이 오로다 쑴이로다
이몸이 淸風明月과 홈쎄 늙즈 ᄒ노라. (靑謠 56)

334

臨湖에 비 쯰워 赤壁으로 날여간이
한 업쓴 風景이 눈 알픠 벌어 잇다
우리도 東坡의 남은 興을 니어 놀려 ᄒ노라. (靑謠 57)

右士淳 卽故人金君子彬之子也 幼聰明過人 志氣豪雄 琴聽於漁隱 洞簫於
漁隱 古昔群賢 名琴之後 山水之曲 初出平羽調 諸曲之 彈則叢草之幽蘭 鳥
中雀鳳凰 余雖不知音律 淸濁高下 小有解夢之致 故不必爲放過矣 余歌譜改
修正時 得見士淳之短歌三章 則俗態沒隱 仙跡明眼 豈不奇哉 士淳曾無學歌

唱習 而能唱非常之調人 則少年歌則老成 實爲塵埃間豪傑君子也 噫 世俗之人 惑於慾 染於物 自成聾瞽 不知有此人 誠極慨然也 歲己丑杏花之節 八十翁老歌齋書(靑邱)

朴文郁

335
世上 살름들아 聾瞽를 웃지마라
視不見 聽不聞은 녯살름의 警戒로다
어듸셔 妄伜의 벗님네는 남의 是非 ᄒᆞ는이. (靑謠 60)

336
夕陽에 매를 밧고 내 건너 山 넘어 가셔
ᄲᅯᆼ 날리고 매 부른이 黃昏이 거의로다
어듸셔 반가온 방울쏘릐 구름 밧긔 들닌다. (靑謠 61)

337
알고 늙엇는가 모로고 늙엇는가
酒色에 좀겻써든 늙는 줄 어이 알리
귀밋틔 白髮이 흣늘린이 글을 슬허 ᄒᆞ노라. (靑謠 62)

338
朝聞道夕死 ㅣ可矣라 ᄒᆞ니 눌 들여 물을쏜이
人情은 알안노라 世事는 모를노다
출하리 白鷗와 벗이 되야 樂餘年을 ᄒᆞ리라. (靑謠 63)

339

나니 언제런지 어제런지 그제런지

月波亭 붉은 둘 아래 뉘짓 술에 醉ᄒ엿든지

眞實로 먹엇실싸 먹은 집을 몰래라. (靑謠 64)

340

窓밧씌 감아숫 막키라는 장ᄉ 離別나는 굼멍도 막키옵는가

그 궁기 本來 물이 흘으매 自古로 英雄豪傑들도 知慧로 못 막앗쬬 허믈며 西楚伯王의 힘으로도 能히 못 막앗신이 하 우은 말 마오

眞實로 장ᄉ의 말과 갓탈씬대 長離別인가 ᄒ노라. (靑謠 65)

341

君莫惜典衣沽酒ᄒ소 襄乾ᄒ면 我典衣로다

塵世難逢開口咲ㅣ니 知己를 相對盡情談ᄒ고 劉伶墳上에 酒不到ㅣ니 且樂生前一盃酒로다

人生이 草露 ᄀ튼이 醉코 놀려 ᄒ노라. (靑謠 66)

342

내게는 怨讐ㅣ가 업셔 개와 닭이 큰 怨讐로다

碧紗窓 깁픈 밤의 픔에 들어 자는 임을 자른 목 느르혀 홰홰쳐 울어 닐어 가게 ᄒ고 寂寞重門에 왓는 님을 무르락 나오락 캉캉 즈저 도로 가게 ᄒ니

암아도 六月 流頭 百種前에 서러저 업씨 ᄒ리라. (靑謠 67)

343

月一片 灯三更인제 나간 님을 혜야인니

靑樓 酒肆에 새 님을 걸어두고 不勝 蕩情ㅎ야 花看陌上 春將晚이요 走
馬鬪犬猶未返이라

三時出望 無消息ㅎ니 盡日欄頭에 空斷腸을 ㅎ소라. (靑謠 68)

344

思郎思郎 庫庫히 민인 思郎 왼 바다흘 다 덥는 금을쳐로 미즌 思郎

往十里라 踏十里 춤윗너추리 얽어지고 틀어져셔 골골이 둘우 뒤트러진
思郎

아마도 이 님의 思郎은 ㄱ 업쓴가 ㅎ노라. (靑謠 69)

345

十里 埋伏 설이 치고 듥 붉은 밤의

起飮帳中 別虞姬ㅎ고 鐵鞭을 놉히 들고 喑啞叱咤흔이 烏騅馬 느는 곳에
漢兵이 草芥로다

암아도 千不當 萬不當은 楚伯王인가 ㅎ노라. (靑謠 70)

346

烏程酒 八珍味를 먹은들 술로 가랴

玉漏金屛 깁흔 밤의 元央枕 翡翠衾도 님 업쓰면 거즉 써시로다

져 님아 헌 덕썩 집버개예 草食을 홀찌라도 離別곳 업씨면 긔 願인가
ㅎ노라. (靑謠 71)

347

남이라 님을 안이 두랴 思郎도 밧쳣노라

梨花에 나간 님이 走馬鬪鷄 노니다가 霽月光風 졉근 날에 黃菊 丹楓다
盡토록 金鞍白馬 猶未還이라

두어라 님이 비록 니젓시나 紗窓 긴긴 밤의 幸혀 올가 기드린다.
(靑謠 72)

348

어우와 벗님네냐 壽夭長短을 恨치 마소

自古로 聖帝明王과 仁賢君子라도 天命을 브라거늘 우읍다 秦始皇은 採
藥 童女 못온 前에 沙丘에 魂이 되고 허믈며 漢武帝는 神仙을 求ᄒ다가
金丹에 病이 들어 漢南에 덥힌 威嚴이 武陵 松柏 빗소리로다

암아도 太平聖代에 無病無憂ᄒᆯ쎄 醉코 놀짜 ᄒ노라. (靑謠 73)

349

듕과 僧과 萬疊山中에 맛나 어드러로 가오 어드러로 오시는게

山 쪽코 물 좃흔듸 갈씨를 붓쳐보오 두 곳갈이 흔듸 다하 너픈너픈 ᄒ
는 樣은 白牧丹 두 퍼귀가 春風에 휘듯는 듯

암아도 空山에 이 씰음은 중과 僧과 둘 쑌이라. (靑謠 74)

350

갈제는 옴아ᄐ니 가고 안이 온오미라

十二欄干 바잔이며 님 계신 듸 볼아보니 南天에 雁盡ᄒ고 西廂에 月落
토록 消息이 긋쳐졋다

이 뒤란 님이 오셔든 잡고 안자 새오리라. (靑謠 75)

351

三月東風 好時節에 一僕 三友 건을이고

六角 登臨ᄒ야 四宇를 돌아본이 天朗氣淸ᄒ고 惠風和暢흔듸 花間蝶舞
는 弄春色이오 柳上鶯飛는 湯人情이라 鶴徘徊於長松ᄒ고 老龍潛於 碧潭

이라

　　암아도 暮年花似霧中看을 못내 슬허 하노라. (靑謠 76)

　　右朴君汝大　卽余故人也　余平生有歌癖　故歌譜重修之際　得見汝大之譜　則
意之浩闊　言之純實　或歌慷慨　或歌淸秀　或歌虛浪　歌則使人感發　此人之局量
南溟之無涯　噫　朴君之處世　貧不能資生　而志不屈於貧　賦心長在於豪華　平生
酒有巨鯨飮　咏嘆必有警人句　此誠塵世間豪傑君子也　所述諸曲中　僧尼交脚
之歌　千古一談　吾以此相對敬亭山　歲己丑杏花之節　八十翁老歌齋金壽長書
(靑邱)

朴後(厚)雄

352

太公의 고기낙던 낙대 긴줄 미여 압내에 느려

銀鱗玉尺을 버들 움에 꿰여 들고 나니

杏花村 酒家에 모든 벗님네는 더대 온다 하더라. (樂서 311)

353

어와 世上 사롬 富貴를 貪치 마소

事君數이면 斯辱矣라 하엿느니

므슨 일 宦海風波에 져더도록 분쥬할고. (大東 121)

權德重

354

歷山에 밧ᄀ르실시 百姓이 다 ᄀ을 辭讓ᄒ고
漁雷澤ᄒ실시 人皆讓居ᄒ고 陶河濱ᄒ실시 그릇시 기우트지 아녓ᄂ니
天下에 朝覲訟獄謳歌者의 브르는 聖德을 일노 좃ᄎ 알네라.
 (樂學 866)

金兌瑞

355

가노라 三角山아 보내노라 셜워 말아
聖上이 끼치시면 도라오기 쉬오련니
아마도 萬世洪恩을 갑파 보려 ᄒ노라. (靑가 286)

吳擎華

356

南山에 鳳이 울고 北岳에 麒麟이 논다
堯天 日月이 我東方에 붉가시니
아마도 唐虞世界롤 이어본듯 ᄒ여라.(靑六 501)

357

谷口弄 우는 소릐의 낫잠찌여 니러보니
져근 아들 글니루고 며느아기 뵈 ᄊ난듸 어린 孫子는 곳노리 흔다

못쵸아 지어미 술 거로며 맛보라고 ᄒ더라. (靑六 681)

358

무근 히 보니올졔 시름 함긔 餞送ᄒ쟈

흰권모 콩仁絶味 쟈치술국 安酒에 氷燈에 불 발키고 精神 치려 안즈시니

이윽고 四更 돍 자초 울고 즈미衆 지나가니 시히 온가 ᄒ노라.

(靑六 707)

李福狑(李興淑)

359

黃河水 맑다더니 우리 王子 나시도다

壽域 臣民 뉘 아니 欣悅ᄒ리

九重에 계오신 님은 萬壽無疆 ᄒ옵쇼셔. (靑가 521)

庾世信

360

金牲 玉索으로 여물粥 살져시니

一生에 鞭叱이야 너 혼즈 쓴이로다

우리ᄂ 三弄牧笛에 홈즈 즐겨 ᄒ노라.(樂學 494)

361

여의고 病든 몰을 뉘라셔 도라 볼고

째째로 길겨 울어 멀니 ᄆ음 두거니와

츌하로 芳草長堤에 오락가락 하리라. (樂學 495)

362

밤마다 燈燭下에 韜略을 潛心키는

이 몸이 장상되야 물ᄀ족에 쓰히리라

잇다감 헌 옷슬 만지면서 니잡기만 ᄒ노라. (樂學 496)

363

佯狂 佯醉ᄒ니 世上 사롬 다 웃는다

長揖 不拜ᄒ제 醉ᄒ 말을 드런는가

鼎鑊에 더운 魂魄이 恨이 업다 ᄒ드라. (樂學 497)

364

白華山 드러 가셔 松壇에 홀노 안저

太平歌 ᄒ 曲調에 聖世를 을퍼시니

天公이 ᄇ롬을 보니여 松生琴을 ᄒ더라. (樂學 498)

365

어화 저 늙으니 夷門抱關 긔 몃희요

信陵君 준치ᄒ제 上客이 되엿든가

世上에 知己를 맛나시면 고디 죽다 엇더ᄒ리. (樂學 499)

366

님의게서 오신 片紙 다시금 熟讀ᄒ니

無情타 ᄒ려니와 南北이 머러세라

죽은 後 連理枝 되어 이 香緣을 이오리라.(樂學 500)

金尙得

367

靑藜杖 훗더지며 白蓮을 차즈가니
峰巒은 千層이오 溪澗은 數回 l 로다
이 곳에 小菴을 지어 님즈 되미 엇더ㅎ리. (樂學 521)

368

ᄆ음아 너는 어이 늙을 줄를 모로는다
네 늙지 아니커든 이 얼골을 졈게ㅎ렴
아마도 못 졈는 人生이 아니 놀고 엇졔리. (樂高 201)

朴俊漢

369

月黃昏 期約을 두고 닭 우도록 아니 온다
시 님을 만낫는지 舊情의 잡히인지
아모리 一時 香緣인들 이디도록 소기랴. (樂學 52)

朴道淳

370

님과 나와 다 늙어시니 ᄯ 언지 다시 졈어볼고

天台山 不老草를 麻姑仙女ㅣ 알년마는
아마도 雲山이 疊疊ㅎ니 모를더 업서 ㅎ노라. (樂學 518)

371

늙기 셔른 거시 白髮만 너겨쩌니
귀 먹고 니 쌘지니 白髮은 餘事ㅣ로다
그 밧긔 半夜佳人도 쓴외 본 듯 ㅎ여라. (樂學 519)

趙應賢

372

이것이 어듸 민고 師尙父의 釣臺ㅣ로다
江山도 거지 업고 志槩도 시로왜라
어즈버 萬古英風을 다시 본 듯 ㅎ여라. (樂學 510)

李廷鎭

373

北斗星 도라지되 달은 밋쳐 아니젓너
가는 비 엇마예리 밤이 님의 집허셰라
風便 數聲砧 들니니 다 왓는가 ㅎ노라. (六靑 263)

374

門닷고 글 닐원지 멋 歲月이 되엿관듸
庭畔에 심문 솔이 老龍鱗을 일러고나
東園에 퓌여진 桃李야 멋 번인 줄 알니오. (靑六 282)

375

믜아미 밉다ᄒ고 쓰르람미 쓰다ᄒ네
山菜를 밉다더냐 薄酒를 쓰다더냐
우리는 草野에 뭇쳣시니 밉고 쓴 줄 몰니라. (靑六 404)

376

꿈이 날 爲ᄒ여 먼듸 님 더려오늘
貪貪이 반기너겨 잠을 찌여 니러보니
그 님이 셩너여 간지 긔도망도 업세라. (靑六 446)

377

븕가 버슨 兒孩 ㅣ들리 거뮈쥴 테를 들고 기川으로 往來ᄒ며
붉가숭아 붉가숭아 져리가면 죽ᄂ니라 이리 오면 ᄉᄂ니라 부로나니
붉가숭이로다
아마도 世上 일이 다 이러ᄒᆫ가 ᄒ노라. (六靑 747)

鄭壽慶

378

사립 쓴 져 漁翁아 네 身勢 閑暇ᄒ다
白鷗로 벗을 삼고 고기 잡기 일 숨으니
엇지타 風塵騎馬客을 부럴 줄이 이시랴. (靑六 264)

379

牛羊은 도라들고 뫼희 달이 도다온다
조흔 벗 모혀오니 밤시도록 놀니로다
아희야 비즌 술 걸너스라 無窮無盡 醉ᄒ리라. (靑六 265)

申喜文

380

雌黃 奔競ㅎ미 썰치고 故園의 오니

濁酒 半壺의 淸琴 橫床 쑨이로다

다만지 生計은 잇고 업고 시름 업셔 ㅎ노라. (靑六 266)

381

塵世룰 다 썰치고 竹杖을 훗쩌 집고

琵琶을 두러 메고 西湖로 드러가니

水中에 쩌 잇는 白鷗는 너 벗진가 ㅎ노라.(靑六 267)

382

白髮이 公道ㅣ 업셔 녯 사람의 恨ㅎ 비라

秦皇은 採藥ㅎ고 漢帝은 求仙 ㅎ엿나니

人生이 自有天定ㅎ니 恨홀 쥴리 이시랴. (靑六 268)

383

두고 가는 離別 보니는 너 안도 잇네

알쓰리 그리올제 九回肝腸 셕을노다

져 님아 혜여보소라 아니가든 못홀소랴. (靑六 269)

384

靑春에 離別혼 님이 몃 歲月을 지니엿노

流光이 덧 업셔 곱던 樣姿 늙거고야

져 님아 白髮을 恨치말아 離別 뉘을 슬혜라. (靑六 270)

385

술을 니 아더야 狂藥인쥴 알것마는
盞 잡아 우음나니 一杯一杯 復一杯라
劉伶이 이러험으로 長醉不醒 ᄒ니라. (靑六 283)

386

靑春에 不習詩書ᄒ고 활쏘와 인일 업너
니 人事 이러ᄒ니 世事를 어이 알니
찰하로 江山에 물너 와셔 以終天年 ᄒ리라. (靑六 284)

387

人生天地 百年間에 富貴功名 如浮雲을
世事를 후리치고 山堂으로 도라오니
靑山이 날다려 니르기를 더듸 왓다 ᄒ더라. (靑六 285)

388

그리든 님 맛난 날 밤은 져 닭아 부듸 우지마라
네 소리 업도소니 날실쥴 뉘 모로리
밤즁만 네 우름소리 가슴 답답 ᄒ여라. (靑六 287)

389

芙蓉堂 瀟灑ᄒ 景이 寒碧堂과 伯仲이라
滿山 秋色이 여긔져긔 一般이로다
아희야 換美酒ᄒ여라 醉코 놀녀 ᄒ노라. (靑六 539)

390

뵈잠방이 호뮈 메고 논밧 가라 기음 미고

農歌를 보로며 달을 씌여 도라오니
지어미 술을 거르며 來日 뒷밧 미옵세 ᄒ더라. (六靑 561)

391

논밧가라 기음 미고 돌통더 기스미 뭐여 물고
코노리 부로면서 팔쑥춤이 제격니라
아희는 지어ᄌ ᄒ니 詡詡 웃고 놀리라. (靑六 562)

392

聖人니 나 계오ᄉ 大網을 발희시미
禮樂 文物이 我東方의 燦然이라
君修德 臣修政ᄒ니 太平인가 ᄒ노라. (靑六 563)

393

그린 듯흔 山水間의 風月로 鬱을 삼고
煙霞로 집을 삼아 詩酒로 벗지되니
아마도 樂是幽居을 알니 젹어 ᄒ노라. (靑六 564)

394

巖花에 春晩흐듸 松崖에 夕陽이라
平蕪의 니 거드니 遠山이 如畵ㅣ로다
瀟洒흔 水邊亭子의 待月吟風 ᄒ리라. (靑六 565)

395

두고 가는 離別흔 님 몃 歲月을 지내언고
流水가 덧 업서 곱든 樣子 늙엇고나
지 임아 白髮을 恨치 마라 離別 뉘를 슬혀라. (源增 669)

金 鏼

396

蓮심어 실을 쏘바 긴 노 부여 거럿다가
思郞이 긋쳐갈 졔 찬찬 감아 미오리라
우리는 마음으로 미즈시니 긋칠 쥴이 이시랴. (靑六 286)

397

蘇仙 七月 이 달이오 赤壁江月 이 달이라
이 달은 그 달이나 그 스람 어듸 간고
두어라 이 달 두고 가문 날 위혼가 ᄒ노라. (靑六 289)

398

關雲長의 靑龍刀와 趙子龍의 날닌 槍이
宇宙를 혼들면셔 四海의 橫行홀졔 所向無敵 이언만은 더러은 피를 무쳐시되 엇지 혼 文士의 筆端이며 辯士의 舌端으란 刀槍劍戟 아니 쓰고 피업시 죽이오니
무셥고 무셔올슨 筆舌인가 ᄒ노라. (靑六 746)

金致羽

399

江村에 그믈 멘 사람 기러기란 잡지 마라
塞北 江南에 消息인들 뉘 傳ᄒ리
아모리 江村 漁父 ㄴ들 離別이야 업스랴.(靑六 506)

白景炫

400

天地間 至樂事는 老萊子의 悅親이라
斑衣로 춤을 추어 늙도록 어린체는
百歲後 다시 못흔 일은 이뿐인가 흐노다. (東歌 167)

401

사룸이 百行中에 第一 誠孝로다
誠孝을 심쁠진딘 百行에 미뤼는니
그밧케 餘事文章은 일너 무슴 흐리오. (東歌 168)

402

이리도 聖恩이오 져리도 聖恩이라
이몸 一生이 何莫非 聖恩이랴
아마도 갑기 어려올슨 聖恩인가 흐노라. (東歌 169)

403

白髮아 너는 어이 無端이 절노 오니
뉘라셔 보내던냐 내 언제 부륵든냐
아마도 너 오는 時節은 다 늙근가 흐노라. (東歌 170)

404

長松이 푸른 겻희 桃花는 불거잇다
桃花야 쟈랑마라 너는 一時春色이라
아마도 四節春色은 솔쑌인가 흐노라. (東歌 171)

405

歲月이 얼픗 가니 나문 나히 긔 얼마오
鬢髮이 흔번 희니 다시 검기 어렵도다
일즉이 學神仙 못흔 줄을 못니 恨歎 ㅎ노라. (東歌 172)

406

사롬이 죽은 後에 아는지 모로는지
大卓 方丈을 欽享을 ㅎ단말가
아마도 不如 生前一盃酒 ㄴ가 ㅎ노라. (東歌 173)

407

一生에 恨ㅎ기를 神農氏 嘗百草라
嘗百草 ㅎ올 찌예 長生藥을 못 안쥴을
北邙山 秋風白楊을 못니 슬허 ㅎ노라. (東歌 174)

408

物色을 보려ㅎ고 江湖로 나려가니
반갑다 紅蓮花는 날 爲ㅎ여 푸엿는가
蹇裳코 비 우희 안ᄌ 薄言采之 ㅎ쇼라. (東歌 175)

金鼎禹

409

어와 벗님네야 天麻城中 둘너 보고
處處 風景아 漢北과 엇더ㅎ고
아마도 山高水喧이나 古國인가 ㅎ노라. (東歌 176)

李廷藎

410

靑春에 보던 거울 白髮에 곳쳐 보니
靑春은 간듸 업고 白髮만 뵈는고나
白髮아 청춘이 제 갓시랴 네 쫏츤가 ᄒᆞ노라. (源國 258)

411

죽기 셜웨란들 늙기도곤 더 셜우랴
무거운 팔츔이요 슘졀은 노릐로다
갓득에 酒色지 못ᄒᆞ니 그를 슬허 ᄒᆞ노라. (源國 315)

412

늙어 됴흔 일이 百에셔 흔 일도 업늬
쏘던 활 못 쏘고 먹던 술도 못 먹괘라
閣氏네 有味흔 것도 쓴외 보듯 ᄒᆞ여라. (源國 316)

413

人間 五福中에 一曰壽도 됴커니와
ᄒᆞ물며 富貴ᄒᆞ고 康寧조츠 ᄒᆞ오시니
그남아 脩好德 考終命이야 닐너 무슴 ᄒᆞ리요. (源國 317)

414

쟈다가 ᄭᆡ여보니 이 어인 소릐런고
入我床下 蟋蟀인가 秋思도 迢迢ᄒᆞ다
童子도 對答지 아니코 고기 숙여 조오더라. (源國 392)

415

銀瓶에 찬물 쓰라 玉鬢을 다스리고

金爐에 香을 퓌며 暗祝ᄒ여 비는 말이

아무나 傳ᄒ리 잇시면 님도 슬허 ᄒ리라. (源六 652)

416

紅樓畔 綠柳間에 多情헐손 져 쐬고리

百囀 好音으로 나의 꿈 놀니니

千里에 그리는 님을 보고지고 傳ᄒ렴은. (源六 653)

金學淵

417

落花는 뜻이 이셔 流水를 쏜루거늘

無情ᄒ 뎌 流水는 落花를 보니거다

落花야 니 언제 너 홀로 보니더냐 나도 함끽 흐르노라. (源河 428)

418

堯田을 갈던 스룸 水慮를 못 닉엿고

湯田을 갈던 스룸 旱憂를 어이 흔고

아마도 無憂無慮헐쓴 心田인가 ᄒ노라. (源國 24)

419

碧雲天 黃花地에 西風緊 北雁飛라

하롯밤 찬 시벽에 뉘라셔 霜林을 醉ᄒ인고

아마도 離恨別淚로 물드린ㄱ ᄒ노라. (花樂 618)

任義直

420

金波에 비를 타고 淸風으로 멍에ㅎ여
中流에 씌워 두고 笙歌를 알욀ㄹ 젹에
醉ㅎ고 月下에 졋시니 시름 업셔 ㅎ노라. (源國 74)

421

靑山이 不老ㅎ니 麋鹿이 長生ㅎ고
江漢이 無窮ㅎ니 白鷗의 富貴로다
우리는 이 江山 風景에 分別 업시 늘그리라. (源國 261)

422

江村에 日暮ㅎ니 곳곳이 漁火ㅣ로다
滿江 船子들은 북 티며 告祀흔다
밤ㅁ 中만 欸乃一聲에 山更幽를 ㅎ더라. (源國 262)

423

어제 닷토더니 오늘은 賀례흔다
喜懼는 白髮이요 愛慶은 黃口ㅣ로다
날다려 華封三祝을 스룸마다 닐컷더라. (源國 328)

424

白雪이 紛紛흔 날에 天地가 다 희거다
羽衣를 썰쳐 닙고 丘堂에 올나가니
어즈버 天上白玉京을 밋쳐 본가 ㅎ노라. (源國 380)

425

洛陽 三月時에 宮柳는 黃金枝로다

春服이 旣成커늘 小車에 술을 싯고 桃李園 차쟈 드러 東風으로 酒掃ᄒ고 芳草로 자리 숨아 鸕鶿酌 鸚鵡杯로 一杯一杯 醉케 먹고 吹笙鼓簹ᄒ며 詠歌舞蹈헐제 日已西ᄒ고 月復東이로다

兒禧야 春風이 몃날이리 林間에 宿不歸를 ᄒ리라. (源國 504)

宋宗元

426

金風이 부는 밤에 나무닙 다 지거다

寒天 明月夜에 기럭이 우러 넬졔

千里에 집 써난 客이야 줌 못일워 ᄒ노라. (源國 210)

427

人生이 긔 언마오 白鷗之 過隙이라

어려셔 헴 못나고 헴이 나쟈 다 늙거다

어즈버 中間光景이 써 업슨가 ᄒ노라. (源國 211)

428

淸江에 낙시 넉코 扁舟에 실넛시니

남이 니르기를 고기낙다 ᄒ노미라

두어라 取適非取魚를 제 뉘라셔 알니요. (源國 264)

429

人生이 꿈인 쥴을 져마다 아노라니

아노라 ᄒ오시나 아ᄂ니를 못볼너고

우리는 眞實로 아오미 醉코 놀녀 ᄒᄂ노라. (源國 265)

430

霜天 明月夜에 우러 녜는 져 기럭아
北地로 向南헐제 漢陽을 지ᄂ마는
엇디ᄐ 故鄉消息을 傳치 안코 녜ᄂ니. (源國 340)

431

九月九日 望鄉臺를 ᄒ여보니 엇더턴고
他席에 送客盃를 니라 오늘 ᄒ거고나
鴻雁아 南中苦 슬타마는 너는 어이 오ᄂ니. (源國 341)

432

夕鳥는 나라 들고 暮烟은 니러난다
東嶺에 달이 올나 襟懷에 빗최도다
兒僖야 瓦樽에 술 걸너라 彈琴ᄒ고 놀니라. (源國 390)

朴英秀

433

西廂에 期約ᄒ 님 달 돗도록 아니 온다
지게ᄃ 門 半만 널고 밤드도록 기다리니
月移코 花影이 動ᄒ니 님이 오나 넉엿노라. (源國 226)

434

千里에 글이는 님을 꿈속에나 보려ᄒ고
紗窓에 依支ᄒ야 午夢을 니루더니

어듸셔 無心혼 黃鶯兒는 나의 꿈을 씨오ᄂᆞ니. (源國 227)

435

花落 春光盡이요 樽空ᄒᆞ니 客不來라

鬢髮이 희엿시니 佳人도 畵餅如ㅣ로다

少壯에 隨意歡樂이 엇그젠 듯 ᄒᆞ여라. (源國 342)

436

우러셔 나는 눈믈 우흐로 솟지 말고

九曲 肝腸에 속으로 흘너드러

님글여 다 틋는 肝腸을 눅여 볼ㄱ가 ᄒᆞ노라. (源國 343)

437

綠柳間 黃鶯兒들아 나의 꿈을 씨오지 마라

아오라혼 遼西ㄷ 길을 꿈 아나면 못가려니

兒禧야 좀든덧스란 부듸 打起 ᄒᆞ여라. (源國 431)

朴孝寬

438

東君이 도라오니 萬物이 皆自樂을

草木 昆虫들은 히히마다 回生커늘

스람은 어인 緣故로 歸不歸를 ᄒᆞ는고. (源河 16)

439

周雖 舊邦이나 其命 維新이라

受天 之詔命ᄒᆞ샤 布德宣化 ᄒᆞ오시니

다시금 我東方 生靈이 熙皥世을 보리로다. (源河 17)

440

空山에 우는 접똥 너는 어니 우지는다
너도 날과 갓치 우음 離別 ㅎ얏느냐
아무리 피느게 운들 對答이나 ㅎ더라. (源河 190)

441

서리치고 별 성긘제 울며 ㄱ는 져 기럭아
네 길이 그 언마ㄱ 나 밧바 밤ㅁ 길 춋츠 녜는 것가
江南에 期約을 두엇시민 늣져 갈ㄱ 져레라. (源河 200)

442

歲月이 流水 l로다 어늬 덧세 坯 봄일시
舊圃에 新荣 나고 古木에 名花 l로다
兒禧야 시술 만이 두어스라 시봄노리 ㅎ리라. (源國 97)

443

蔽日雲 쓰룻치고 熙皥世를 보렷터니
닷는 말 서셔 늙고 드는 칼도 보뮈 쎴다
가지록 白髮이 지촉ㅎ니 不勝慷慨 ㅎ여라. (源國 98)

444

於臥 니 일이여 나도 니 일을 모를로다
우리 님 ㄱ오실제 ㄱ지 못ㅎ게 못홀넌가
보닉고 길고 긴 歲月에 슬쓴 싱각 어이료. (源國 293)

445

님이 가오실 덕에 날은 어이 두고 간고
陽緣이 有數ᄒ여 두고 갈 法은 ᄒ거니와
玉皇게 所志原情ᄒ여 다시 오게 ᄒ시쇼. (源國 294)

446

春風和 照好時에 범나뷔 몸이 되어
百花 叢裏에 香氣 젓겨 노닐거니
世上에 이러흔 豪興을 무어스로 比헐소냐. (源國 305)

447

님글인 相思夢이 蟋蟀의 넉시 되야
秋夜長 깁푼 밤에 니믜 房에 드럿다가
날 닛고 깁히든 줌을 씨와 볼ㄱ ᄒ노라. (源國 306)

448

쑴에 왓던 님이 씨여보니 간듸 업ᄂᆡ
耽耽이 괴던 ᄉ랑 날 ᄇ리고 어듸 간고
쑴 ㅁ 속이 虛事ㅣ라만정 쟈로 뵈게 하여라. (源國 323)

449

뉘라셔 가마귀를 검고 凶타 ᄒ돗던고
反哺 報恩이 긔 아니 아름다온가
ᄉ름이 져 시만 못ᄒ믈 못늬 슬허 ᄒ노라. (源國 371)

450

文王子 武王弟로 富貴雙全허신 周公
握髮 吐哺ᄒᄉ 愛下敬勤ᄒ샷거든

어디트 後世不肖는 驕奢自尊 ᄒ는고. (源六 59)

451

南極 老人星이 四敎齋에 드리오셔
우리 님 壽富貴를 康寧으로 도ᄋ셔든
우리도 德蔭을 무르와 太平燕樂 ᄒ노라. (源六 317)

安玟英

452

上元 甲子之春에 우리 聖上 卽位신져
堯舜을 法 바드스 光被四表 허오니니
美哉라 億萬年 東方紀數ㅣ 이로좃ᄎ 비로슷다. (金玉 1)

　聖上 卽祚元年 甲子之春 賀祝

453

太極이 肇判後에 聖帝明王 혜여허니
堯舜이 읏듬이요 禹湯文武ㅣ 버금이라
至今은 東方에 吉祥이 만흐니 聖人 나실 徵漸인져. (金玉 2)

聖上 卽祚之初 自東峽有獻白雉者 又有獻一莖九穗之禾者 又自仁川有獻
靈龜者 此是大吉祥也 世人皆謂後日聖人必降矣 果於甲戌二月初八日 聖世
子誕降

454

玉露에 눌닌 곳과 淸風에 나는 닙흘
老石에 造化筆노 깁바탕에 옴겨슨져
美哉라 寫蘭이 豈有香가만은 暗然襲人 허더라. (金玉 3)

石坡大老 以寫蘭透妙 獨步一世 癸酉春 偃息於楊州直洞小庄 有時寫蘭
以補逍遙之資 而余亦倍留 作蘭草詞三絶 被之管絃

455

石坡에 又石허니 萬年壽를 期約거다
花如解笑 還多事요 石不能言 最可人을
至今에 以石爲號하고 못니 즑여 하노라. (金玉 4)
　　　又石 第二太陽館主人 尙書別號 卽 雲峴小舍廊也

456

父雖 不慈하나 子不可 而不孝여니
父頑母嚚 舜님군은 克諧以孝 不格姦을
萬古의 通天大孝넌 舜帝신가 하노라. (金玉 5)
　　　孝子之道 於斯盡矣

457

梅影이 부드친 窓에 玉人金釵 비겨신져
二三 白髮翁은 거문고와 노리로다
이윽고 盞드러 勸하럇져 달이 쏘한 오르더라. (金玉 6)
　　　余於庚午春 與雲崖朴先生景華 吳先生岐汝 平壤妓順姬 全州妓 香春
歌琴於山房 先生癖於梅 手裁新筍 置諸案上 而方其時也 數朶半開 暗香浮動
因作梅花詞 羽調一編八節

458

千萬間 너른 집의 風月을 시러두고
浩然한 氣運을 마음더로 길너스니
아마도 大度洪量은 偉堂인가 ᄒ노라. (金玉 7)

校洞李尙書 號偉堂

459

聖上에 父親이신져 놉푸시기 그지업네

庚辰 臘月 卄一日예 設甲宴於二老堂를

盡日에 鳳笙龍管으로 獻蟠桃를 하시더라. (金玉 8)

　　庚辰十二月二十一日 石坡大老回甲日 聖上 親臨于雲宮獻壽 而作賀
祝三章

460

五雲이 얼의닌 곳에 壯麗홀슨 져 집이여

예적에 靈臺러니 이졔로는 乾天宮을

믓노라 영소靈囿는 어드머요 ᄒ노라. (金玉 9)

　　乾天宮 賀祝

461

麟在郊 鳳翔岐하니 이 어인 大吉祥고

甲戌 二月 初八日의 聖世子ㅣ 誕降하사

億萬年 東方紀數를 바다 니여 계신져. (金玉 10)

　　賀祝 第二

462

西舶예 烟塵으론 天下ㅣ 어두어도

東方예 日月이란 萬年이나 발키리라

萬一예 國太公 아니시면 뉘라 能히 발키리오. (金玉 11)

　　石坡大老 詩曰 西舶烟塵天下晦 東方一月萬年明 方其丙寅洋醜之亂
若非石坡大老 英風雄略 則誰能斥邪衛正

463

지여 能히 못할 닐은 仁與德 두 글字 ㅣ라
喜怒를 不形하니 忍容이 自然이라
至今예 諄諄然 君子之風은 又石公을 뵈왓노라.(金玉 12)
　　余竊慕又石尙書 深仁厚德 由中而作

464

祥雲이 어린 곳의 老安堂이 壯麗하고
和風이 이는 곳의 太乙亭이 飄緲하다
두어라 祥雲和風이 晚年長住 하리라. (金玉 13)
　　老安堂 雲峴大舍廊 太乙亭 後園山亭

465

너르고 둥근 연못 거울낫철 여러슨져
龍舟錦帆으로 泛彼中流 ᄒ오실제
水波에 뛰는 고기는 靈沼魚ㄴ가 ᄒ노라. (金玉 14)
　　乾天宮前 有池 池中有香遠亭

466

어리고 셩근 梅花 너를 밋지 안얏더니
눈期約 能히 직켜 두세송이 푸엿구나
燭 잡고 갓가이 사랑할졔 暗香浮動 하더라. (金玉 15)
　　雲崖山房 梅花詞 第二

467

바회난 危殆타만은 곳얼골이 天然하고
골은 그윽다만은 시소리 셕글하다

飛瀑는　急한　비　形勢　비러　落九天을　하더라. (金玉 16)
　　　余於壬子春　自嶺南歸路　到聞慶鳥嶺　交龜亭龍湫暫歇

468

靑山의　옛길　차져　白雲深處　드러가니
鶴淚聲　나난　곳예　竹扉荊扉　두세집을
니　坐한　山林에　길드려　져와　가치　하리라. (金玉 17)
　　　嶺南歸路　訪連豊李上舍山庄

469

즐거워　우슘이요　感激하야　눈물이라
興으로　노리여늘　氣運으로　츔이로다
오늘날　歌與舞　笑與淚는　又石尙書　쥬신비라. (金玉 18)
　　　丙子六月二十九日　卽吾回甲日也　石坡大老　爲設甲宴於孔德里秋水
樓　命又石尙書　廣招妓樂　盡日迭宕　是豈人人所得者歟

470

周翁이　微하므로　委質於又石하야
德池에　沐浴　감고　仁風에　술을　씨니
니　이제　德門人되얏슨져　樂又樂을　하노라. (金玉 19)
　　　余侍遊石坡大老　今幾多年　而又石尙書　亦厚待之　心感而作

471

芙蓉堂　欄干밧긔　萬朶花香　聞十里라
烟雨에　져즌　입흔　고은　빗츨　자랑한다
다시금　控海臺에　올나　風帆　보랴　하노라. (金玉 20)
　　　余自平壤歸路　登海州芙蓉堂

472

乾坤이 눈이여늘 네 홀노 푸엿구나

氷姿玉質이여 閤裏예 숨어 잇셔

黃昏에 暗香動ㅎ니 달이조차 오더라. (金玉 21)

       自萊府 距溫井 爲五里許也 余與馬山浦崔致學 金海文達杜 同入于府內妓靑玉家 擧酒相屬之際 忽一美娥 自外而入見 吾儕之列坐 回身還出矣 第見厥娥 氷姿玉質 如雪中寒梅 少無塵埃矣 一座眼環口呆 莫知所爲 靑玉 急起顚倒出門 少頃携手而入 曰 汝以何心來 而何心去耶 卽爲升堂而坐 此是第一名姬玉節也 余於京鄕間 閱歷名妓 不計其數 而海隅退陬 豈料有玉節者哉 不可無一讚耳

473

紅葉은 翠壁에 날고 黃花는 丹崖에 픠져

楚月이 발가는데 玉簫仙娥ㅣ 撫琴來라

어즙어 大醉長歌ㅎ고 弄月歸를 ㅎ더라. (金玉 22)

       丹崖大會之後二日 卽九月望日也 更設小酌於山亭 請三妓 盡夜迭宕

474

旗旋百隊 開新市요 甲第千甍 分戚里라

구타야 山林이랴 여긔 숨어 關係ㅎ리

平生에 不移其心ㅎ니 市隱號를 가져더라. (金玉 23)

       李五衛將健赫 字景春 號市隱

475

놉푸락 나즈락하며 멀기와 갓갑기와

모지락 둥그락ㅎ며 길기와 저르아와

平生에 이러ᄒ엿스니 무삼 근심 잇스리. (金玉 24)

　　　雲崖朴先生 平生有喜無怒 待人接物也 每每悅之 可謂君子之風 亦可
謂無愁太平翁

476

石坡에 石又石이요 幽谷에 蘭又蘭을

老石은 壽(萬)年이요 苗蘭은 香千秋 ㅣ라

이날에 又石尙書 ㅣ 班衣獻壽 ᄒ시더라. (金玉 25)

　　　石坡大老 甲宴賀 第二

477

桃花ᄂ 훗날니고 綠陰은 퍼져온다

쇠ᄭ오리 싀노리ᄂ 烟雨에 구을거다

마초아 盞드러 勸허랼제 澹粧佳人 오더라. (金玉 26)

　　　辛未初夏 與雲崖先生 對坐於山房時 雨灑鶯啼矣 酌酒相屬之際 忽一
澹粧佳人 携一壺而來 正是平壤山紅也

478

龍樓에 우는 북은 太簇律을 應허엿고

萬戶에 발킨 불은 上元月을 맛는고야

俄已오 白尺紅橋上에 萬人同樂 허더라. (金玉 27)

　　　上元夜 聽鍾翫月

479

前川에 雨歇허니 柳色이 푸루엿고

東園에 日暖허니 百花爭發 小紅이라

兒孺야 小車에 술 실어라 訪花隨柳 허리라. (金玉 28)

讚箕妓小紅

480

口圍東人 빗난 身勢 알니 적어 病되더니

似韻似閑 兼得味요 如詩如酒 又知音은

石坡公 知己筆端이시니 感激無恨 허여라. (金玉 29)

　　三溪洞 我家後園 有口字圍田 故石坡大老 賜號口圍東人

481

南浦月 깁흔 밤에 돗더치는 져 沙工아

뭇노라 너 튼 비야 桂棹錦帆 蘭舟 l 로다

우리는 採蓮가는 길이니 무러 무슴 허리요. (金玉 30)

　　題晉陽妓蘭舟

482

烟雨朝陽 비긴 곳에 錦衣公子 l 네 아니냐

百舌口辯이오 瀏亮흔 노리로다

萬一에 네 안고 제 잇스면 뉘가 넌지 모로쾌라. (金玉 31)

　　讚密陽楚月

483

周濂溪는 愛蓮하고 陶靖節은 愛菊이라

蓮花 君子여늘 菊花는 隱逸士 l 라

至今에 方塘에 蓮 시무고 號稱蓮湖 흐더라. (金玉 32)

　　朴監牧官漢英 字士俊 號蓮湖

484

大哉라 吾王苑囿 窈蕘雉兎 흐난구야

文王에 靈囿ㅣ러니 우리 聖上 慶武苑을
今古에 聖王之臺沼苑囿는 흔가진가 ᄒ노라. (金玉 33)
　　慶武苑 有慶武臺

485

剛毅果敢 烈丈夫요 孝親友弟 賢君子ㅣ라
良辰美景 너노름에 名姬賢伶 自有餘ㅣ라
美哉라 事親暇日에는 傲遊自樂 ᄒ더라. (金玉 34)
　　河加德靖一 字聖初 號○○ 孝親友弟 而性本剛毅果敢 臨事無疑 可
謂一代快丈夫也 與余敬愛三十年

486

南山갓치 놉흔 壽와 東海갓치 깁흔 福을
世子ㅣ 誕降허오실졔 오로지 바드시니
아마도 壽福이 雙全허시기는 聖世子를 뵈온져. (金玉 35)
　　賀祝 第三

487

長空 九萬里에 구름을 쓰러 열고
두려시 굴너올나 中央에 밝앗스니
알괘라 聖世上元이니 밤인가 허노라. (金玉 36)
　　永安府院君 詩曰 萬里無雲來宛轉 一天如水在中央

488

豪放헐슨 져 늘그니 술 아니면 노러로다
端雅衆中 文士貌요 古奇畫裡 老仙形을
뭇ᄂ니 雲㙮에 숨언지 몃몃 히나 되인고. (金玉 37)

雲崖朴先生景華 隱於弼雲坮 平生 以詩酒歌琹度日 至於耆老 固一世
之人傑也

489

秦王이 擊缶허니 六國諸侯ㅣ다 슳거다

이제 와 혜여허니 數千年 스이여늘

다시금 玉樓上 봄ㅂ람에 擊缶聲이 이는고. (金玉 38)

石坡大老 皎於音律 又石尙書 亦皎如也 無不精通 而至於擊缶 非妙
入神 無以至此

490

山行 六七里ᄒ니 一溪二溪 三溪流ㅣ라

有亭 翼然ᄒ니 恰似當年 醉翁亭를

夕陽에 笙歌鼓瑟은 昇平曲을 알외더라. (金玉 39)

彰義門外 柳三溪洞 洞中有亭 此是石坡大老偃息處也

491

雲下 太乙亭에 泳樂池 맑아 잇다

朝日에 花紋繡요 春風에 鳥管絃를

慶松은 鬱ㄷ 蕃衍ᄒ야 億萬年를 期約거다. (金玉 40)

雲峴宮後園 有太乙亭永樂池ㄷ邊有古松 蕃衍于庭中 乙亥春 親臨時
賜金環一雙懸之

492

氷姿 玉質이여 눈속에 네로구나

가만이 香氣 노아 黃昏月을 期約ᄒ니

아마도 雅致高節은 너뿐인가 ᄒ노라. (金玉 41)

雲崖山房 梅花詞 第三

493

젼나귀 혁을 치니 돌길에 날늬거다

아희야 치를 긋고 술瓶 부더 操心ᄒ라

夕陽이 山頭에 거졋난데 鶴에 소리 들늬더라. (金玉 42)

　　戊寅春 與蓮湖朴士俊 華山孫五汝 碧江金君仲 訪雲崖山房

494

秋波에 섯는 연꼿 夕陽을 씌여 잇셔

微風이 건듯허면 香氣놋는 네로고나

늬 엇지 너를 보고야 아니 썻고 엇지허리. (金玉 43)

　　余自溫井 歸到萊府 妓靑玉家爲主 而靑玉則萊府名姬也 姿色之艶姸
歌舞之整熟 雖使洛中名姬相對 固不肯讓

495

非梧桐 不捿허고 非竹實 不食이라

南山月 깁흔 밤에 울냐허는 鳳心이라

두어라 飛千仞 不啄粟은 너를 본가 허노라. (金玉 44)

　　淳昌鳳心 爲人淳淑 頗有夫人態 而兼閒於歌舞矣 石坡大老 愛而爲號
新婦

496

暎山紅綠 봄ᄇ롬에 黃蜂白蝶 넘노는 듯

百花園林 香氣속에 興쳐 노는 두룸인 듯

두어라 千態萬狀은 너뿐인가 허노라. (金玉 45)

　　余自東萊歸路 與崔致學到密陽 廣招妓樂 數日迭宕 而有童妓楚月者

色態俱備 歌舞精妙 可謂絶世色藝也 近聞南人傳言 則楚月色藝 爲一道居甲
云 昔年雖知來頭將進之趣 然豈料如今日所聞哉

497

늘그니 져 늘그니 林泉에 숨은 져 늘그니
詩酒歌 琴與碁로 늘거온은 져 늘그니
平生에 不求聞達허고 졀노 늙는 져 늘그니. (金玉 46)

　　雲崖朴先生 隱於弼雲坮 老於詩酒歌琴中

498

어득헌 구름가에 슘어 발근 달 아니면
稀迷헌 안기속에 半만 널닌 꼿치로다
至今에 花容月態는 너를 본가 허노라. (金玉 47)

　　讚平壤妓蕙蘭

499

功名은 浮雲이요 富貴는 流水 l 로다
悅心樂志를 萬卷書에 붓쳣스니
以故로 與世相違헌지라 號稱左菴 이러라. (金玉 48)

　　李雅士健璜 字○○ 號左菴

500

望之如雲 就之如日 聖世子에 氣像이라
堯舜之治를 蒼生이 미리 아도던지
康衢에 手舞足蹈허니 億萬歲를 부르더라. (金玉 49)

　　賀祝 第四

501

萬物이 回陽허니 華山에 日暖이라

沂水ㅣ 말갓거니 시원헐슨 舞雩 바롬

잇쩌에 시옷슬 썰쳣스니 登臨春園 ᄒ리라. (金玉 50)

　　　安僉使○○ 字敬之 號春園

502

空山風雪夜에 도라오는 져 스룸아

柴扉에 기소리를 듯느냐 못듯느냐

石逕에 눈이 덥혀스니 나귀 革을 노으라. (金玉 51)

　　　余於甲戌冬 與木山姜景學 夜訪雲崖山房 是夜大雪紛紛 不能尋逕 先生倚門而呼之曰 故不聞只尺犬吠聲乎

503

지난히 오늘밤에 져 달빗츨 보왓더니

이히 오늘밤에 그 달빗치 쪼 발앗다

이졔야 歲去月長在를 아랏슨져 허노라. (金玉 52)

　　　今日始覺 歲去月長在

504

희기 눈 갓트니 西施에 後身인가

곱기 꼿 갓트니 太眞에 넉시런가

至今에 雪膚花容은 너글 본가 허노라. (金玉 53)

　　　讚海州玉簫仙

505

눈으로 期約터니 네 果然 푸엿고나

黃昏에 달이 오니 그림즈도 셩긔거다
淸香이 盞에 쩟스니 醉코 놀녀 허노라. (金玉 54)
　　　雲崖山房 梅花詞 第四

506

雨絲絲 楊柳絲絲 風習習 花爭發을
滿城 桃李는 聖世에 春光이라
우리는 康衢逸民인져 太平歌로 즐기리라. (金玉 55)
　　　乙亥春 會酌于先生直房

507

孔德里 千條柳에 萬年春光 머무럿고
三溪洞 九折瀑은 百丈氣勢 가졋셰라
우리도 聖世逸民인져 太平歌로 즐기리라. (金玉 56)
　　　孔德里 我笑堂前 有千條柳 三溪洞 米月舫後水閣 有千折瀑

508

我笑堂 秋水樓에 珠箔을 걸고 보니
南浦에 구름 쓰고 西山에 비 지거다
夕陽에 淸歌細樂은 交奏太平 허더라. (金玉 57)
　　　孔德里 我笑堂西 有秋水樓

509

萬戶에 드리운 버들 꾀꼬리 세계어늘
淸江에 성귄 비는 히오리 平生이라
우리도 聖恩을 갑산 후의 져와 갓치 놀니라. (金玉 58)
　　　竹洞洪相國 詩曰 萬戶垂楊鶯世界 一江疎雨鷺平生

510

練光亭 올나가니 예 듯든 말이로다

長城一面 溶溶水요 大野東頭 點點山을

至今의 淸流壁上翠는 待我歸를 ㅎ엿더라. (金玉 59)

　　　　登平壤 練光亭

511

汚泥에 天然흔 꼿치 蓮꼿 밧긔 뉘 잇는야

退陬에 네 날쥴을 나는 일즉 몰낫노라

至今의 쩌나는 情이야 엇지 그지 잇스리. (금옥 60)

　　　　余自統營入巨濟 遊覽山川 有妓可香者 年可二八 而雖無歌舞 丰容秀
色 言語動止 眞一世絶艶也 豈料此地 有此等美姬耶 余不忍捨 留十餘日而別
古人所謂 花香蝶自來者 信不誣也

512

고을사 져 꼿치여 半만 여윈 져 꼿치여

더고 덜도 말고 每樣 그만 허여잇셔

春風에 香氣 좃는 나뷔를 웃고 마즈 허노라. (金玉 61)

　　　　余於昔年完營之行 問襄坮雲之香名 躬往其家 則韶顔妙齡 能文能筆
眞一世之絶艶也 愛而敬之 多日相隨

513

즈못 불근 꼿치 즘즛 숨어 뵈지 안네

장츳 츠즈리라 구지 헷쳐 드러가니

眞實노 그 꼿치여늘 문득 것거 드럿노라. (金玉 62)

　　　　晉州飛燕 以色態喧動一營 而爲外村巨富成進士之所愛 不得相見云
矣 余在晉州時 聞其名而間人 得一見之

514

洗兵館 놉흔 집에 皇朝八賜 버려 놋코

戍樓 놉피 안져 칼을 샌혀 만질젹에

쥐갓튼 倭酋에 무리야 엇지 敢히 여허보리. (金玉 63)

> 登統營洗兵館 感忠武公

515

大道正 如髮헌듸 雲車를 모라갈졔

花灼灼 柳絲絲 風習習 雲悠悠 ㅣ라

뒤헤는 綺羅裙 싼로거늘 압헤 細樂 이러라. (金玉 64)

> 丙子春 又石尙書 率長安第一歌琴 佳妓十餘箇 花遊於楊州德寺

516

又石尙書 山頭重望 金印虎符 大司馬 ㅣ라

腰間에 날닌 칼은 셔리빗츨 씌엿거다

暇日則 輕裘緩帶로 雅歌投壺 허더라. (金玉 65)

> 庚辰 (　　)野 拜又石尙書 爲兵曹判書

517

第二 太陽館의 봄ㅂ롬이 말앗거다

欄干 밧게 웃는 쏫과 숫풀 아리 우는 시라

잇다감 纖歌細樂은 鶴에 춤을 니루현다. (金玉 66)

> 第二太陽館 春日卽景 雲峴小舍廊

518

又石尙書 山斗重望 金印虎符 大司馬 ㅣ라

二老堂 놉푼 집의 班衣獻壽 허오실 쩌

帳 밧게 甲士雄卒은 百歲壽를 알외더라. (金玉 67)
　　石坡大老 甲宴賀祝 第三

519

福星高照 平安地요 喜氣多臨 積善家ㅣ라
부러울슨 老人稧여 人人富貴 壽百歲라
비난이 世世繼承ᄒ야 傳至無窮 ᄒ오쇼셔. (金玉 68)
　　余自總髮 至于辛巳六十六歲矣 友臺老人 結稧作會於弼雲三淸之間
而許多稧會 不過四五年無痕 而獨老人稧 繼承幾百年 凡百規模 猶燦於昔日
此稧之雄華英邁 與天地偕焉

520

壽添壽 福添福ᄒ니 壽福이 添添이요
子繼子 孫繼孫ᄒ니 子孫이 繼繼로다
至今의 壽富貴 多男子년 聖世子싀 비긴져. (金玉 69)
　　賀祝 第五

521

落花 芳草路의 깁치마를 쓰럿시니
風前에 나는 곳치 玉頰에 부딋친다
앗갑다 쓸어올지연정 밥든 마라 ᄒ노라. (金玉 70)
　　余留箕營時 登牧丹峰賞花遙望 蕙蘭小紅 踏花而來

522

石坡大老 英風雄略 汾陽王과 古今이요
府大夫人 懿範淑德 郭夫人과 前後ㅣ로다
以故로 百子千孫의 富貴榮華 ᄒ시더라. (金玉 71)

戊寅二月初三日　府大夫人華甲日也　作三章歌曲　唱而獻賀

523

一丈靑　扈三娘은　梁山泊의　頭領되야

祝家庄　큰　사움의　大功을　일웟나니

至今의　네　武藝　神通ᄒ지라　어디　功을　일우엇노. (金玉 72)

　　年前湖南之行　到光州　逢金稺安萍水之喜　不可言而稺安爲言　本州妓
雪香者　精於射藝　能百步穿楊　每於邑射　輒居魁首云　故往見則　相貌奇偉　動
止軒昂　偃然若大丈夫　雖使對頭於扈三娘　似不多襄

524

玉盤의　훗튼　구슬　任意로　굴넛거늘

畫龍의　집긴　鸚鵡　百舌口辯　가졋셔라

두어라　人如珠　語如鸚鵡ᄒ니　그을　ᄉ랑ᄒ노라. (金玉 73)

　　讚晉陽蘭珠

525

담안의　꼿치여늘　못가의　버들이라

쐬쏘리　노리ᄒ고　나뷔는　츔이로다

至今의　花紅柳綠　鶯歌蝶舞ᄒ니　醉코　놀녀　ᄒ노라. (金玉 74)

　　蓮湖朴士俊別業　爲安山第一景槩

526

꼿　갓튼　얼골이요　달　것튼　틔도로다

精神은　秋收여늘　性精은　春風이라

두어라　月態花容은　너을　본가　ᄒ노라. (金玉 75)

　　咸陽妓蓮花　花容月態　聲動嶺南矣　余在南原　往雲峰衙中相見　而可憎

雲　晬先着鞭

527

白岳山下 옛자리예 鳳闕을 營始ᄒ사

經之 營之 ᄒ오시니 庶民이 自來로다

아무리 勿亟ᄒ라사디 不日成之 ᄒ더라. (金玉 76)

　　　景福宮 重建賀祝

528

黃昏의 돗는 달이 너와 긔약 두엇더냐

閤裏에 ᄌ든 곳치 향긔노아 맛는고야

니 엇지 梅月이 벗 되는쥴 몰낫던고 ᄒ노라. (金玉 77)

　　　雲崖山房 梅花詞 第五

529

玉質이 粹然ᄒ니 海西名姬 네 아니냐

纖歌는 遏雲ᄒ고 舞袖는 騰空이라

허물며 玉手弄絃을 더욱 사랑 ᄒ노라. (金玉 78)

　　　海州妓娟娟 於丁丑進宴時上來 而與碧江金君仲 有數夜歌琹之會

530

一帶 長江이여 嶺南樓을 둘너거(니)

畫棟은 구름 속의 날고 珠簾은 비가의 거더거다

平沙의 조든 白鷗는 漁笛聲의 놀나 난다. (金玉 79)

　　　密陽嶺南樓 與晉州矗石樓 爭雌雄

531

一株松 兩竿竹이 뜰 가온디 푸루엿네

嚴흔 氣運 구든 節이 霜雪의 씩식ᄒ다
굿타야 主人을 무러 무슴ᄒ리 다만 볼 뿐이로다. (金玉 80)
　　　　余與市隱李健赫景春 逐日相隨 而市隱 性本高潔 不滔塵陋 皎於音律
又癖於松竹

532

碧山 秋夜月에 거문고를 비겨 안고
興디로 曲調 집허 솔바람을 和答헐졔
씐마다 솔리 冷冷허미여 秋琴號를 가졋더라. (金玉 81)
　　　姜大雅○ ○○○ 號秋琴

533

百尺 紅橋上에 오고가는 스롬드라
寒碧堂 雨後景을 알고 저리 즐기느냐
夕陽에 南固鐘聲을 더욱 조히 너기노라. (金玉 82)
　　　登全州寒碧堂

534

不飮이면 詩拙이라 惟有飮者 留其名을
詩酒는 니 일이라 酒一斗 詩百篇허져
月下에 醉臥枕空壺허니 號稱壺齋 허더라. (金玉 83)
　　　李同樞晦榮 字元明 號壺齋

535

桃花 如桃花허고 桃花 如桃花허니
桃花ㅣ 勝桃花며 桃花 勝桃花아
두어라 人中桃花와 花中桃花ㅣ 싀워 무슴 허리요. (金玉 84)

題海州妓桃花

536

金剛　一萬二千峰이　눈　아니면　玉이로다

歇醒樓　올나가니　天上人　되얏거다

아마도　書不盡　畵不得은　金剛인가　허노라. (金玉 85)

　　　壬戌秋　與洪川林景七　入金剛登歇醒樓

537

寂寂　山窓下에　낫조름이　足허거다

게을니　이러나셔　拾松枝煮苦茗　허노라니

俄已오　夕陽　비긴　길노　笛소리　두세시러라. (金玉 86)

　　　山中幽趣可掬

538

木欣欣　而向榮허고　泉涓涓　而始流ㅣ로다

西疇에　有事헐믈　農人이　告허거늘

兒戱야　아뮈나　날찻는　벗님이란　遙指木山　허여라. (金玉 87)

　　　姜同樞宗熹　字景學　號木山

539

龍樓에　祥雲이요　鳳闕에　瑞靄로다

甘雨는　太液에　듯고　和風은　御柳에　둘닌져

美哉라　祥雲瑞靄와　甘雨和風은　聖世子의　時節인져. (金玉 88)

　　　賀祝　第六

540

붓긋테　져즌　먹을　더져보니　花葉이로다

莖垂露而 將低허고 香從風而 襲人이라

이 무슴 造化를 부렷관더 投筆成眞 허인고. (金玉 89)

　　石坡大老 蘭草詞 第二

541

ㅂ롬이 눈을 모라 山窓에 부딧치니

찬 氣運 시여드러 ㅈ는 梅花를 侵勞허니

아무리 어루려허인들 봄뜻이야 아슬소냐. (金玉 90)

　　雲崖山房 梅花詞 第六

542

三百尺 솔이여늘 一千年 鶴이로다

噴瀑은 龍造化요 矗石은 劍精神이라

이 中에 鶴衣綸巾 白羽扇으로 楡屐翁이 노시더라.(金玉 91)

　　楡屐翁 石坡大老別號 三溪洞中 有古松奇巖 白鶴噴瀑

543

口圃東人은 츔을츄고 雲崖翁은 노러헌다

碧江은 鼓琴허고 千興孫은 필러로다

鄭若大 朴龍根 稽琴 笛소리에 和氣融濃 허더라. (金玉 92)

　　口圃東人 石坡大老所賜號也 余在三溪洞家時 東園後 有口字圃田故
稱口圃東人 雲崖翁 弼雲坮朴先生號也 碧江 金允錫君仲號也 千興孫鄭若大
朴龍根 皆當世第一工人也 又石尙書 命我以口圃東人爲頭 作三數大葉 故構
成焉

544

八十一歲 져 늘그니 施何術而更少年고

城市山林 구름속에 藥키기를 일슴노라
글이면 道號를 뉘라허노 雲崖先生이로다. (金玉 93)
　　朴同樞孝寬 字景華 號○○

545

六月羊裘 저 漁翁아 낙근 고기 換酒ㅎ세
取適이오 非取魚ㅣ라 고든 낙시 듸리우고
西山에 히 져물러지거든 碧江月을 싯고 놀녀 ㅎ노라.(金玉 94)
　　金同樞允錫 字君仲 號碧江

546

世子邸下 寶齡 八歲에 九十二歲를 더를진디
一百歲 멀고 놉푼 壽는 天定이라 ㅎ려니와
그 뒤에 쏘 二十歲를 더으시니 帝堯壽와 가트신져. (金玉 95)
　　賀祝 第七

547

洛城西北 三溪洞天에 水澄淸而山秀麗ㅎ듸
翼然有亭에 伊誰在矣오 國太公之偃息이시라
비느니 南極老人 北斗星君으로 享壽萬年 ㅎ오소셔. (金玉 96)
　　石坡大老 於春夏之交 偃息於此

548

저 건너 羅浮山 눈속에 검어 웃쑥 울퉁불퉁 광덕등걸아
네 무슴 힘으로 柯枝 돗쳐 곳조추 저리 퓌엿는다
아모리 석은 비 半만 남아슬망졍 봄뜻즐 어이 ㅎ리오. (金玉 97)
　　雲崖山房 梅花詞 第七

549

바롬은 안아닥친드시 불고 구진 비는 담아붓드시 오는 날 밤에
님 차져 나선 양를 우슬 이도 잇건이와
바바롬 안여 天地翻覆ᄒ야든 이 길리야 아니 허고 엇지 하리오.
(金玉 98)

南原妓明玉 皎於音律 頗有姿色 余南原在時 逐日相會 而一日夜則
風雨大作 難以出脚 然旣有約則 必行乃已

550

南山松栢 鬱ㄷ蒼ㄷ 漢江流水 浩浩洋洋
聖世子ㅣ 萬年壽 가지ᄉ 太平으로 누리실졔
우리넌 康衢의 逸民되야 擊壤歌로 질길져. (金玉 99)

賀祝 第八

551

三月花柳 孔德里오 九月楓菊 三溪洞를
我笑堂 봄바롬과 米月舫 가를달를
어지버 六花ㅣ 紛ㄷ時에 煮酒詠梅 ᄒ시더라. (金玉 100)

春夏孔德里 秋冬三溪洞

552

東閣에 숨은 꼿치 躑躅인가 杜鵑花ㄴ가
乾坤이 눈이여늘 졔 엇제 감히 퓌리
알괘라 白雪陽春은 梅花 밧게 뉘 이시리. (金玉 101)

雲崖山房 梅花詞 第八

553

弱雲臺 好林園에 詩酒歌琴 八十年을

喜怒를 不形ᄒ니 君子之風 이로다

至今에 鶴駕鸞驂을 乘彼白雲 ᄒ민져. (金玉 102)

　　　從事先生六十年 以師弟之情 兼朋友之誼 晝夜相隨 不忍暫離 而今焉
先生謝世 我亦何時可去

554

牛山에 지ᄂ 히를 齊景公이 우럿더니

孔德里 가을 다를 國太公이 늣기샷다

아마도 今古英傑의 慷慨心懷는 한가진가 ᄒ노라. (金玉 103)

　　　石坡大老 於壬申春 偃息於孔德里 一日夕陽 率門人及妓工 登臨尨笑
處 大張風樂 勸娛之際 日落月上矣 乃喟然歎曰 吾年今五十餘矣 餘年幾何
吾儕亦於來生 會合一處 以續今世未盡之緣 不亦可乎 衆皆掩面含淚

555

忠臣의 옛자춰를 돌머리에 깃터신져

霜雪이 嚴할ᄉ록 불근 피 어졔론 듯

아마도 亘灣賈 貞忠大節은 圃隱公을 뵈왓노라. (金玉 104)

　　　丁丑西京之行 到善竹橋 見石上血痕淋灕 有感而作

556

니 죽고 그디 살라 使君知我 此時悲허세

달은 날 黃泉 길에 그 丁寧 만날연니

니 엇지 그디의 無限헌 폭빅을 건딜쥴리 잇쓰리. (金玉 105)

　　　余與南原室人 相隨四十年 琴瑟友之 意欲同歸矣 神不佑之 庚辰七月
二十三日 以宿病奄忽 此時悲悼 果何如哉

557

武關의 시벽 달과 淸泠浦 지는 히는

古今이 달을션졍 日月은 한가지라

至今예 恨계운 烈士에 눈물이야 禁헐줄이 잇쓰리. (金玉 106)

　　　武關楚懷王 寧越端宗大王 雖有古今之別 窮恨切冤 一般懷緖也

558

千里를 닷는 말리 곱비 지펴 치 마즈니

찰라리 癡人돠야 그으리라 빗머리를

至今예 癡人곳 되얏스면 무슴 근심 잇스리. (金玉 107)

　　　放翁詩曰 生憎快馬隨鞭影 寧作痴人記劒痕

559

我不孝親ᄒ니 子焉孝我 ᄒ랴마ᄂ

人情이 졔 글너셔 子不孝我를 셔러ᄒ네

이 後ᄂ 子不孝我를 셔러 말고 我不孝親 뉘우칠져. (金玉 108)

　　　悔之何反

560

쬣고리 고흔 노리 나븨츔을 猜忌마라

나븨츔 아니런들 鶯歌 너뿐이연이와

네겻테 多情튼 이를 거슨 蝶舞ㅣ런가 ᄒ노라. (金玉 109)

　　　名利之人 不知相扶之爲貴 全事猜忌 反陷其身 可勝惜哉

561

靑門에 외를 파든 邵平이라 드러더니

雲下에 그림 파는 國太公을 뵈왓소라

今古에 英雄之 慷慨心懷는 한가진가 ᄒ노라. (金玉 110)

　　　石坡大老 於乙亥榴夏 設文房於老安堂 東樓上 書賣畵樓三字 高掛壁
上寫蘭 播送於南北諸宰 捧價以來 其後願賣者 不許其數矣 取適非取魚之意
政謂此也 一月後乃止

562

淸晨에 몸을 일어 北斗에 비난 말이

제속 니 肝腸을 한열흘만 밧괴시면

그졔야 날 속이던 안을 알쯔리 밧게 하리라. (金玉 111)

　　　丙子冬 密陽妓月中仙下去後 自不無思憶

563

關山千里 머다 마라 구름 아리 그곳이라

마음은 가건마는 몸은 어이 못 가난고

至今에 心去身不致하니 그를 설워 하노라. (金玉 112)

　　　余在箕營時 與小紅有七箇月 相隨之情 而歸後往往思想

564

愁心겨운 任의 얼골 뉘라 前만 못하다던고

훗터진 雲鬢이며 華氣거든 살빗치라

늣기며 실갓치 하난 말삼 이 쓴는 듯 하여라. (金玉 113)

　　　海州玉簫仙 於向年進宴時上來 才藝出類 色態非凡 以當世名姬 爲衆
所推許 而石坡大老 益寵愛之 呼其名曰玉秀秀 玉秀者 俗稱江娘也 人皆呼之
玉秀秀 余與五山孫五汝 碧江金君仲 逐日連袂與玉秀秀 晝以繼夜 於斯之際
情膠誼漆 不相能捨 而過事下去 其後 癸酉春 石坡大老 命招入役于內醫女座
至三行首 當年秋頉役下送 而其後書信不絶 亦有數次上來於雲宮者矣 丙子
冬 又有事與其三憎上來 而容貌稍損 聲音如縷 有若重病中人矣 一見驚訝 然

以吾久阻 欣愛之心 猶勝於昔日雄粧華容艶歌之時云爾

565

心中에 無限 辭說 靑鳥 네게 부치너니

弱水 三千里를 녜 能히 건너 갈다

가기사 가고저 허건이와 나릐 자가 근심일셰. (金玉 114)

全州陽臺雲 上京隱居時 修一封書 間人傳送

566

嗟爾 君仲이 길이 가니 琴韻歌聲이 머러거다

我葬를 汝葬헐듸 汝葬를 我葬ᄒ니

네 마닐 알오미 잇슬진딘 늣겨 갈가 ᄒ노라. (金玉 115)

余與碧江金允錫君仲 相隨三十年 誼漆情膠 未嘗一日暫離 癸未春 與
君仲作會飮於壽洞 而翌朝聞訃 眞耶夢耶

567

嗟嗟 凌雲이 기리 가니 秋城月色이 任者 업니

앗츰 구름 져녁 비에 生覺 겨워 어이헐고

問나니 淸歌妙舞를 뉘게 傳코 갓느니. (金玉 116)

潭陽凌雲已逝 湖南風流 從此絶矣

568

東墻예 갓치 우움 셤거이 더럿더니

뜻 아닌 千金書札 任의 얼골 씌여 왓니

아셔라 肝腸 스는 거슬 보와 무삼 허리요. (金玉 117)

晉陽松玉 卽吾初到晉陽時 所親者也 吾於病臥時 彼亦有病 不得來見
以書問病

569

悠悠이 가는 구름 반갑고 불러웨라

滿腔 愁懷를 가져드려 붓치너니

다가셔 맛치는 곳이여든 任을 보고 傳허시쇼. (金玉 118)

　　　戊寅春 碧江金允錫君仲 有事下去海營 而逐日相隨之餘 阻懷如山
一日 遙望一片閒雲 去留於西天矣 聊以作之

570

任 離別 하올져긔 져는 나귀 한치 마소

가노라 돌쳐 셜제 져난 거름 안이런덜

꼿 아리 눈물젹신 얼골을 엇지 仔細이 보리요. (金玉 119)

　　　平壤蕙蘭 非徒色態之絶奇 善寫蘭 通歌琴聲 傾一城矣 余於蓮湖朴士
俊居幕時 有事下去矣 與蕙蘭相隨七箇月 情誼交密 而及其作別之時 蕙蘭送
我于長林之北 去留之悵 果難自抑耳

571

十二에 學琴ᄒ니 琴韻이 冷冷이라

七十年 繡筵 우에 몃 사람을 悅樂헌고

至今에 水流雲空ᄒ니 못니 늣겨 ᄒ노라. (金玉 120)

　　　余與安僉使敬之 非但宗誼自別 相隨於花柳場 爲五十餘年 而乙酉春
以微恙化去 良覺淚盈襟耳

572

東離에 물이 밀고 西別의 불이 잇다

水火相侵 두지음의 나의 肝腸 다 슬거늘

더구나 南路送人하고 北程 차자 가노라. (金玉 121)

　　　丁丑冬 東離密陽月中仙 西別海州玉簫仙 南送唱兒申學俊 此是一旬

間事也 我心非石 何能堪遺 以身病告由 卽出北彰義門外 口圍茅廬而臥

573

新年正月 一日淸晨의 焚香暗祝 來生願曰

집은 江南에 잇고 人如牧之 하이소샤

그 밤의 白髮造化翁이 불너 예고 가더라. (金玉 122)

  圭齋南尙書 詩曰 焚香暗祝來生願 家在江南人牧之

574

이 어인 급한 病고 心如麻 淚如雨] 라

지는 달 시는 밤의 울어 예넌 기러기를

아무나 멈츄리 이슬진더 이 病 消息 부치리라. (金玉 123)

  一自玉簫仙 送別之後 自然不平

575

꼿츤 곱다마는 香氣 어이 업선는고

爲花而 不香하니 오든 나뷔 다 가거다

그 꼿츨 이름하이되 不香花라 하노라. (金玉 124)

  余於全州之行 聞府妓雪中仙 爲南方第一 往見之則 果如所聞 年可二

九 雪膚花容 極可愛然 全昧加賀 能於雜技 性本悍毒 專恃容色 無待人之禮

但相隨者唱夫云爾

576

風淅瀝 雪霏霏한디 悽悽行色 恨悠悠] 라

滿眶淚] 하마하면 쩌려졈즉 하다마는

가슴에 毒한 불꼿치 솟는 물을 禁하더라. (金玉 125)

  丙午十一月 玉簫仙 自雲宮下去 而去留之懷 可勝言哉

577

羅幃 寂寞흔디 힘업시 니러나셔

珊瑚筆 쎄여들고 두어자 그리다가

아셔라 이를 쎠 무엇하리 도로 누어 조는 듯. (金玉126)

　　　　余自平壤歸路 到海營登首陽山一覽後 還到營下則 四顧無人 知者布
政司前 問一酒家 卽入呼酒 酒婆年可五十餘態 擧止亦有可觀 決非等閒人物
問其來歷 則果是前等監司 駱洞朴台所愛妓三憎也 問女安在答云 近有寒疾
委頓床褥矣 然而客欲一見 則與我同入爲好 卽引我入房 有一美娥 擁衾而坐
把筆裁書矣 見我入房 喫驚投筆 向壁而臥 呻吟之聲 不絶於口 三憎强勸還起
纔數語 而余亦慮其病苦 起身出來 而其名字 年久未記

578

靑春 豪華日에 離別곳 이니럿듯

어늬덧 니 머리의 서리를 뉘리치리

오날예 半나마 검운 털이 마츳 셰여 허노라. (金玉 127)

　　　　余在晉州時 以水土不服 風症闖肆 半身不收 廣詢醫家 百般施藥 而
不得寸效 至於死境矣 有一醫來言 此病極重 若非東萊溫井 三七沐浴則 無可
差復云故 卽向東萊 到昌原馬山浦止宿 而雖病中 曾聞馬山浦居 善伽倻琴編
時調名唱崔致學 及昌原妓瓊貝之善歌舞 解唱夫神餘音之高名矣 使人請崔相
見後 請伽倻琴神方曲聽之 次請編時調唱之 果是透妙名琴名唱也 大抵嶺南
有編時調三名唱 一是馬山浦崔致學也 一是梁山李光希也 一是密陽李希文也
問瓊貝今在何處 答云今在府中矣 翌朝與崔同入府中 往瓊貝家則 果在家出
迎 而雖無驚人之色態 然 隱然中 自有無限趣味 言語動止 都是天然純態矣
我雖病中 一見此人 旣不動心 然 半身不收一病漢 其何能生意乎 但以溫井沐
浴後 歸路相見爲期 與崔同到金海府 訪力士文達周止宿 翌朝同到東萊溫井
仍留沐浴二十一日 病至差可食飮之節 行動擧止 一如前日 强壯我矣 其喜何

量 自溫井仍作遊覽之行 而名山大川 無不遍踏 還到昌原瓊貝家 多日留延 以
叙前日未盡之情 而同到漆原三十里 宋興祿家則 孟烈亦在家 見我欣然 四五
日迭帘而別 此時 果知別離之難也

579

그려 걸고 보니 丁寧헌지라만은

블너 對答 업고 숀쳐 오지 아니ᄒ니

野俗다 造物의 猜忌허미여 魂을 아니 붓칠줄이. (金玉 128)

　　　江陵紅蓮 卽呂州良家女也 壬寅年間 爲人誘引上洛 而以色態之超羣
出類 誤入於妓籍 此是見斯於人 實非渠之本意也 出役後與我相近 必以頉役
終老之意 金石牢約 而不能暫時相捨矣 造物多猜 竟不得如意 然 彼此骨髓之
情 何日暫忘 畵其像貌 掛壁而見之矣 未幾而燒

580

차다 저 달이여 雪後風 五更鍾을

西嶺에 거져 잇셔 어늬 곳즐 빗치이노

저 만일 날갓치 잠 업스면 이 슷칠 듯 하여라. (金玉 129)

　　　丁丑至月之望 與蓮湖朴士俊 夜會惠橋矣 罷漏後出步鍾街 是夜雪後
寒風透骨 曉月掛於西嶺 忽憶玉簫仙作一関

581

永濟橋 千條柳예 郎의 말이 몟변 미며

大同江 萬折波의 妾의 눈물 멋말인고

夕陽에 獨上練光亭ᄒ야 依欄長歎 ᄒ더라. (金玉 130)

　　　蓮湖朴士俊 居箕幕時 余亦有事 下往箕營時 仲春望間也 過永濟橋
到大同江邊 遙望練光亭上 有一靑娥 倚欄獨立可知 娥者長林中 騎驢靑春郎
與此娥居留者耳

582

몰나 병되더니 아라 쏘흔 病이로다

몰나 병 아라 병되면 병에 얼의여 못 살니로다

아무리 華扁를 만는들 이 病이야 곳칠듈이. (金玉 131)

南原妓松節 有傾國之色 然 而昧於歌舞 可勝惜哉 余在南原時 親狎
相隨 不能暫忘

583

菊花야 너는 어이 三月東風 슬여한다

셩긔울 찬빈 뒤에 찰아리 얼지언정

반드시 羣花로 더부러 한봄 말녀 허노라. (金玉 132)

藥峴金相國 詩曰 疎籬雨後寧寒死 不如群花共一春

584

불근 니마 아니런들 鶴을 어이 分別하리

왼 몸이 검엇슨져 슈이 볼슨 가마귀라

아마도 雪裏에 難分鶴이요 易見雅ㄴ가 하노라. (金玉 133)

余於戊寅春 與蓮湖朴士俊 對酌於惠橋 有一弊袍破冠者 突入請酒 連
勸三盃 其人朗吟一首詩 起身出門 詩曰 若非丹頂難分學 全是玄身易見雅

585

血淚ㅣ 滂滂하니 玉頰이 꼿치로다

丹鳳을 下直헐셰 武臣이 간데 업네

漢道야 弱하랴마는 薄命妾을 보닉는고. (金玉 134)

東方虬 詩曰 漢道方全盛 朝廷是武臣 何須薄命妾 莘苦事和親

586

出自 東門하니 綠楊이 千絲ㅣ라

絲絲 結心曲은 쑷고리 말속이라

벅국시 깁푼 우름에 이 쑷난 듯 하여라. (金玉 135)

　　　余於乙亥春 圖隙還鄕 到箭串橋 酒店暫歇 自先來帳轎中 有一美人捲
簾而出 掩淚言曰 我今還鄕矣 君今安之 此非別人也 乃是晉陽妓瓊貝也 渠以
藥房一行首 出入於雲宮時 與吾親熟 而今於此地 相見可喜 然 別離之懷 可
勝抑哉

587

기고리 져 기고리 得得爭躍 하난 겻테

히오리 져 히오리 垂垂不飛 하난고나

秋風에 히오리 펄젹 나니 기고리 간곳 업셔 하노라. (金玉 136)

　　　茶山丁承旨 詩曰 得得蛙爭躍 垂垂鷺不飛

588

기력이 놉피 쓴 뒤에 서리달이 萬里로다

네넷짝 차즈랴구 이밤의 나랏는야

져 건너 蘆花叢裏예 홀노 안져 우더라. (金玉 137)

　　　統營海月 頗有姿色 粗通歌舞 而余在晉陽時 入去統營 與海月相逢
數日相隨 一日夜 月郞風淸 海色在戶 忽聞中天一隻孤雁 叫叫而去

589

矗石樓 欄干 밧긔 南江水碧 白鷗飛라

슬푸다 一片石은 貞忠孤魂을 실엇고나

西風에 盞들러 위로할세 눈물게워 하노라. (金玉 138)

晉州矗石樓外 南江中 有一大巖上 可以坐百人 壬辰之倭亂 倭將與府
妓論介 登此巖飮酒而樂 酒至半酣 請倭將對舞 倭將欣然而起舞 論介抱倭腰
投江而死 以此故立廟 以表忠烈

590

月老의 불근 실를 한발암만 어더니여
鸞膠 굿셴 풀노 時運지게 부쳣스면
아무리 億萬年 風雲ㄴ들 써러질줄 이시랴. (金玉 139)
　　　余與江陵紅蓮 有百年之約 作此爲信 竟未得如約 可勝恨哉

591

織罷氷綃 獨上樓하니 水晶簾外 桂花秋 ㅣ라
牛郎이 한번 가고 도라오지 아니하니
밤마다 烏鵲橋邊의 근심계워 하노라. (金玉 140)
　　　南原 廣寒樓最高樑 無名古妓 詩曰 織罷氷綃獨上樓 水晶簾外桂花
秋 牛郎一去無消息 烏鵲橋邊夜夜愁 時人以此 謂之春香詩

592

길럭이 풀풀 발셔 나라가스러니 고기난 어이 니젹지 아니 오노
山 놉고 물 기닷더니 아마 물이 山도곤 더 기러 못 오나보다
至今예 魚雁도 싸르지 못하니 그를 슬허 하노라. (金玉 141)
　　　余於壬寅秋 與禹鎭元 下往湖南淳昌 携朱德基 訪雲峰宋興祿 伊時申
萬燁 金啓哲 宋啓學一隊名唱 適在其家 見我欣迎矣 相與留連迭宕數十日後
轉向南原則 全州妓明月 字弄仙 得罪於道伯 定配於南原矣 見其姿色 絶美粗
解 音律行動 凡百言語 無所不備 仍與相隨 情誼轉密 不覺時日之遷延 及其
臨別 悵惜之懷 難以形言 上洛後 聞其解配 還鄉卽付一片書 未見其答 必致
浮沈而然耳

593

夕陽 高麗國에 닷는 말 멈췃스니

슬푸다 五百年이 물소리 가운데라

니 엇지 술을 씌고셔야 滿月臺를 지나리요. (金玉 142)

西京懷古詩曰 夕陽立馬高麗國 流水聲中五百年

594

說盡心中 無限事ᄒ야 길럭이 발의 굿게 밀졔

長歎 墮淚하며 哀矜이 니른 말이

녜 萬一 더듸 도라오면 나는 그만이로다. (금옥 143)

海營玉簫仙 丙子多下去後 不能忘 作界面調八絶 付之撥便

595

乾天宮 버들 빗츤 春三月에 고아거늘 景武臺 芳草岸은 夏四月에 풀우

엿다

香遠亭 萬朵芙蓉 秋七月 香氣여늘 碧花室 古査梅는 冬十月 雪裡春光

아마도 四時節侯을 못니 미더 ᄒ노라. (金玉 144)

乾天宮 四時景

596

六十一歲 花甲宴에 三紀壽를 더 비러셔

니 손죠 술을 부어 又石公게 올닌 後의

다시금 百子千孫 하오시고 富貴康寧 하오소셔. (金玉 145)

又石尙書 爲我設甲宴於孔德里 我笑堂之日 獻爵賀祝

597

엇그졔 離別ᄒ고 말업시 안졋스니

알쓰리 못견딀 일 한두가지 아니로다
입으로 닛자허면서 肝腸 슬어 허노라. (金玉 146)
　　　余與江陵紅蓮 相別之後

598

글려 사지 말고 찰아리 싀여져셔
閻王쎄 발괄하야 任을 마자 다려다가
死後ㅣ나 魂魄이 雙을 지여 그리던 恨을 풀니라. (金玉 147)
　　　密陽月中仙 昔年洛陽揚名者也 甲戌春 又爲上京 丙子冬河渠此時 相
別離之情尤難

599

杜鵑의 목을 빌고 꾀꼬리 辭說 꾸어
空山月 萬樹陰의 지져귀며 우럿싀면
가슴에 돌갓치 미친 피를 푸러 볼가 하노라. (金玉 148)
　　　潭陽凌雲 字卿鶴 與淳昌錦花 漆原瓊貝 江陵影月 晉州花香 齊名 而
獨凌雲 甲於歌舞矣 余與此人交契深密 多年相隨矣 還鄕之後 自不無相憶之
懷

600

壁上에 鳳 그리고 머뭇거려 도라셜졔
압길을 헤아리니 말머리에 구름이라
잇쩌에 가업슨 나의 懷포는 알니 업서 허노라. (金玉 149)
　　　余於湖南之行 自順天路由光州 到潭陽訪凌雲則 凌雲因長城金參奉
之請 昨日已去 而凌母在家矣 凌母曰 今欲專人於長城 而明朝則還家矣 相見
後發程爲可云 然 吾之歸期甚忩忙 不可暫留旋 即啓程恨鬱之懷 難以形言 書
一絶歌曲 與凌母而歸

601

알쓰리 그리다가 만나보니 우슴거다

그림것치 마주 안져 脉脉이 볼 뿐이라

至今예 相看無語를 情일런가 ᄒ노라. (金玉 150)

　　丁丑春 余在雲宮矣 有人來訪故 出往視之則 其人自袖中出一封花箋
折而見之則 乃是全州梁臺 在京書也 卽往相握 其喜何量 信乎其喜 極無語也

602

玉頰의 구는 눈물 羅巾으로 시쳐닐제

가난 니음을 네 어이 모로넌다

네 졍녕 웃고 보니여도 肝腸 슬데 하물며. (金玉 151)

　　余與平壤蕙蘭 相隨七箇月 情誼膠漆 果無相捨之意 而及其別也 人情
固然

603

智謀는 漢相 諸葛武侯요 膽略은 吳侯 孫伯符ㅣ라

舊邦維新은 周文王之 功業이요 斥邪衛正은 孟夫子之 聖學이로다

아마도 五百年幹氣 英傑은 國太公이신가 하노라. (金玉 152)

　　兵刃洋醜之亂 若非國太公智謀膽略 我國幾乎左袵

604

冤鳥되야 帝宮의 나니 孤身隻影이 碧山中이라

暇眠夜夜眠無暇요 窮恨年年恨無窮을 聲斷曉岑殘月白요 血淚春谷落花
　　紅이로다

至今예 天聾尙未聞哀訴하고 何乃愁人耳獨聽고 하노라. (金玉 153)

　　端宗大王 寧越淸泠浦 御制

605

담안예 불근 옺츤 버들 빗츨 식워마라

버들곳 아니런덜 花紅 너섯이어니와

네 겻테 多情타 이를 거슨 柳綠인가 하노라. (金玉 154)

　　江陵妓月出 晉州妓楚玉 揚名於洛下 而有相猜之嫌

606

古松奇石 두 사이예 어엿불슨 져 杜鵑아

봄옺치 불근 것도 오히려 多事커든

엇지타 가을닙히 쏘 불거셔 松石 우음 밧느니. (金玉 155)

　　丹崖金生貝致大 後園古松奇石之間 有一株杜鵑 每當春夏之交 滿枝
紅花照人暎山 人幕不折插滿頭 而秋節丹葉 亦可賞然 松石之間 自有嬋姸之
歎耳

607

니 집은 桃花源裏여늘 자네 몸은 杏樹壇邊이라

鱖魚ㅣ 살졋거니 그물은 자네 밋네

兒薿야 덜 괴인 薄薄酒ㄹ만졍 甁을 치와 너흐라. (金玉 156)

　　丙寅洋醜之亂 余亦率家 避亂于洪川靈金里 而山高谷深 人跡不到處
也 人皆謂桃源 然虎患可畏

608

가마귀 속 흰줄 모르고 것치 검다 뮈 무여하며

갈먹이 것 희다 스랑허고 속 검운줄 몰낫더니

이졔야 表裏黑白을 씨쳐슨져 허노라. (金玉 157)

　　余在鄕廬時 利川 李五衛將基豊 使洞簫神方曲 名唱金君植領送一歌娥
矣 聞其名則 曰錦香仙也 外樣醜惡 不欲相對 然以當世風流郎 指送有難恝然

384 閭巷時調史研究

卽請某某諸友登山寺 而諸人見厭娥 皆掩面而笑 然旣張之舞 難以中止 第使
厭娥請時調 厭娥斂容端坐 唱蒼梧山崩湘水絶之句 其聲哀怨凄切 不覺遏雲
飛塵 滿座無不落淚矣 唱時調三章 後續唱羽界面一編 又唱雜歌 车宋等 名唱
調格 莫不透妙 眞可謂絶世名人也 座上洗眼更見則 娥者醜要今翘丰容 雖吳
姬越女 莫過於此矣 席上少年 皆注目送情 而余亦難禁春情 仍爲先着鞭 大抵
不以外貌取人 於是乎始覺云耳

609

斜月綠陰 鶯世界은 又石尙書 風流節를
石想室 놉흔 집의 琴韻이 玲瓏허다
玉階예 蘭花低하고 鳳招梧桐 허더라. (金玉 158)
　　　又石尙書 廣招妓樂於後園石想室 盡日娛遊 蘭舟鳳心作主焉

610

屛風에 그린 梅花 달 업스면 무엇하리
屛間梅月 兩相宜는 梅不飄零 月不虧라
至今예 梅不飄零 月不虧허니 그를 조히 너기노라. (金玉 159)
　　　余於箕營下去之初 與蕙蘭妓 相對注情

611

採於山ᄒ니 美可茹요 釣於水하니 鮮可食을
坐水邊林下하니 塵世可忘이요 步芳經閒程하니 情懷自逸이로다
아마도 悅心樂志난 나뿐인가 하노라. (金玉 160)
　　　我之山中之樂 果何如哉

612

이슬에 눌닌 꽃과 발암예 부친 입피

春宵　玉階上의　香氣　놋는　蕙蘭이라
밤중만　月明庭畔의　너만　사랑　하노라. (金玉　161)

　　　讚潭陽妓蕙蘭

613

百花芳草　봄바람을　사람마다　즐길격의
登東皐　而舒嘯하고　臨淸流　而賦詩로다
우리도　綺羅裙　거나리고　踏靑登高　하리라. (金玉　162)

　　　余於丁卯春　與朴先生景華　安敬之　金君仲　朴士俊　金聖心　咸啓元　申
在允　率大邱桂月　全州姸姸　海州銀香　全州香春　一等工人一牌　卽上南漢山城
時則百花爭發　滿山紅綠　相暎爲畵　是所謂不可逢之勝槩佳會野　三日迭宕　而
還到松坡津　乘船下流　漢江下陸

614

푸른　빗치　쪽예　낫스되　푸루기　쪽의셔　더　푸루고
어름이　물노　되야스되　차기　물에셔　더　차다더니
네　엇지　一般靑樓人으로　쎄여나미　이가트뇨. (金玉　163)

　　　海州玉簫仙　與我雖有情誼　然至於論人筆端　豈有一毫私情乎　以吾所
見　果合於此貶耳

615

秦皇이　작한　英雄이랴마는　長生術　고디　듯고
童男童女　五百人을　徐市의게　붓쳐거다
제　敢이　石面에　이름을　시겨　지난줄를　알게　하다. (金玉　164)

　　　余在晉州時　往南海縣　登錦山遊覽　行到一處　有一人　指萬丈高峰上大
石曰　此巖前面　徐市過此四字　能見之否　余仰視之　或見或不見矣　噫　徐市果
過此也

616

仁王山下 弼雲臺는 雲崖先生 隱居地라

先生이 豪放自逸하야 不拘少節하고 嗜酒善歌하니 酒量은 李白이요 歌聲은 龜年이라 風流才子와 冶遊士女들이 구름갓치 모여들어 날마다 風樂이요 찌마다 노리로다 잇찌예 太陽館 又石尙書ㅣ歌音에 皎如허사 遺逸風騷人과 名姬賢伶들을 다 모와 거나리고 날마다 즐기실졔 先生을 愛敬허스 못미츨 듯 하오시니

아마도 聖代예 豪華樂事ㅣ이밧게 쏘 어듸 잇스리. (金玉 165)

先生號雲崖也 又石尙書 愛以敬之 逐日團會 眞可謂聖代豪華樂事也

617

비바람 눈셜이와 山짐싱 바다 물결

들두더지 두메치위 다 가초 겪거시며 빗난 의복 멋진 飮食 조흔 벗님 고은 식과 술노리 거문고를 실토록 지난 後에 이몸을 혜여하니 百番 불닌 쇠 아니면 萬番 시친 돌이로다

至今에 니 나이 七十이라 平生을 默數하니 우숩고 늣거워라 물에 셕긴 물 아니면 꿈속에 꿈이런가 하노라. (金玉 166)

余自靑春 戶房自逸 嗜好風流 所學皆詞曲 所處皆繁華 所交皆富貴 而有時 亦有物外之想 每逢佳山麗水 輒恰然忘歸 所以金剛 雪嶽 貝江 妙香 東海 西海 凡在國中之名勝者 殆無迹不到處 豈盡爲風流繁華 霜雪風雨 海浪 山獸 野暑峽寒 亦備在其中間 一方 旣非鐵腸石肚 安得不今日老且病也 余今年 六十有六歲 雨䆫獨坐 忽起念一生過痕 無非鳥啼 花落雲飛 水空而已 照鏡白髮 無以自慰 欲一大白自唱一闋 漆園化蝶 不辨其眞假耳

618

壯麗헐슨 東國別宮 魯靈光 漢景福을

應天上之三光허고 備人間之五福이라 美哉라 우리 世子ㅣ 이집에 親迎
허ㅅ 百輔于歸 허오실졔 山河ㅣ 拱揖허고 百靈이 仰德이라 太平으로 누리
실졔 聖子神孫이 繼繼承承허ㅅ 式至萬年 허오실졔
　우리도 百世老翁으로 無窮헌 즐거오믈 듯고 보려 ᄒ노라. (金玉 167)
　　別宮新建 賀祝

619

ᄂᆡ 일즉 꿈을 어더 文武周公을 뵈온 後에
前身이 況兮 吉人이런가 心獨喜而自負ㅣ러니
果然的 我笑堂上 봄ᄇᆞ름에 當世英雄을 뫼셧거다. (金玉 168)
　　　余於辛丑冬 夢陪文武周公於私室 而心獨喜而自負 自丁卯以後 長侍
石坡大老 是豈非夢兆之靈應歟

620

大王大妃 殿下 丁丑 十二月 初六日에
山河ㅣ 拱揖헐졔 萬祥이 咸集허고 臣民이 賀祝헐졔 百靈이 仰德이로다
聖德이 天門에 ᄉᆞ못ᄎᆞᄉᆞ든 玉皇 香案前으로 後ㅅ 八十을 나리시다.
　(金玉 169)
　　丁丑 十二月初六日 誕日 賀祝

621

仁而壽 德而福을 그 丁寧 미들거시
石坡大老 寬仁이시며 府大夫人 洪福으로 子繼子 孫繼孫허니 壽福이 添
添이로다
허믈며 又石尙書 深仁厚德과 養志誠孝를 더욱 賀禮허노라. (金玉 170)
　　府大夫人甲宴 賀祝 第三

622

戊寅 二月 初三日에 祥烟瑞靄 繞雲宮을

二老堂 놉흔 樓에 金屛壽筵으로 賀千秋를 허오실졔

玉盤에 靈芝蟠桃는 又石公이 드리더라. (金玉 171)

　　　府大夫人甲宴 賀祝 第二

623

不學이 無聞이면 正墻面而立이어니 聖學을 만이 비와 溫故知新 허오리라

그러민 雲車를 머므르고 芳草岸에 긔여 올나 긴프폼 흔 마디로 胸海를

널닌 後에 다시금 淸流邊에 詩를 읇고 山形을 그림허고 닷는 麋鹿 나는

시는 春興을 藉良헌다 嘹亮헌 가는 노리 香風에 무더 가고 狼藉헌 風樂

소리 行雲에 셧겨난다

俄已오 石逕隱隱 비긴 길노 緇衣白衲이 次例로 느러오며 合掌拜禮 허더

라. (金玉 172)

　　　丙子春 又石尙書 花遊於楊州德寺

624

甲戌 二月 初八日은 世子邸下 誕日이요

白龍 四月 初八日은 世子邸下 寶齡 八歲 三八이 相合허여 長安 二十四

橋月이 두려시 발갓는데 萬戶에 燈을 달고 億兆ㅣ 攔衢허며 歌舞行休허여

山呼萬歲 허올젹에 月明燈明 天地明이라

우리는 聖世士眠인져 擊壤鼓腹허며 感激君恩 허노라. (金玉 173)

　　　世子邸下 誕日 賀祝

625

國太公之 亙萬古英傑 이제 뵈와 議論컨딘

精神은 秋水여늘 氣像은 山岳이라 萬機를 窮攝허니 四方에 風動이라 禮

樂法度와 衣冠文物이며 旋旄節旗와 劍戟刀槍을 燦然更張 허시단 말가

　그밧게 金石鼎彝와 書畵音律에란 엇지 그리 발근신고. (金玉 174)

　　　雖使古之英傑 復生未肯多讓

626

石坡大老 造化蘭과 秋史筆 紫霞詩는 詩書畵 三絶이요

蘇山竹 石蓮梅는 梅與竹 兩絶이라

其中에 本밧기 어려올슨 石坡蘭인가 허노라. (金玉 175)

　　　五絶之中 難摹者 獨石坡蘭

627

어리셕다 安周翁이 엇지 그리 못든고

　功名에 미엿던가 富貴예 얼켜든가 功名은 本非願이요 富貴는 初不親인
데 무어세 걸잇겨 못 가고셔 六十年 風塵 속에 鬢髮만 희계 한고 放白鷗於
天末이란 陶靖節의 歸去來요 秋風忽憶松江鱸는 張使君의 歸思로다 오날
이야 끼쳐스니 뭇지 말고 가리로다 一葉片舟 흘니 저어 마음디로 쩌갈젹
의 身兼妻子都三口요 鶴與琴書共一船을 風飄飄而吹衣하고 舟搖搖而輕颺
이라 비머리의 빗긴 白鷗 가는 길을 引導하고 振柁 뒤예 부는 바람 돗츨
미러 쌜니 갈졔 浩浩蕩蕩하야 胸襟이 灑落하다 五湖예 范蠡舟ㅣ들 시원하
기 이만하랴 살가치 닷는 비가 瞬息이 다 못ᄒᆞ야 한 곳즐 다드르니 桃花源
裏 人家여늘 杏花壇邊 漁夫ㅣ로다 비여 나려 드러갈졔 찌 거의 夕陽이라
四面을 살펴보니 景槩도 奇異하다 山不高而 秀雅하고 水不深而澄淸이라
萬種桃樹 두릇 곳예 三三五呉 숨은 집이 덧수풀을 의지하야 젼역 烟氣 이
르혀고 紅ㄷ 白ㄷ 빗난 꼿츤 느즌 안기 무릅쓰고 고은 티도 자라한다 流水
예 쩌난 桃花 그믈 밧게 나지 마라 紅塵의 무든 사람 武陵 알가 두리노라
시니를 因緣하야 졈ㄷ 깁히 드러갈졔 한편을 발라보니 白雲이 어린 곳예

竹戶荊扉 두세집이 隱勤이 보이난더 門前 五柳 드리엿고 石上三芝 씨여낫
다 문득 갓가이 다다라는 柴扉를 굿이 다다스니 門雖設而尙關이라 志趣도
깁푸시고 다만 보이고 들니난 바는 萬花深處 松千尺이요 衆鳥啼時 鶴一聲
이 半空에 瞭亮하니 이 果然 너 집이로다

이졔야 離別 업슬 任과 함긔 남은 세上 멋멋히 근심 업시 즐기다가 羽
化登仙 하오리라. (金玉 176)

　　　快哉 我今去矣

628

紅塵을 이믜 下直ㅎ고 桃源을 차자 누엇스니 六十年 世外 風浪 쑴이런
듯 可笑롭다

이몸이 閑暇ㅎ야 山水의 遊遊헐제 一小舟의 不施篙鱸ㅎ고 風帆浪楫으
로 任其所之 ㅎ올져기 水涯에 觀魚ㅎ며 沙際에 鷗盟ㅎ야 飛者 走者와 浮者
躍者로 形容이 익어스니 疑懼하비 잇슬것가 杏壇에 비을 미고 釣臺예 긔
여 올나 고든 낙시 듸리우고 石頭에 조으다가 漁夫의 낙근 고기 柳枝예
쎄여들고 興치며 도라올제 園翁野叟와 樵童牧竪를 溪邊의 邂逅ㅎ야 問桑
麻 說秔稻할제 杏花村 바라보니 小橋邊 쓴 술집의 靑帘酒 날니거날 緩步
로 들어가서 꼿츠로 籌노으며 酩酊이 醉혼 後에 東皐에 긔여 올나 슈파람
혼마듸을 마음디로 길게 불고 다시금 뫼여니려 임청유이부시ㅎ고 무고송
이반환타가 黃精을 싸여 들고 집으로 도라들제 芳逕의 나는 꼿츤 衣巾을
침노ㅎ고 碧樹의 우는 식는 流水聲을 和答혼다 문 압폐 다다라는 막더을
의지ㅎ야 四面을 살펴보니 夕陽은 在山ㅎ고 人影은 散亂이라 松影이 參差
여늘 禽聲은 上下로다 俄已오 日落西山ㅎ고 月印前溪ㅎ니 羅大經의 山中
이며 王麻詰의 網川인들 여긔와 지날것가 쓸 가온더 드러셔니 셤쏠 밋테
어린 蘭草 玉露의 눌려 잇고 울가의 성긘 꼿츤 淸風의 나붓긴다 房안의
드러가니 期約둔 黃昏月이 淸風과 함긔 와셔 불거니 비춰거니 胸衿이 灑

落ᄒ다 瓦盆의 듯넌 술을 匏樽으로 바다니야 任과 홈긔 마조 안져 드러 셔로 勸할져게 黃精荣 鱸魚膾는 山水를 가츄미라 嗚嗚咽咽 洞簫聲을 닉 能히 부러스니 清風七月 赤壁勝遊ㅣ 여긔와 彷佛ᄒ다 거문고 잇그러셔 膝上의 빗겨놋코 鳳凰曲 흔바탕을 任 시켜 불니면셔 興디로 집허스니 司馬相 鳳求凰이 여긔와 밋츨것가 竹窓을 밀고 보니 달이 거의 나지여널 밤은 ᄒ마 五更이라 솔 그림즈 어린 곳의 鶴의 꿈이 깁허거날 디슈풀 우거진데 이슬바람 션을ᄒ다 玉手를 잇끌고셔 枕上의 나아가니 琴瑟友之 깁흔 情이 뫼 갓고 물갓타야 連理에 翡翠여널 綠水의 鴛鴦이라 巫山의 雲雨夢이 여긔와 엇텃던고 문노라 번님네야 安周翁의 悅心樂志 이만ᄒ면 넉넉ᄒ야 이 後란 離別을 아조 離別ᄒ고 桃源의 길이 슘어 任과 함긔 즐기다가 元命이 다ᄒ거든 同年同月 同日時에 白日昇天 ᄒ오리라. (金玉 177)

古之桃源 亦今之桃源也 我之隱於行此樂 毋乃天賜神佑耶

629

八十一歲 雲崖先生 뉘라 늑다 일엇던고

童顏이 未改ᄒ고 白髮이 還黑이라 斗酒를 能飲ᄒ고 長歌을 雄唱ᄒ니 神仙의 밧탕이요 豪傑의 氣像이라 丹崖의 셜인 닙흘 히마당 사랑ᄒ야 長安 名琹名歌들과 名姬賢伶이며 遺逸風騷人을 다 모와 거나리고 羽界面 흔밧탕을 엇겨러 불너닐졔 歌聲은 嘹亮ᄒ야 들쏀 틔끌 날녀너고 琴韻은 冷冷ᄒ야 鶴의 츔을 일의현다 盡日을 迭宕ᄒ고 酩酊이 醉흔 後의 蒼壁의 불근 입과 玉階의 누른 쏫츨 다 각기 쩟거들고 手舞足蹈 ᄒ올젹의 西陵의 히가 지고 東嶺의 달이 나니 蟋蟀은 在堂ᄒ고 萬戶의 燈明이라 다시금 盞을 씻고 一盃一盃 ᄒ온 後의 션솔이 第一名唱 나는 북 드려노코 牟宋을 比樣ᄒ야 흔밧탕 赤壁歌를 멋지게 듯고나니 三十三天 罷漏솔이 시벽을 報ᄒ거널 携衣相扶ᄒ고 다 各기 허여지니 聖代에 豪華樂事 이밧긔 ᄯ 잇는가

다만的 東天을 바라보아 (   )을 싱각ᄒ는 懷抱야 어늬 긔지 잇스리.

(金玉 178)

庚辰秋九月 雲崖先生景華 黃先生子安 請一代名琹名歌名姬賢伶遺逸風騷人於 (   )山亭 觀楓賞菊 學古 (   )碧江金允錫君仲 是一代透妙名琴也 翠竹申應善字景賢 是當世名歌也 申壽昌 時獨步洋琴夜 海州任白文字敬雅 當歲名簫也 ○○張 ○○字稚隱 ○○李濟榮字公楫 是當歲風騷人也 適於此際 海州玉簫仙上來 而此人則 非但才藝色態之雄於一道 歌琴雙全 雖使古之揚名者 復生 未肯讓頭 眞國內之甲姬也 全州弄月 二八丰容 歌舞出類 可謂一代名姬 千興孫 鄭若大 朴龍根 尹喜成 是賢伶也 朴有田 孫萬吉 全尙國 是當歲第一唱夫 與牟宋相表裏 喧動國內者也 噫 朴黃兩先生 以九十耆老 豪華性情 猶不減於靑春强壯之時 有此今日之會 未知明年又有此會也歟

630

오늘밤 風雨를 그 丁寧 아랏던덜 뎌사립짝을 곱거러 단c 믜엿슬거슬
비바람의 불니여 왜각지걱 하난 소리여 항연아 오는양하야 窓 밀고 나셔보니
月沈c 雨絲c 한데 風習c 人寂c 을 하더라. (金玉 179)

余率朱德基 留利川時 與閭家少婦 有桑中之約 而達宵苦待

631

이리 알쓰리 살쓰리 그리고 그려 病되다가 萬一에 어느 쩌가 되던지 만나보면 그 엇더할고
應當이 두 손길 뷔여잡고 어안 벙c 아모 말도 못하다가 두눈예 물결이 어릐여 방울방울 쩌러져 아로롱지리라 이 옷압자랄예 일것세 만낫다 하고
丁寧에 이럴쥴 알냥이면 차라리 그려 病되넌이만 못하여라.

(金玉 180)

憶江陵紅蓮

632

博學 多聞ᄒ니 聖門에 高弟子라
님사무의 지도력이요 讀書유미 각심한을
至今에 슌슌연 君子之風은 빅파공을 뵈외라. (源一 725)

633

그려 病드는 자미 病드다가 만나는 자미
만나 질기는 자미 질기다가 쩌나는 자미
平生의 이 자미 업스면 무삼 자미 (源一 726)

634

사람이 ᄉ람을 그려 싱ᄉ람이 病드단말가
ᄉ람이 언마 ᄉ람이면 ᄉ람 한나 病들일랴
ᄉ람이 ᄉ람 病들이는 ᄉ람은 ᄉ람 안인 ᄉ람. (源一 727)

635

華山道士 神中寶로 獻壽東方 國太公을
靑牛十廻 白蛇節에 開封人是 玉泉翁을
이 盞에 千日酒 ᄀ득 부어 萬壽無疆 비ᄂ이다. (源國 805)

636

揮毫紙面 何時禿고 磨墨硏田 畢竟無 ㅣ라
뭇노라 뎌 ᄉ름아 이 글 뜻을 能히 알다
其人이 莞爾而笑ᄒ고 唯唯而退 ᄒ더라. (源國 624)

金允(兌)錫

637

玉樓 紗窓 花柳中에 白馬金鞭 少年들아
긴 노리 七絃琴과 笛필이 長考 稽琴 알고 져리 즐기나냐 모르고 즐기나
나 調音體法을 날다려 뭇게 되면 玄妙흔 문리롤 낫낫치 니르리라
　우리는 百年 三萬六千日의 이 갓치 밤낫 즐기리라. (海樂 643)

扈錫均

638

細柳淸風 비 긴 後에 우지마라 져 미암아
꿈에나 임을 볼여 비러든 잠 찌울셰라
꿈찌여 님 업스면 病되실가 하노라. (源一 698)

639

秋江에 썻는 빈는 向흐는 곳 어듸며요
눈갓치 밝은 달을 가득히 실허 타고
우리는 홍좃차 가노미로 원귄 업셔 흐노라. (源一 699)

640

東窓에 달 빗치고 함이에 梅花 퓌니
花容月틱는 天然헐스 님이연만
엇지타 낭낭玉音은 들을 길 업셔. (源一 700)

641

天地間 無情키는 歲月박게 쏘 잇는가
紅顏이 꿈일넌지 白髮은 어인 일고

두어라 공화世界니 아니 놀고 어이리. (源一 701)

642

니 나희 半百이라 風流호화 다 더지고
盛世에 발인 몸이 入山修道 ᄒ온 뜻즌
日後란 蓮花臺上에 놀라볼가 ᄒ노라. (源一 702)

643

雲臺上 鶴髮老仙 風流죵사 그 뉘런가
琴一張 歌一曲에 永樂千年 ᄒ단말가
사안에 휴기동산이야 일러 무삼. (源一 703)

644

紅白花 자쟈진 곳에 才子佳人 모혀셔라
多情헌 春風속에 씨여간다 청가성을
져님 히진다 앗겨마소야 이게일. (源一 704)

645

玉갓치 고흔 님과 눈과 갓치 발은 달에
金樽에 술이 잇고 물읍 우희 거문고라
平生에 風流主人 되어 百年安樂. (源一 705)

646

뭇노라 牧童들아 數聲쵸적 슬이 불어
西陵에 지는 히를 어이 밧비 지쵹ᄒ여
갓득에 쇠ᄒ고 남은 빈髮 다시 희겨. (源一 706)

647

살들리 글리는 줄 님이 丁寧 알량이면

春花鳥 秋夜月에 病이 날가 念慮로다

靑鳥야 네 짐작ㅎ야 마음 편케 ㅎ여라. (源一 707)

648

꿈에나 님을 볼려 잠일울가 누엇드니

시벽달 지시도록 子規聲을 어이 ㅎ리

두어라 斷腸春心은 너나 니나 달으리. (源一 708)

649

北海上 片紙 傳튼 蘇中郎에 기러기야

千里에 期約두고 너는 슈이 오거니와

우리도 날려곳 빌일진디 님의 곳에 가리라. (源一 709)

650

半時들 글려 보며 一刻인들 이젓시랴

春江 細雨中에 鴛鴦시도 우셔드니

밤中만 孤枕冷淚을 님이 어이 알이요. (源一 710)

651

뉘라 나간 님을 無情타 허돗든지

제 丁寧 無情ㅎ면 꿈에 와셔 반길손냐

이졔란 꿈으로 진정사마 離別 업시 ㅎ리라. (源一 711)

652

님 離別 ㅎ엿다 ㅎ고 웃지마라 海棠花야

東君이 매양 잇셔 百年이나 괴일너야

우리는 酒國에 有長春ᄒ니 버시 될가 ᄒ노라. (源一 712)

653

言約이 느져가니 九十春光 다 盡컷다

杜鵑에 눈물리 곳가지에 ᄯ러진들

東君의 닝락심졍을 닌들 어이 ᄒ리요. (源一 713)

河順一

654

고흘사 연곳치여 香氣도 긔이ᄒ다

표묘이 단粧ᄒ고 몃 사람을 반기엿노

아마도 花中君子는 너ᄲᆫ인가 ᄒ노라. (源一716)

655

구든 言約 깁흔 誼로 忽然變改 무삼일고

造花로운 져 마음을 얼리석어 밋엇고야

두어라 前功이 可惜이나 홀노 어이. (源一 717)

656

滿窓雪月 요적헌데 斷腸心懷 가득ᄒ여

前前에 지니든 일 쇼연이 싱각이라

至今에 알들리 병되는 쥴 임이 어이. (源一 718)

河圭一

657

偶然이 鼇頭에 올나 長安을 굽어보니

古殿은 堅閉하고 新屋은 層起한다

다시금 聖恩을 生覺하니 垂淚不覺 하여라. (增歌)

658

正月이 도라오면 새해라고 賀禮한다

年年歲歲 새해라나 歲歲年年 옛해로다

우리도 저 해와 갓치 萬古不變 하여라. (增歌)

咸和鎭

1

江水로 술을 빗고 明月노 燭을 삼아

十里明沙 算을 노코 不醉無歸 하사이다

靑山아 지는 달 멈츄어라 벗님 갈가 하노라. (增歌)

2

草堂지어 구름 덥고 연못 파셔 달 채우고

淸風으로 뷔를 매여 헛튼 落花 쓰노라니

乾坤이 불너 이르기를 갓치 늙자 하더라. (增歌)

3

아희야 窓여지 마라 滿庭月色 보기실타

그 달곳 보량이면 임의 生覺 새로왜라

그러나 임보는 달이니 나도 볼ㅅ 하노라. (增歌)

4

交手心胸 十四年에 道通樂理하오시여
우리 本業을 改革整理 하섯스니
아마도 樂界 大聖人은 蘭溪先生인가 하노라. (增歌)

5

옛날에 王山岳은 엇더한 사람인고
譜 업고 調 업스니 無絃琴이 저러한가
至今에 陶淵明 업스니 知音함이 업세라. (增歌)

6

誕生한지 不過三日 母后를 여희시고
登寶三年 채 못되어 王座를 바리시니
다만지 어린 가슴에 恨만 가득 품으시다. (增歌)

7

지금에 오를만한 子規樓야 잇고 업고
春三月 깁흔밤에 杜鵑이 슮히울고
淸泠浦 여흘도 울어예니 愁心더욱 하노라. (增歌)

8

寧越谷 杜鵑이 울고 露梁에 말이 간다
肅宗大王의 軫念도 거룩할자
黃泉에 매친 恨인들 아니 풀ㅅ 줄 잇시리. (增歌)

9

越之金石被之管絃 渢渢洋洋一唱三歎
聖朝의 交律審聲이 이에서 더할손가

至今에 繼承할이 업스매 그를 슬워 ᄒ노라. (增歌)

10

律呂에 걸맛추어 曲譜를 뇌여내니
管絃의 가즌 소래 瀏亮도 瀏亮하다
저윽이 聖代風流를 이어 볼ᄉ가 하노라. (增歌)

閭巷時調史研究

인쇄일 초판 1쇄 1998년 10월 05일
        2쇄 2015년 01월 12일
발행일 초판 1쇄 1998년 10월 15일
        2쇄 2015년 01월 13일

지은이 황 충 기
발행인 정 찬 용
발행처 국학자료원
등록일 1987.12.21, 제17-270호

서울시 강동구 성내동 447-11 현영빌딩 2층
Tel : 442-4623~4 Fax : 442-4625
www. kookhak.co.kr
E- mail : kookhak2001@hanmail.net
ISBN 978-89-541-0184-4
가 격 22,000원

*저자와의 협의 하에 인지는 생략합니다.